기독교적 가르침과 배움
교실에서 새롭게 상상하고 참여하고 실천하기

Copyright ⓒ 2018 David I. Smith
Originally published in English as *On Christian Teaching*
by Wm. B. Eerdmans Publishing Co., Grand Rapids, Michigan, U.S.A.

All rights reserved.

This Korean translation edition ⓒ 2024 by Jireh Publishing Company,
Goyang-si, Gyeonggi-do, Republic of Korea.

This Korean edition is published by arrangement of Wm. B. Eerdmans
Publishing Co. through rMaeng2, Seoul, Republic of Korea.

기독교적 가르침과 배움
교실에서 새롭게 상상하고 참여하고 실천하기

데이비드 I. 스미스 지음
유은희 옮김

초판 1쇄 인쇄	2024년 8월 29일
초판 1쇄 발행	2024년 9월 6일
발행처	도서출판 이레서원
발행인	문영이
출판신고	2005년 9월 13일 제2015-000099호
기획·마케팅	신창윤
편집	송혜숙
총무	곽현자

경기도 고양시 일산동구 백석로71번길 46, 1층 1호
Tel. 02)402-3238, 406-3273 / Fax. 02)401-3387
E-mail: Jireh@changjisa.com Facebook: facebook.com/jirehpub

책값은 표지에 있습니다.

ISBN 978-89-7435-661-3 93230

이 한국어판의 저작권은 알맹2를 통하여 Wm. B. Eerdmans Publishing Co.와 독점 계약한 이레서원에 있습니다. 신 저작권법에 의하여 한국 내에서 보호받는 저작물이므로 무단 전재와 무단 복제를 금합니다.

기독교적 가르침과 배움

교실에서 새롭게 상상하고 참여하고 실천하기

데이비드 I. 스미스 지음 ― 유은희 옮김

이레서원

추천사

　　데이비드 스미스가 또 한 번 해냈다! 그는 이 책에 탁월한 통찰력과 동시에 놀라울 정도로 실용적인 내용을 담아 내는, 보기 드문 업적을 이루어 냈다. 《기독교적 가르침과 배움: 교실에서 새롭게 상상하고 참여하고 실천하기》는 기독 교사, 가르침과 배움에 관심이 있는 그리스도인, 그리고 '기독교적 가르침과 배움'의 가장 이상적인 모습이 무엇인지 궁금한 모든 이에게 영감을 줄, 너무나도 필요했던 책이다.

그레고리 존스^{L. Gregory Jones} _ 듀크 신학대학원(Duke Divinity School)

　　전 세계의 수많은 기독교 교육자들이 학회와 강연에서 데이비드 스미스의 기독교적 페다고지를 향한 비전을 들으며 깊은 영감을 받았다. 이 독특한 책은 그 영감이 더 많은 사람에게 널리 전파되도록 해 준다. 또한 교실에서 활동하는 교사들이 쉽게 이해할 수 있도록 기록한 학문적 걸작으로, 모든 것을 바꿀 잠재력을 지닌 책이다.

트레버 쿨링^{Trevor Cooling} _ 캔터베리 크라이스트 처치 대학(Canterbury Chest Church University)

다시 한 번 데이비드 스미스가 우리를 새로운 여정으로 안내하며, 대부분의 사람이 거의 생각해 보지 못한 가르침의 지평을 열었다. 그는 우리의 일상적인 가르침의 의례들을 철저한 기독교적 비판적 분석 아래에 가져다 놓는다. 그러고는 우리로 하여금 학생들을 사랑하고 그들에게 사랑을 가르치는 것이 무엇을 의미할 수 있는지를 새롭게 고민하게 만든다. 그 결과, 나는 이 책의 거의 모든 장을 읽은 후 내 수업의 일부를 수정할 수밖에 없었다. 데이비드 스미스의 지혜는 덜 숙련된 수준인 나와 같은 사람들은 놓치기 쉬운 페다고지의 보물들을 끊임없이 드러내 준다.

페리 글랜저^{Perry L. Glanzer} _ 베일러 대학(Baylor University)

배움과 가르침은 세계를 알고, 인간을 알고, 하나님을 알아가는 과정이다. 그런데 우리는 배움과 가르침을 통해서 앎에 참여하는 일을 정보 전달과 정보 수집 정도로 이해해 왔다. 세계관에 대한 관심은 분명 이보다 한 걸음 나아갔지만 이것조차도 앎을 정보에 제한하는 관습을 깨뜨리지 못했다. 중요한 것은 변혁이 일어나고 변혁 이후의 점진적인 형성일 것이다. 사람을 바꾸고 빚어내는 일이 '교실'이라는 공간에서 가르치고 배우는 사람들 사이에서 어떻게 실제로 일어날 수 있는지, 신앙이 단순한 구호나 이념이 아니라 삶을 바꾸고 빚어내는 힘이자 원천일 수 있는지를 스미스는 오랜 관찰과 실험을 통해 보여 준다. 신앙이 교실에서 어떻게 작동할 수 있는지를 이처럼 깊이, 신중하게 캐물은 책은 아직 보지 못했다. 유치원에서 대학에 이르기까지 가르치는 일에 종사하는 분들, 교회 사역자들, 기독교 신앙이 아닌 다른 신앙을 가진 분들 가운데서도 가르침의 현상과 의미, 실천과 적용에 관심이 있는 분들께 이 책을 권한다.

강영안 _ 한동대 석좌교수·서강대 명예교수

30년 넘게 기독교 학교 교육에 종사한 나에게는 풀리지 않았던 숙제 같은 고민이 있었다. "과연 기독교적 내용(성경으로 통합된 교육 컨텐츠)을 좀 더 최적화된 기독교적인 방법^{teaching method}으로 가르칠 수는 없을까?" 이 고민의 상당 부분을 해소해 준 책이 바로 데이비드 스미스 교수가 쓴 《기독교적 가르침과 배움: 교실에서 새롭게 상상하고 참여하고 실천하기》이다. 학교와 교회 교육 현장에서 기독교적으로 다음 세대를 가르치려고 헌신하며 몸부림치고 있는 수많은 교사에게 실재적으로 어떻게 기독교적으로 가르칠 수 있을지를 안내해 주는 훌륭한 지침서인 이 책을 추천한다.

김요셉 _ 수원 중앙기독학교 이사장·《삶으로 가르치는 것만 남는다》의 저자

기독교 학교와 기독교 교육이 일반 학교나 일반 교육과 구별되는 것은 '일반적인 가르침'과는 다른 방식의 '기독교적 가르침'이 존재하기 때문이다. 그렇다면 무엇이 기독교적 가르침인가? 기독교 세계관으로 교육 내용을 가르치는 것인가? 기독교적인 신앙과 품성을 지닌 교사가 가르치는 것인가? 저자는 이 책에서 이러한 접근을 뛰어넘는 '기독교적 가르침'이 무엇인지를 다양한 학문적인 논의는 물론, 자신의 실제적인 수업 경험을 바탕으로 생생하게 드러내고 있다. 이 책은 기독교 학교의 교사는 물론 기독교 교육학도, 기독교적 가르침에 관심 있는 모든 분이 읽어야 할 필독서다.

박상진 _ 기독교학교교육연구소 소장·장신대 명예교수·한동대 석좌교수

기독교 교육은 내용뿐 아니라 가르치고 배우는 방식과 과정도 기독교적이여야 한다. 그러므로 교실에서 일어나는 모든 일이 자연스럽게 성경적 진리에 기초한 세계관과 도덕적 비전 안에서 살아가는 훈련이 되어야 한다. 기독교적 가르침과 배움을 위해 끊임없는 연구와 실험을 해 온 저자는 기독교 세계관의 빛 아래 교육을 새롭게 구성하는 다양한 실천 방식을 구체적인 사례를 통해 자세히 소개해 준다. 읽다 보면 교실에서 저자와 함께 씨름하는 상상을 하게 만드는 매력적인 책이다.

신국원 _ 총신대 명예교수·기독교세계관학술동역회 이사장

"신앙이 교육을 형성하게 하라!"라는 저자의 도전은 단순한 가르침이 학생들을 기독교적으로 형성할 것이라는 낙관을 뒤집는다. 이것은 직관적이고 감성적인 학생들을 논리적이고 교리적인 어른들이 제대로 가르치지 못하는 어려움을 극복하는 단초가 된다. 이 책은 기독교적인 페다고지가 상호 작용, 의도된 공간, 시간 사용, 적절한 공간 등 다양한 변화를 통해 자연스럽게 녹아 드는 가정home의 모범처럼 가르치는 것의 가능성을 구체적인 예와 함께 배울 수 있게 한다.

이상찬 _ 별무리학교 교장

70년 전 "모두가 기독교 교육에 대해 이야기하지만, 실제로 실천하지는 않는다"는 프랭크 게블라인의 외침은 오늘날 "기독교적으로 가르친다는 것이 무엇일까?"에 대한 기독교 교육자들의 고민과 맞닿아 있다. 이 책은 기독교적 가르침에 대한 새로운 관점을 제시하며, 신앙이 가르침과 배움의 과정 자체에 어떻게 영향을 미쳐야 하는지를 생생하게 보여 준다. 기독교적 가르침을 향한 자신의 노력에 의구심을 가지고 있거나, 수업을 준비하며 기독교적 템플릿의 빈칸을 채워 넣느라 어려움을 겪고 있는 기독 교사들에게 이 책을 강력히 추천한다. 또한 내가 믿고 있는 바가 가르침과 배움의 현장에 미치는 영향에 대해 관심 있는 모든 분들께도 이 책을 추천한다.

장유정 _ 한국침례신학대학교 기독교교육학과 교수

기독 교사로서의 정체성과 씨름하던 나에게 이 책은 하나님이 주신 큰 복이었다. 교육의 중립성을 지켜야 하는 공립학교 교사는 기독교 교육을 포기해야 하는 걸까? 공립학교에서도 기독교 교육을 할 수 있을까? 이 책은 이러한 나의 고민을 풀어 줄 실마리를 제공해 주었다. 교실에서 신앙과 실천이 통합되기를 바라는 모든 교사에게 이 책을 추천한다.

장재광 _ 수원 매원초등학교 교사

기독 교사가 간절히 찾던 답이 이 책에 들어 있다. "기독교적 가르침이란 무엇인가?" 2016년 1월, 칼빈 대학에서 데이비드 스미스 교수를 만났다. 2차 세계대전 사진으로 시작하는 독일어 수업, 쓰나미 사진을 보여 주는 수학 수업은 기독교적 가르침에 대한 경이로운 설명이었다. 교실에서 어떻게 기독교적 교수-학습이 일어나는지 궁금한 기독 교사에게 이 책은 생생한 장면을 보여 줌과 더불어 자기 성찰의 자리로 이끌어 줄 것이다.

장한섭 _ 이야기학교 교장·(사)서울대안교육협의회 정책위원장·총신대학교 교육대학원 겸임교수

저자 서문: 한국어판 출간을 기리며

먼저 《기독교적 가르침과 배움: 교실에서 새롭게 상상하고 참여하고 실천하기》의 한국어 번역 작업에 대한 노력과 한국 독자들을 위해 몇 마디 덧붙일 기회를 주신 것에 유은희 교수님에게 감사드립니다. 저는 한국의 학교들과 대학들을 방문하며 그들과 교류한 경험을 소중하게 여깁니다. 또한 한국에서 기독교 교육에 대한 열정이 넘치는 것을 높이 평가합니다. 이 책이 한국에서의 기독교 교육에 관한 대화에 조금이라도 기여할 수 있다면, 저는 참으로 감사할 것입니다.

이 서문에서는 책에 이미 담긴 내용에 무언가를 추가하려는 것은 아닙니다. 대신, 이 책을 읽는 데 있어 한 가지 조언을 드리고자 합니다. 이 책을 단순히 교실에서 기계적으로 적용할 수 있는 레시피로 보지 마시고, 기독 교사로서 실천적 지혜를 발전시키기 위한 안내서로 접근해 주시기 바랍니다.

오늘날의 교사들은 저자들이 최선의 교육 방법이라고 주장하는, 이미 만들어진 템플릿을 제공하는 많은 책을 접하게 됩니다. 새로운 기술을 배우는 데에는 분명 가치가 있을 수 있지만, 이러한 접근 방식은 교육을 다른 시간과 장소에서도 동일하게 적용할 수 있는 일종의 기술로 간주하게 만들 수 있습니다. 이는 또한 학습자를 우리가 올바른 기술만 습득하면 고칠 수 있는 객체로 여길 수 있다는 암시를 줄 수 있습니다. 이러한 접근은 교사의 상황, 문화, 재능, 신념, 책임, 그리고 학습자의 자율성과 필요를 고려할 여지를 거의 남겨 두지 않습니다.

    이 책은 기독교 신앙이 우리가 가르치는 방식과 어떻게 관련이 있는지의 내용입니다. 교실에서의 일상적인 삶의 실질적인 세부 사항과 관련된 적실한 논의를 목표로 하며, 가르침을 디자인하고 실행하면서 내리는 선택에 관한 실제적인 내용을 다루고자 했습니다. 하지만 기독교 신앙은 적용할 수 있는 레시피나 기술이 아닙니다. 이 책은 특정한 상황에서 특정한 학습자들의 필요와 현실에 응답하여 교실에서 사랑의 삶을 살아가려는 창조적인 노력의 초대입니다. 그 결과, 여러분의 교실의 모습은 저의 교실의 모습과 다를 수 있습니다.

    그러므로 저는 여러분의 교실이 정확히 어떻게 운영되는지, 여러분의 학습자들이 정확히 무엇을 필요로 하는지, 또는 한국의 교육적 과제를 어떻게 해결할 수 있는지 미시간Michigan에 있는 제가 안다고 주장하지 않습니다. 대신, 저는 우리의 신앙이 우리가 가르치고 배우는 방식에 대한 결정에 어떻게 영향을 미칠 수 있는지를 명확히 하고자 합니다. 여러분이 저와 함께 교실에 생명을 불어넣고 학습자들에게 희망을 줄 수 있는 기독교적 실천적 지혜를 찾는 여정에 동참해 주시기를 초대합니다.

역자 서문

데이비드 스미스 교수의 《기독교적 가르침과 배움: 교실에서 새롭게 상상하고 참여하고 실천하기》는 기독교적으로 가르친다는 것의 의미와 실천에 초점을 맞춘 책입니다. 저는 역자 서문을 이 책의 개관을 소개하는 데 사용하려 합니다. 교육대학원 선생님들과 한 학기 동안 이 책을 함께 읽으면서 느낀 점 중의 하나는 저자가 서문에서 이 책이 무엇에 관한 내용이며 목표하는 바가 무엇인지 분명히 밝히고 있지만, 우리 중에는 목적지를 아는 것만으로도 충분한 순례자들도 있는 반면, 그 목적지에 도달하기까지 우리가 지나게 될 이정표들을 지도에서 먼저 확인하고 출발하기를 선호하는 순례자들도 있다는 것이었습니다. 저는 여행 경로를 개발한 사람이 아니기에 그저 여러 번 그 길을 따라가 본 사람으로서 안내할 뿐입니다. 이 부족한 개관이 안내 지도에서는 결코 미리 경험할 수 없는 여행 중의 사건과 만남, 즐거움과 놀라움, 불편함과 우여곡절에 대한 기대를 도리어 반감시킬까 두렵지만, 혹 필요한 분들에게 약간의 도움이 되기를 바랍니다.

개관을 하기 전에 두 가지 주요 용어의 번역에 대해 설명하는 것이 좋겠습니다. 저자가 이 책에서 많이 사용하는 용어 중 하나는 practice입니다. 이는 에티엔 웽거$^{Etienne\ Wenger}$의 《실천 공동체 COP》$^{Communities\ of\ practice}$와 매킨타이어$^{MacIntyre,\ Alasdair}$가 《덕의 상실》 $^{After\ Virtue}$에서 언급한 '실천'과 유사한 의미로, 역사적으로 사회적으로 그 집단에 속한 사람들이 공유하고 지속해 온 관행과 같은 의미를 포함합니다. 따라서 practice는 문맥에 따라 실천으로 혹은 관행으로 번역되었습니다. 저자는 《습관이 영성이다》$^{You\ Are\ What\ You\ Love}$의 저자 제임스 스미스$^{James\ K.\ A.\ Smith}$가 그러하듯, 실천이 단지 우리가 행하는 무언가가 아니라 우리에게 행하는 무언가가 있음을 믿고, 실천의 형성적 역할을 강조합니다.

설명해야 할 또 다른 용어는 pedagogy입니다. 최근 성인 학습이 주목을 받으면서 안드라고지와 대비되는 개념으로 페다고지를 사용하는 경우가 많지만, 저자는 페다고지를 어린이들을 위한 교수법이나 교사 주도의 교육이라는 의미로 사용하지 않습니다. 또한 페다고지는 이 책에서 가치 중립적이거나 맥락과 무관하게 활용할 수 있는 것만 같은 가르침의 기술이나 교수 방법보다 훨씬 복잡하고 포괄적인 의미로 사용되었습니다. 저자가 1장에서 자세히 설명하고 있듯이 페다고지는 교수자와 학습자가 가르치고 배우는 일시적인 기간 동안에 사회적 상상, 생활의 규칙과 패턴, 가구를 공유하며 함께 살아가는 가정 혹은 집$^{pedagogical\ home}$을 짓는 것입니다.

1장부터 5장까지 저자는 기독교적인 교수(가르침)-학습(배움)이 실제로 존재하며, 신앙이 우리가 가르치는 실천에 실질적인 영향을 미치고 페다고지를 형성할 수 있다는 주장을 하고 있습니다.

1장에서는 기독교적으로 가르친다는 것에 대해 우리가 지금까지 생각해 온 방식, 곧 교과와 다루고자 하는 주제에 관한 포스트모던 사조의 흐름을 이해하고 비판하거나, 논쟁의 여지가 있는 이슈에 기독교 세계관적 관점을 제공하거나, 학교의 교육 철학과 수업의 방향에 관해 하나님 나라와 관련된 비전이나 사명 선언문을 제시하거나, 교사가 예수님을 닮은 성품과 사랑으로 가르치거나, 기도나 경건의 시간으로 수업을 시작하는 방식도 중요하지만, 이 책에서는 교실의 맛이 느껴지는 방식으로 페다고지와 신앙의 관계에만 초점을 맞추고자 한다고 말합니다. 왜냐하면 기존의 접근들은 우리의 가슴을 뛰게 하고 우리가 하는 일의 무게와 의미를 알려 주는 창조-타락-구속의 우주적인 드라마와 하나님 나라의 이야기를 하곤 했지만, 교실에서 수업하는 일상에서 경험하는 일들, 시간적·물질적·맥락적 한계 내에서 교수자가 해야 되는 선택들, 교수자의 의도와 결과의 간극 등과 같이 실제로 가르치고 배우는 구체적인 실천에 신앙이 무슨 형성적인 역할을 할 수 있는지, 가르치는 내용이 아니라 가르치고 배우는 과정 자체가 기독교적일 수 있다면 그것이 무엇과 같을지에 대한 이야기는 거의 하고 있지 않기 때문입니다. 이를 위해서 저자는 가르치고 배우는 집 pedagogical home 으로서의 중세 대학의 공동 학생회관 이미지를 통해 페다고지의 의미를 넓고 풍성하게 재정의한 후 이 논의를 시작합니다.

2장에서는 한 학기를 시작하는 첫 외국어 수업에서 저자가 디자인하고 실행했던 9분짜리 수업 시퀀스를 자세히 소개합니다. 특정 내용을 강의하는 것도 아닌 서로를 소개하고 이름을 익히는 짧은 수업 시퀀스를 통해서 저자는 학문의 엄격성이나 교수 학습의 주된 목표를 벗어나지 않으면서 학생들의 정서와 안전을 중요시 여길 뿐 아니라, 수업에서 지속적으로 강조되고 실천될 가치가 무엇인지, 그것이 어떠한 세계를 상상하게 하고, 학습자를 그 안에서 특정한 방식으로 살아가도록 초청하는지에 대한 암시가 풍성한 페다고지의 집을 짓기 시작할 수 있음을 보여 줍니다. 그 시퀀스와 집은 믿지 않는 사람들이 전혀 상상할 수 없는 독특한 것은 아니지만, 저자에게 있어서는 신앙이 반영된 비전을 담고 있는 실천이요 집입니다.

    3장에서 저자는 학기가 시작한 지 9분밖에 지나지 않았지만 중요한 패턴이 이미 놓였다고 설명합니다. 모든 행위가 그러하듯 가르치는 실천도 복합적인 관심사를 가진 행위입니다. 수학을 가르칠 때 수학만 가르치고 있는 것이 아니듯, 우리가 가르칠 때 많은 일이 동시에 일어나고 있습니다. 교과와 관련된 학습 목표라는 주요 목표가 있다고 해서 수업과 관계된 다른 관심사와 맥락을 간과할 수는 없습니다. 그런 면에서 신앙은 다른 여러 관심사와 맥락과 함께 수업의 목표를 상쇄하지 않으면서도 우리가 가르치는 접근 방식의 틀을 형성하는 중요한 역할을 할 수 있습니다. 수업에서 무슨 일이 일어나고 있고, 그것이 무엇을 의미하고, 왜 중요한지에 대한 감각을 줄 수 있습니다. 그러나 9분의 시퀀스가 학생들을 드라마틱하게 변화시키거나 형성시킨 것은 아닙니다. 페다고지와 관련된 선택을 통해 함께 살아가기 위한 중요한 패턴이 이미 만들어졌지만, 시간이 지나면서 이 패턴은 반복되어야 하고, 교실 일상의 더 큰 패턴과 레퍼토리 안에서 자리 잡으면서 그 의미는 안정되고, 강화되며, 학생들은 그 페다고지의 집이 초청하는 세계와 가치와 삶의 양식에 의해 지속적으로 형성되게 됩니다. 그렇기에 저자는 이제 가르침의 더 큰 맥락을 들여다보기 시작합니다.

4장은 우리가 가르치고 배우는 방식이 자연스럽거나 본질적인 방식이라기보다는 우리가 살아가는 문화의 구현체라고 주장합니다. 종교사회학자 크리스천 스미스$^{Christian\ Smith}$가 문화와 사회적 기관에 대해서 말하듯, 언어를 가르치고 배우는 방식도 특정한 방식으로 세상에 거주하라는 초대, 특정한 세계관과 도덕적 비전 안에서 살아가라는 초대입니다. 신앙은 그동안 정상적이고 평범해 보였던 교실의 관행에 불편함과 당혹감을 느끼게 합니다. 저자는 자신이 당시 언어 교수 관행을 자연스럽다고 느낀 이유는 경제와 경쟁과 같은 우리 사회와 문화의 더 큰 이야기와 도덕적 질서를 수용했기 때문이며, 그 결과 하나님과 타자를 향한 존중과 자유로운 영혼의 움직임이 아니라 자기애를 강화시키는 영혼의 움직임을 만드는 페다고지의 실천을 선택하고 말았다고 합니다. 그러나 신앙이 이러한 비판적인 역할만 하는 것은 아닙니다.

5장은 기독교 신앙이 페다고지를 형성하는 생산적이고 건설적인 역할도 할 수 있음을 저자가 한 수업을 디자인했던 과정을 통해 구체적으로 보여 줍니다. 신앙에 대한 근본적 신념에서 출발해서 그것과 정확히 일치하는 단 하나의 교수 방법에 도달하는 직선적이고 필연적인 논리적 전개와 같은 것은 없습니다. 대신에 저자는 학자 레이코프$^{George\ Lakoff}$가 주장한 범주화 이론을 통해 기독교적 교수-학습 방법이라는 것은 신앙으로 동기 부여된 실천이라고 말합니다. 신앙에 의해 동기 부여된 실천은 다양한 교수-학습 방식을 취할 수 있습니다. 그러나 그 접근 방식들은 신앙 공동체가 보기에 지나치게 자의적으로 기독교적 교수-학습의 범주를 확장했거나 신앙과 어긋난 것이 아니라 신앙과 잘 어울리고, 하나님과 인간과 세상에 대한 우리의 신앙적 신념에 부합하는 신실한 실천이라 할 수 있을 만한 그런 것입니다.

이 책의 후반부에서 저자는 신앙이 페다고지를 형성할 수 있다거나, 기독교적인 교수-학습이 존재한다는 것을 더 이상 논증하지 않습니다 이미 여러 사례를 충분히 보여 주었습니다. 6장부터 9장까지는 이제 실제로 어떻게 기독교적인 가르침을 설계할 것인지를 이야기합니다. 저자는 기계적인 테크닉이나 요령을 알려 주거나 레시피나 템플릿을 주지 않으면서도 교수-학습 디자인이라고 하는 복잡한 과제를 안내할 수 있는 방법을 구상하다가 여러 동료와 개발한 What If Learning이라는 단순하고 유연한 틀^{framework}을 소개합니다. 새롭게 보고, 참여 방식을 선택하고, 실천을 재구성하는 세 단계로 구성된 모형입니다. 그러나 이 셋은 서로 분리된 단계들이라기보다는 상호 의존적이며 동시적인 측면들이라 할 수 있습니다. 6장은 숲을 그리듯 세 단계에 대한 간략한 개요이며, 7, 8, 9장은 각 단계를 자세히 설명하고 있습니다.

7장은 새롭게 보기를 다루는데 그것은 상상력의 작업으로의 초대입니다. 상상은 누구나 하는 일이며, 상상력은 우리가 무엇을 하고 있고 그 일의 본질과 목적이 무엇인지를 우리 자신과 학생들에게 들려주는 이야기로서 우리의 말과 행동, 목표, 권면, 금지 등에 담겨 있어서 사실 항상 교실에 내주하고 있다고 할 수 있습니다. 저자는 우리에게 익숙한 세계관이라는 개념보다 찰스 테일러$^{Charles\ Taylor}$가 말하는 사회적 상상이라는 개념을 사용하는 것이 성경적인 답이 있을 것 같지 않은 교수-학습의 구체적인 실천을 숙고하는 데 유익하리라 생각합니다. 상상은 개인적이고 즉각적인 것이 아닙니다. 역사적으로 계승해 온 이야기, 사회적 맥락에서 흡수한 수많은 직감과 습관이 우리가 세상과 수업과 과제와 교실 등을 상상하는 방식을 형성하고 전달합니다. 교수-학습을 기독교적으로 새롭게 디자인하기 위해서는 기독교적 상상력을 계발하는 것이 필요하며, 신앙의 빛 아래 우리가 가르치는 접근 방식과 사용하는 자료와 실천에 의해 투영되는 상상된 세계와 이야기, 그 안에서 살아가는 방식도 성찰할 필요가 있습니다.

8장은 What If Learning의 두 번째 측면인 참여 방식을 선택하는 것에 초점을 맞춥니다. 저자는 교수-학습을 설계한다는 것은 학생들이 누구이며 어떻게 학습에 참여할지의 암묵적 기대를 기반으로, 학생들이 교재와 교수자와 동료 학습자들, 그리고 교실 너머 더 넓은 세계와 어떻게 상호 작용하고 참여할지에 대한 참여 방식의 대본을 작성하는 것이라고 설명합니다. 독일어 수업에서 본회퍼$^{Dietrich\ Bonhoeffer}$가 나치 정권에 순응하지 않았던 고백 교회의 목회자들, 산상수훈에 따라 예수님을 닮은 제자도를 실천하는 사역자들을 양성하기 위한 신학교를 세우면서 집필했던 《성도의 공동생활》^{Life}

Together을 교재로 채택하고, 학생들로 하여금 그 책을 어떻게 읽도록 할지 고민했던 예를 보여 줍니다. 그가 특별히 주목했던 개념은 라브Jean Lave와 웽거의 '정당하고 주변적인 참여'legitimate peripheral participation 였습니다. 이 참여를 가능하게 하는 실천과 함께 학생들이 그 책을 읽도록 했습니다. 기독교적으로 가르치고 배우는 데 있어서 학생들을 어떠한 방식으로 참여하게 할지의 선택은 학생들의 전인적 형성을 위해 중요합니다. 또한 이러한 참여 방식은 특정한 상상력에서 비롯되고, 그것을 발전시키는 데 도움이 됩니다.

9장은 What If Learning의 세 번째 측면인 실천의 재구성을 다룹니다. 특정한 상상력에 의해서 비롯된 참여 방식은 그러한 참여를 지속할 수 있도록 돕는 물리적 학습 환경을 설계하는 실천의 재구성을 통해 지탱되어야 합니다. 교수자의 의도와 태도는 반드시 몸과 물리적인 학습 과정을 통해 체현되고, 시간과 공간을 디자인하는 실천의 재구성을 통해 구현되어야 합니다. 저자는 교수자의 몸짓, 음량, 눈맞춤, 좌석의 배치, 침묵, 상징, 속도와 같은 공동체의 실천의 패턴들을 통해 시간과 공간을 건축하고 구성하는 방식 역시 신앙의 언어이며, 학습 과정의 이러한 세부적인 물리적 실천을 통해 다른 종류의 '가르치고 배우는 집'이 만들어진다고 말합니다.

10장은 저자가 이 책에서 하고자 했던 주장들, 곧 신앙과 페다고지에 관해 나눌 수 있는 풍성하고 의미 있는 대화가 존재하고, 이 대화는 유아로부터 성인에 이르는 모든 수준의 기독교 교육의 지속적인 건강과 번영을 위해 중요하지만, 그동안 소홀이 여겨져 왔으며, 기독교적으로 가르친다는 것은 성경이 직접적으로 규정하고 승인하는 일련의 교수 방법이 있거나 이를 강요하겠다는 의미가 아님을 재언급합니다. 저자가 주안점을 두는 것은 기독교인만의 독특하고 차별화된 교수-학습 방법을 찾는 것이 아니라 하나님 나라의 회복과 완성의 이야기에 공명하고 부합하는 신실하고 통전적인 교수-학습 방식을 상상하고 실천하는 것입니다. 그러나 어느 누구도 가르침이라고 하는 복잡한 실천을 옳게 하기 위해 매 순간 모든 것에 최선의 주의를 기울이는 것은 불가능하기에, 기독교적 교수-학습이라고 하는 프로젝트는 기독교적 학문과 그리스도인의 공동체에 의해 지탱될 필요가 있다고 제안합니다.

11장은 특히 고등교육 쪽 종사자들을 위해 집필되었습니다. 기독교 세계관 운동이 확산되면서 자신의 기독교적 전통과 신앙이 학문과 수업에 대한 동기와 태도 및 윤리에 영향을 미친다고 생각하거나, 학문과 신앙의 통합을 시도하는 학자들과 학문적 엄격성의 탁월한 기준을 만족시키는 연구는 많이 있으나 반면, 기독교 신앙이 페다고지에 영향을 미친다고 생각하거나, 교수 학습과 관련된 지속적이고 정교한 연구를 발전시켜 가는 학자들과 논문은 적습니다. 어니스트 보이어Ernest Boyer와 저자의 주장에 따르면, 이러한 현상은 고등교육 기관의 보상 시스템과 경력 발전의 패턴, 미래의 교수진에 대한 페다고지와 관련된 훈련 문제, 가르치는 일을 지속적 탐구와 훈련을 요하는 일로 생각하지 않는 마음의 습관과 개인적이고 사적인 활동으로 남게 하는 경향 등 여러 요인에 기인합니다. 기독교 고등교육 기관에서의 교수-학습에 관한 훈련된 공적 대화와 협력과 연대, 학문 참여는 초등 및 중등학교에서의 기독교적 교수-학습과 기독교 교육의 발전을 위해서도 중요하기에 강화되고 격려되어야 함을 상기시키며, 우리를 초청하고 있습니다.

데이비드 스미스 교수의 《기독교적 가르침과 배움: 교실에서 새롭게 상상하고 참여하고 실천하기》 $^{On\ Christian\ Teaching}$는 가르침과 상상력, 가르침과 실천을 이야기하는 *Teaching and Christian Imagination*과 *Teaching and Christian Practices*과 함께 읽으면 더 잘 이해할 수 있습니다. 또한 What If Learning의 틀을 활용하여 수업을 개발한 프로젝트의 결과가 담긴 www.whatiflearning.com의 다양한 교과의 레슨 플랜들을 참고하는 것도 도움이 될 것입니다. 저자처럼 여러분이 외국어를 가르치는 선생님이라면 *The Gift of the Stranger*와 같은 책이 언어를 기독교적으로 가르치려는 시도에 도움이 될 것입니다.

흥미롭게도 이 책에 소개된 What If Learning 모형은 저자가 기독교적 교수-학습을 설계하는 데 활용하는 유일한 틀이 아닙니다. 저자의 다른 프로젝트의 결과로 만들어진 teachingfastly.com이나 civichospitality.com에 방문하면 재미있는 수업 사례와 수업을 개발하기 위한 다른 전략들을 발견할 수 있습니다. 저는 연구년 동안 칼빈 대학의 Kuyers Institute for Christian Teaching and Learning에 방문학자로 머물며 저자의 책을 읽고, 저자가 인도하는 교육학과 학생들을 대상으로 하는 강의와 기독 교사들을 위한 워크숍에 참여하며, 저자와 정기적으로 대화할 기회가 있었습니다. 저자는 지난 30년간 기독교적으로 가르친다는 의미와 실천을 탐구하고 가르쳐 왔지만, 그가 시도하는 교수-학습과 신앙의 통합을 하나의 모형으로 소개하거나 이름을 붙이지 않습니다. 그보다는 '여기 좀 보세요, 아주 흥미로운 일이 일어나고 있어요!'라고 가리키며, '무슨 일이 일어난 걸까요?', '왜 이런 일이 발생한 거죠?'와 같은 질문을 던짐으로, 사람들이 교수-학습의 복잡성과 교실에서 수업을 하는 중에 일어나고 있는 일들의 다양성을 더 많이 파악하고 주목할 수 있도록 돕고 싶어합니다.

이 책의 접근은 최근 주목받는 《변혁의 위한 교육과정》Trans-formation by Design과 'Teaching for Transformation(TFT)' 모형과 함께 상호 보완적으로 활용할 수 있습니다. 어린이집부터 초·중등과 고등교육 기관, 그리고 교회에서 이루어지는 가르침이 교수-학습에 있어서 보다 기독교적인 가르침이 될 수 있도록 돕는, 특히 내가 지은 가르치고 배우는 집에서 일정 기간 머물며 생활하고 나가는 학생들의 형성student formation에 깊은 책임감을 느끼는 분들을 위한 안내와 함께하자는 초청이 여기 있습니다.

공립이나 제도권 학교에서 교직을 감당하는 기독 교사들을 위한 친교의 떡도 예비되어 있습니다. 저자의 접근은 어떤 면에서는 충분히 기독교적으로 보이지 않습니다. 월터 스톨프Nichols Wolterstorff가 《샬롬을 위한 교육》Educating for Shalom에서 말한 것처럼 그가 기독교적 가르침으로서 추구하는 것은 일차적으로 독특성이나 다름이 아니기 때문입니다. 하나님 나라와 그리스도께서 회복하실 샬롬과 정의의 이야기, 그리고 그에 대한 우리의 신앙과 신념에 부합하는 신실하면서도 학문적으로나 교수-학습에 있어서의 연구와 실제에 타협함이 없는 실천을 추구하는 것입니다 그 결과는 차이difference

로 나타날 수 있지만 출발선에서 우리의 태도는 신실함과 통전성integrity이기에 제도권에서 교직을 수행하는 교사들도 공감할 수 있는 사례와 접근들을 발견하게 될 것입니다.

매끄럽지 않은 번역으로 인해 저자와 출판사, 그리고 독자에게 누가 될까 염려되고 죄송한 마음입니다. 그럼에도 불구하고 이 책을 통해 많은 분이 성경의 내러티브와 기독교 전통, 은유와 허다한 믿음의 증인들을 통해 흡수한 상상력으로 수업과 우리가 하는 일, 교실과 세상을 새롭게 상상하는 도전을 받기를 바랍니다. 그 비전에 공명하는 방식으로 텍스트와 동료 학습자와 교수자와 교실 안팎의 세상과 상호 작용하며 함께 살아가는 참여 방식의 패턴을 만들어 갈 수 있기를, 그 집에 한동안 머물며 살아가는 학생들이 하나님의 사람으로 전인적으로 형성되어 가기를 소원합니다. 우리가 세상과 도덕적 질서와 인간과 교육을 상상하는 방식과 그것을 구현해 주는 참여 패턴을 지탱해 줄 시간과 공간의 건축술을 개발해 갈 수 있는 위한 지혜와 의도성과 실천의 성실함이 우리에게 있기를 기도합니다. 저자인 데이비드 스미스 교수님과 이 책을 추천하는 글을 기꺼이 써 주신 분들께 감사를 전합니다.

유은희

 차례

- ■ 추천사
- ■ 저자 서문: 한국어판 출간을 기리며
- ■ 역자 서문

서문

감사의 글

- **1장** 페다고지의 간극 / 31
- **2장** 단 9분간의 수업 시퀀스 / 57
- **3장** 중요한 패턴들 / 83
- **4장** 영혼의 움직임 / 109
- **5장** 동기 부여된 설계 / 135
- **6장** 새롭게 보기, 참여하기, 재구성하기 / 163
- **7장** 상상력 작업 / 187
- **8장** 함께 사는 삶 / 217
- **9장** 시간과 공간 디자인하기 / 249
- **10장** 페다고지와 공동체 / 277
- **11장** 기독교 학문의 현주소 / 299

■ 미주

서문

신앙과 학습을 어떻게 '통합'(이는 당신이 선호하는 용어로 바꿔도 된다)할지를 논의하는 다양한 종류의 기독교 교육에 관한 문헌은 이제 상당히 축적되어 큰 서재를 이룰 정도다.¹ 그러나 실제 교육과정에서 기독교적인 것이 무엇을 의미하는지는 정확히 짚어 내지 못한다. 내가 말하고자 하는 것은 사상의 역사도, 교과 영역에 대한 기독교적 관점도, 성품의 친절함도, 경건의 시간도, 학생들과 구두로 신앙을 나누고 있는지의 여부도, 포스트모더니즘이나 지식의 본질에 대한 입장도 아니다. 가르침 그 자체, 곧 교육 환경에서 학생들의 학습을 돕고자 노력하는 그 시간 동안 실제로 일어나는 일에 관한 것이다. 유일하다고 볼 수는 없지만 나는 특히 개신교 내에서 이런 상황이 더욱 두드러진다고 생각한다. 기독교적 학습에 관한 책이나 논문을 읽고 가르침^{teaching}에 관한 통찰을 얻고자 할 때 자주 실망하고 만다. 기독교적으로 학문을 수행하는 데 사용되는 익숙한 방식들은 장점이 더 많지만, 교실에서의 경험과 연결되는 교실의 맛은 거의 느껴지지 않기 때문이다. 이 책도 그 맛을 제대로 내지 못할지도 모르겠지만, 한 가지 주요한 질문에 집중하려고 노력했다. '기독교적으로 가르치는 것'teaching Christianly과 같은 것이 있을까? 곧, 신앙이 가르침을 통해 전달되는 사상이나 개념, 그것들이 제공되는 정신에 영향을 끼칠 뿐 아니라 가르침의 과정, 그 안에서의 움직임, 실천 그리고 페다고지에도 어떤 식으로든 영향을 미치는 그러한 가르치는 방식이 존재할까? 나는 그런 것이 있다고 주장하는 바다.

이 책에서는 가르침teaching 자체에 집중하고자 거대 아이디어들을 상세히 설명하기보다는 '교수-학습'teaching-learning 사례를 검토하는 데 더 집중할 것이다. 또한 교실 환경에서의 대면 교육에 초점을 맞추었지만, 이 내용을 잘 수정하면 다른 종류의 학습 환경으로 확장할 수 있을 것이다. 다만 온라인 학습은 검토하지 않았다. 이 책에서 사용한 분석 방법이 온라인 학습 상황에서도 흥미로울 수 있겠지만, 이 책의 검토 범위를 벗어난다(교육적 테크놀로지에 관해 동료들과 집필한 다른 책이 있다). 이 책의 목적은 모든 종류의 가르침을 다루는 핸드북을 제공하는 게 아니다. 페다고지적 접근 방식을 형성하는 데 있어서 신앙의 역할을 밝히고자 한다. 이 책을 통해 신앙이 페다고지에 영향을 줄 수 있다는 주장의 정당함을 합리적으로 입증하고, 이것을 어떻게 실천할 수 있는지 구체적인 방법도 이해할 수 있게 되기를 바란다. 나는 이 주제가 온전한 기독교 교육의 성장에 주요하고 필수적임에도 불구하고 오랜 기간 무시되어 왔다고 본다. 희망하기는 이 책이 그 주제의 발전에 조금이라도 기여할 수 있기를 바란다. 이 책을 손에 든 독자에게 고마움을 표한다.

감사의 글

이 책은 지난 30년간 강의하고, 많은 학생 및 동료와 교류하며, 콘퍼런스와 세미나 그리고 대학원의 교육학 수업에서 가르친 내용을 바탕으로 집필되었다. 이전에 집필한 책과 논문에서 단편적으로 발전시켜 온 아이디어들을 자유롭게 참조하여 하나로 통합했다. 자료를 사용하도록 허락해 준 *Journal of Christianity and World Languages*와 *International Journal of Christianity and Education*에 특히 감사드린다. 또한 내가 기억할 수 있는 것보다 더 많은 사람과 만나서 대화하고 그들로부터 배운 교훈을 참고했다. 이 책에 어떤 식으로든 영향을 준 사람은 셀 수 없이 많지만, 책의 결과에 대한 책임은 나에게 있기에 도움을 준 이들이 비난받지 않기를 바란다. 이 주제는 나의 노력을 계속 뛰어넘는, 여전히 다 담아내기 어려운 것이어서 소박한 결과물일지라도 이 책에는 내가 할 수 있는 최선이 담겼다.

Trevor Cooling, Beth Green, James K. A. Smith, Jacob Stratman, Marj Terpstra, 그리고 Matthew Walhout에게 마지막에

서 두 번째 원고에 대한 유익한 피드백을 주어 감사하다고 말하고 싶다. 또한 Sarah Williams에게는 그가 짐작하는 것보다 더 큰 힘이 된 통찰과 격려의 순간에 대해 감사의 마음을 전한다. 아이디어를 떠오르게 해 주고 중요한 자료를 찾도록 안내하고 도움을 준 이들이 있다. Herb Fynewever, Kurt Schaefer, Kara Sevensma, Michael Stob, 그리고 Frans Van Liere에게 감사의 마음을 전한다. 그리고 최종 원고를 확인하는 데 도움을 준 Michele Rau에게 감사를 표한다. Daniel McWhirter와 Nathaniel Smith에게도 이야기를 공유해 준 것에 대해 감사드린다. 칼빈 대학과 세계 곳곳의 워크숍에서 만난 동료들과 학생들이 이 책에 담긴 많은 생각을 형성하는 데 도움을 주었다.

9장은 Stanley Hauerwas가 이끈 시간의 신학 세미나에 참석하면서 큰 도움을 받았다. Issachar 기금의 Kurk Berends뿐 아니라 Hauerwas와 다른 참가자들에게도 감사를 표한다. Eerdmans 편집자들에게, 특히 예상보다 훨씬 오래 걸렸던 프로젝트에 인내심을 가지고 격려해 주었던 Jon Pott와 David Bratt에게 감사드린다. 또한 항상 곁에서 내 정신적 안정을 지켜준 아내 Julia에게 고마운 마음을 전한다. Literature and Latte에서 제공하는 Scrivener 앱은 무척이나 유용하게 사용되었다. 이들은 최근에 구체적인 방법으로 도움을 준 사람들이다. 그보다 더 오래전에 도움을 준 사람들도 많이 있고, 그들의 공헌도 앞서 언급한 이들과 마찬가지로 중요하다. 그들에게도 감사의 마음을 전한다. 우리에게 있는 것 중에 받지 아니한 것이 무엇인가?

1장

페다고지의 간극

브루스 콕번Bruce Cockburn의 노래에 '야생의 눈빛을 가진 사나운 개들이 매일의 삶 속에서' 우리 발목 언저리를 물어 댄다는 가사가 있다.² 이 가사가 묘사하는 이미지는 오랫동안 내 마음에 남아 있었다. 교육에 대한 기독교적 사명 선언과 교육 실천의 일상적인 현실 사이에 존재하는 간극을 상기시키기 때문이다. 기독교적 사명 선언과 철학적 관점, 세계관 선언 등은 독수리가 날개를 펴 솟구쳐 오르는 것처럼 우리의 시선을 높이 들어 올려, 우리가 교실에 들어설 때 여기에 더 큰 의미가 걸려 있음을 상기시켜 준다. 그러나 정작 우리가 교실에서 행하는 많은 일은 결국 발목 높이에 더 가까운 수준, 즉 교육 환경의 물리적 압력과 특이성이 우리의 활동을 힘들게 하고 몰아붙이는 곳에서 결정된다. 신앙 선언은 가슴 뭉클한 감동을 불러일으키지만, 결국 우리가 움직이는 방향을 결정하는 것은 대체로 일상 속에 존재하는 사나운 눈을 한 개들이다. 이 개들이 물어뜯고 으르렁거리는 상황 속에서 우리가 열망하는 것과 실천하는 행동 사이의 간극이 드러난다.

"그 교과서 정말 싫어요"

내 아들은 고등학교 시절, 고급 과학 강좌를 수강했다. 아들이 집에 가져온 교과서는 작은 그림과 더 작은 글자로 가득한, 모든 종류의 곰팡이 섹션이 있는 듯해 보이는 거대한 학습의 석판 같았다. 나는 그 책의 무거운 무게에 용감히 맞서며 열심히 그 책을 훑어보았다.

얼마 지나지 않아 과학 교사가 수업 시간에 이 부분을 어떻게 다룰지 궁금해지는 부분을 발견했다. 어떤 페이지에는 지구의 과거 역사에서 대형 운석 충돌의 증거와 생태계에 미친 대이변이 요약되어 있었다. 평균 역사 주기로 볼 때 또 한 번의 거대한 충격이 발생할 기한이 이미 지난 것으로 보이며, 사람이 여전히 살아서 이 책을 읽을 수 있는 것은 통계적인 우연이라고 적혀 있었다. 다른 페이지에서는 인체 내 다양한 화학 물질의 양을 일일이 열거했고 그것의 현재 시장 가치를 달러로 표시했다. 화학적인 측면에서 도출한 인간의 가치는 대단치 않은 다소 겸손한 수준에 불과했다. 아들이 다닌 학교는 기독교 학교였다. 인간의 생명이 지속된 것이 통계적 우연이라고 시사하는 구절이나 인체를 무게와 구성에 따라 값을 매길 수 있다고 암시하는 구절은 신학적으로 최소한이라도 단서가 붙어야 하는 것은 아닌지 의아해지는 부분이었다.

즉각 떠오른 생각은 이 책이 기독교적 교실을 위한 훌륭한 교재가 될 수 있다는 것이었다. 탄탄한 정보가 방대하게 기록되어 있을 뿐 아니라 세상을 오직 움직이는 물질로 그리는 자연주의적 세계관이 새어 나오는 순간들도 있는 것 같았다. 분명히 흥미로운 토론을 일으킬 수 있을 만했다. 여기에는 학생이 '빅 퀘스천'이라 할 만한 중요하고 큰 질문을 고민하게 하고, 인간 존재의 의미에 대한 상반된 이야기를 비교하고 분석해 볼 요소가 있었다. 나는 아들의 과학 교사가 어떻게 이 교재를 활용할지 궁금했다. 학생들은 신앙과 지식에 대해서, 섭리와 가치 그리고 경이로움에 관한 질문과 씨름하는 데 도움을 받을 수 있을까?

생물 수업이 어떻게 진행되고 있는지 물어볼 기회가 생겼다. 수업은 잘 진행되고 있었지만 아들은 그 교과서가 특별히 흥미롭다고 느끼고 있지 않았다. 학업 성적은 우수한 편인데 교과서에 대한 평가는 간단했다. "그 교과서 정말 싫어요. 너무 지루해요." 아들에게 교과서를 얼마나 읽었는지 묻자, 몇 페이지 읽은 것 같다고 말하며 다시 하고 있던 숙제를 계속했다.

나는 조금 의아했다. 지금은 그 수업이 진행된 지 몇 주가 지난 때였다. 생물 수업의 숙제가 교과서를 기반으로 하고 있고, 수업 진도에 따르면 이미 여러 챕터를 다룬 상황이다. 그런데 아들은 교과서를 몇 페이지밖에 안 읽었다고 했다. 내 아들은 성실한 학습자여서 학업 성적도 좋다. 그래서 나는 더 자세히 살펴보기 시작했다.

숙제로 주어진 과제는 꽤 표준적이었다. 나도 학생들에게 여러 번 내준 적이 있는 평범한 유형의 과제였다. 교과서의 특정 챕터를 읽고 이해도를 체크하는 몇 가지 질문에 답하는 형식이다. 아들과 반 아이들은 선생님이 기대하는 수준의 답안을 작성할 더 효율적인 경로를 찾는 데 능숙했다. 검색 엔진을 사용할 줄 아는데 왜 장황하고 지루한 교과서를 20~30페이지나 읽으며 정보를 추출하겠는가? 교과서를 읽는 것보다 더 나은 방법은 학생들이 온라인 채팅으로 그룹을 지어 문제를 풀되, 각 학생이 과학과 일반 웹사이트를 검색하여 다양한 출처에서 일관되게 나오는 답변을 선택하는 것이었다. 개별적으로 교과서를 읽고 요약해서 정리하도록 의도된 페다고지가 검색 기술과 온라인 그룹 협업 그리고 사실 확인이라는 조합으로 변질되고 만 것이다.

이런 전략을 사용하면서 학생들은 과제를 빠르게 신뢰도를 높여 완성했다. 이 방식이 교사의 요구 사항을 충족시키는 데 매우 효과적이었음은 명백하다. 아들이 매우 우수한 성적을 받았으니 말이다. 나는 내가 부여한 얼마나 많은 과제가 신데렐라의 마차처럼, 학생들이 교실을 떠나는 순간에 내가 상상했던 것과는 전혀 다른 형태로 변하는지 궁금했다. 살펴보니 내가 생각하고 싶은 빈도보다 이런 일이 더 자주 일어났다. 내가 책임자로 있는 교실에서도 충분히 자주 발생했다.

이 이야기를 하는 것은 이 책의 핵심 질문을 풀어 가기 위함이다. 만약 우리가 신앙이 교육에 어떻게 영향을 미치는지 이해하고 싶다면, 교육 내용에 의해 전달되는 관점보다는 '교수-학습' 과정에 주의를 기울이는 것이 필요하다. 그렇다면 어떤 방식으로 주의를 기울여야 할까?

전 세계적으로 엄청난 노력과 시간, 자원이 다양한 형태의 기독교 교육에 투자되고 있다. 여기서 기독교 교육이라 함은 기독교 신앙을 직접적으로 심어 주고 가르치는 교육만을 의미하는 것이 아니다. 기독교적 관점에서 모든 주제에 대한 교육을 제공하는 더 넓은 노력을 포함한다. 학위를 수여하는 미국의 고등교육 기관의 5분의 1 이상이 스스로를 '종교 계열' 학교라고 기술하며,[3] 이 중 대부분이 기독교 계열의 학교에 속한다. 고등교육 기관보다 훨씬 더 넓은 네트워크를 가진 기독 초등학교와 중고등학교들은 다양한 방식으로 뚜렷하게 기독교적 교육을 제공한다고 약속하고 있다.

다른 여러 나라에서도 상당한 비율의 학령기 청소년이 신앙을 기반으로 한 기관에 다닌다. 기독교 학교와 고등교육 기관은 전 세계적으로 많은 지역에서 그 수가 계속 증가하고 있다.[4] 그러한 학교는 '기독교'가 '교육'과 어떤 관련이 있는지에 지속적으로 토론하고 연구한다. 확고한 입장과 가정을 가진 연구로 방송 분량을 놓고 경쟁하며, 공개 토의의 장에서 주목받으며 토론하는 대화로 말이다.[5] 이 질문에 대한 기존 개신교 문헌의 상당 부분은 가르치는 아이디어들이 기독교적일 때 기독교적인 가르침이 일어난다고 시사하는 경향이 있다.

이 관점에서 보면, 어떤 수업이 기독교적이라는 것은 그 수업이 기독교적인 관점으로 사물을 보도록 가르치거나, 신앙이 공부하고 있는 주제와 어떻게 관련되는지 논의하거나, 성경이 그 주제와 관련되도록 한다거나 혹은 기독교적인 세계관을 전달할 때 그렇다고 말할 수 있다.

그러나 기독교 교육에 관한 책 대부분이 페다고지적인 과정이나 학생들이 학습을 경험하고 해석하는 방식에 대해서는 거의 언급하지 않는다. 초점을 기독교적 교육이라는 사업을 조명하고 해석하는 철학이나 관점, 세계관에 맞추고 있다. 실제로 가르치고 배우는 실천에 내재된 의미를 파악하도록 돕는 글보다 지적 역사나 이념적 처방에 초점을 맞춘 글을 찾는 것이 더 쉽다.[6]

아들의 생물 교과서가 내 시선을 사로잡았을 때, 이런 흔한 접근 방식이 내 머릿속에 떠올랐다. 이 책이 어떤 시각과 관점을 전달하고 있는지 궁금했다. 수업 내용을 제시하면서 그 책이 어떤 지점에서 세계관을 드러내고 있을까? 수업 중에 그 책의 기본적 가정에 대한 사려 깊은 기독교적 성찰과 관여가 있었을까? 결국 내 아들과 그의 친구들의 학습 실천은 이러한 질문을 능가해 우위를 선점해 버렸다. 이번 경우에는 과제의 디자인, 인터넷 기술의 가용성, 수업 시간 밖 학생들의 사회적 상호 작용, 교과서의 매력적이지 않은 산문체, 바쁜 십 대의 삶에 따른 시간적인 압박과 같은 요소가 교과서의 세계관을 거의 무관하고 무의미한 것처럼 만들어 버렸다.

교과서에서 내가 주목했던 부분이 수업 시간에 논의된 적이 있었는지는 알 수 없지만, 아들이 그 페이지에 그리 많은 주의를 기울이지 않았다고 한 것을 고려해 보면 아마 그렇지 않았을 것 같다. 적어도 이 사례에서는 교과서의 관점이나 학교의 웅변적인 사명 선언문이 학습을 형성하는 데 영향을 준 것이 아니었다. 이는 교사 편에서의 신앙의 실패로 인한 것이 아니라 그저 내 수업에서도 경험하는 '교수-학습'의 일상적인 변화와 우여곡절 때문에 생긴 일이다. 야생의 눈을 가진 사나운 개들의 또 한 번의 승리다.

물론 교과서는 상당한 영향력을 행사할 수 있으므로, 책임 있게 교과 내용을 구성하는 것은 분명 중요하다. 하지만 '교수-학습' 과정의 형태는 학생들이 그 내용에 접근하고 그것을 경험하는 방식에 영향을 미치며, 학습이 의미 있게 될 가치와 관계와 행동의 그 물망을 직조하는 것을 돕는다. 오직 가르치는 내용의 진리에만 초점을 맞추고, 가르치고 학습하는 방식에서 형성되는 의미는 다루지 않는 기독교 교육에 대한 설명은 아무리 훌륭해도 불완전할 수밖에 없다.

그러나 이것이 바로 기독교 교육에 관한 출판물을 기준으로 판단해 볼 때 우리가 가장 자주 생성해 온 설명이다.[7] 만일 우리가 초점을 옮겨 '어떤 기독교적 아이디어를 가르쳐야 하는지'만을 묻기보다, 우리가 그 가운데 살아가도록 학생들을 초청하는 '가르치고 배우는 실천 방식 속에서 무엇이 기독교적일 수 있는지'를 묻는다면 어떻게 될까? 이 책은 그 질문에 대한 답을 찾으려 노력할 것이다. 그러나 먼저 우리의 시선을 다시 발목 높이로 돌려 보겠다.

"그렇게 잘 알 필요는 없어요"

'무엇이 교육을 기독교적으로 만드는지'를 생각할 때, '교수-학습' 과정에 초점을 맞춘다는 것은 또 하나의 표준 전략을 상기시킬지도 모른다. 아마도 가르침은 그것이 기독교적 정신이나 분위기를 반영할 때, 곧 사랑이나 겸손 혹은 인내심이 배어 있거나 학생들에게 진정한 보살핌과 관심을 보여 줄 때 기독교적이라고 인정받을 것이다. 또한 가르침이 기독교적인 마음과 사랑하는 관계로부터 나올 수 있다면, 그 가르침은 기독교적이라 할 것이다.[8] 이 모든 것은 어느 정도까지는 좋아 보이지만, 이 두 번째 전략에 너무 열정적으로 접근하기 전에, 아들의 숙제에 관한 짧은 이야기를 하나 더 들려주고자 한다.

이번에는 종교 수업에서 내준 과제에 관한 이야기다. 이 과목 선생님은 친절하고 헌신적이며 배려심이 풍부하고 창의적이며 훌륭한 기독교적 성품으로 학생들을 대했다. 어느 날 아들이 시험 공부를 도와달라고 하며 두 개의 열이 나란히 배열된 학습지를 가지고 왔다. 왼쪽에는 약 열두 개의 주요 신학 용어 목록이, 오른쪽에는 각 용어에 해당하는 한 문단 길이의 정의가 적혀 있었다. 다음 날 시험을 보려면 아들은 각 단어와 정의를 숙지해야 했다.

거실에 앉아서 나는 몇 가지 질문으로 아들의 이해도를 살피기 시작했다. '승천은 단지 물리적 공간에서 올라가는 것을 의미할까? 칭의와 성화의 차이점은 무엇일까? 이 중 하나를 설명할 수 있는 이야기나 성경 구절을 떠올릴 수 있니?' 아들은 이 절차를 몇 분 동안 참아 보다가 이내 내게서 그 종이를 가져가며 약간 짜증 섞인 어조로 외쳤다. "그런데 그걸 그 정도로 잘 알 필요는 없어요! 시험에는 그냥 단어와 정의를 맞게 연결하는 매칭 문제만 나올 거예요!"

이 순간 동작을 멈추고 여기서 무슨 일이 일어나고 있는지 생각해 보라. 아들이 자신이 미래를 예측할 수 있다고 주장하는 점을 주목하라. 시험 날짜가 아직 남아 있지만, 아이는 그 시험이 어떻게 나올지 이미 알고 있었다. 무엇으로 이런 예측이 가능하다고 확신했을까? 좀 더 격식을 차려서 말해 보자면, 그는 실제로 다음과 같이 말한 것이다.

"오, 아버지, 아버지는 이게 어떻게 돌아가는지 이해를 못하고 계시는군요. 고등학교 시절 동안, 저는 선생님들의 행동에서 특정한 패턴을 발견했어요. 선생님들이 이러한 형식의 학습지를 저희에게 줄 때는 이 형식과 선생님들이 출제하는 시험 유형 간에 안정적인 상관관계가 있다는 뜻이랍니다. 이 상관관계로 미루어 보아 저는 그저 각 단어에 맞는 정의를 찾아 연결할 수 있는 것으로 충분하다는 것을 어느 정도 자신 있게 예측할 수 있어요. 기본 패턴을 인지하는 것으로 충분할 겁니다. 모든 차이점과 함의를 숙지하는 것은 그 과제의 성격에 걸맞지 않게 너무 많은 시간을 쓰는 거예요."

교사의 행동 패턴으로 말미암아 시험의 방식이 예측 가능하게 되었고, 예상되는 시험은 이해가 아닌 기억만을 요구했다. 그렇기에 아들이 보기에 나는 일을 너무 어렵게 만들고 시간을 낭비하고 있었던 것이다. 만약 이것이 실제로 내 아들 저변의 사고 과정과 같은 것이었다면, 그의 결론은 매우 정확하다.[9]

이와 같은 방식으로 배치된 유사한 학습지가 있다고 가정해 보자. 하지만 당신이 말할 수 없는 언어로 쓰여 있거나, 윙딩체[Wingdings]로 작성되어 있다. 당신은 10분만 투자하면 '각 단어와 해당하는 정의의 첫 몇 글자를 외워 두는 노력으로' 어떤 종류의 매칭 시험이나 선다형 객관식 시험에서 높은 점수를 얻을 수 있다. 형식의 규칙성이 시험 절차를 예측할 수 있게 하고, 그 시험이 대부분 매칭에 의존한다면, 이해는 선택 사항일 경우가 많다. 이 사실은 아들의 반응이 단순히 게으른 것이 아니었음을 시사한다.

생물 수업과 마찬가지로 내 아들은 종교 수업에서도 잘하고 있었다. 이는 바쁜 사람이 과제를 완료하는 가장 효율적이고 합리적인 방법이었다. 내가 시험을 출제하는 전략 가운데도 얼마나 많은 방식이 학생들로 하여금 그 과제를 성공적으로 완료하는 데만 집중하게 하고, 심도 있는 학습은 건너뛰게 하는 반응을 유도하고 있는지 궁금해진다. 내 생각에는 꽤 많을 것 같다. 시험을 설계하는 일이 항상 내 창의적인 에너지가 가장 집중되는 곳은 아니다. 야생의 눈빛을 가진 사나운 개들이 돌아왔다.

생물 숙제와 마찬가지로, 여기서 문제는 수업 내용에서 제시되는 세계관이 아니다. 교사는 더 작은 글꼴을 사용하지 않고서는 그 학습지 안에 더 많은 기독교적 아이디어를 넣기 어려웠을 것이다. 그러면 세계관 대신 마음과 성품에 초점을 맞추어, 교사의 신앙이 학생들과의 관계적 참여를 통해 빛을 발하는 데에 집중한다면 어떨까? 기독교적 가르침을 단지 아이디어와 관점의 측면에서만 보지 않고 기독교적 미덕이나 덕목을 실천하는 측면에서 생각한다면 이 사례에서 더 도움이 될까? 이번 경우는 그렇지 않다.

물론 아이디어와 관점이 중요하듯 미덕과 관계도 분명 중요하지만, 이 특정 사례의 경우에는 교사의 성품이 문제가 아니었다. 여기서 중요하게 작용한 것은 성품이나 관계의 질이 아니라 과제의 디자인, 학습 자료의 구조, 그리고 실천의 패턴이다. 내 아들은 선생님을 불신한다는 것이 아니라, 단순히 교사들의 페다고지적 행동과 학교의 시험 관행이라는 더 큰 패턴 내에서 이 특정 유형의 과제를 수행하는 데 요구되는 노력의 양에 대해 본인이 상당히 정확한 감을 가지고 있다고 말하는 것뿐이다.

결과적으로 의도하지 않은 학습 결과가 나왔다. 신학의 핵심 개념을 배우는 것이 그다지 중요하지 않다고 수업에서 공지한 적은 없을 거라 나는 확신한다. 그러나 학습지 디자인과 시험 절차가 만들어 낸 패턴은 정확히 그런 메시지를 전달했다. 내 아들은 신약성경을 이해하는 데 가장 중요한 열두 가지 신학 개념이 나열된 페이지를 보고는 "저는 그 개념들을 그렇게까지 잘 알 필요는 없어요"라는 결론을 내렸다. 이 결과는 앞의 생물 수업의 과제를 온라인에서 더 효율적으로 학습하고자 한 선택보다 좀 더 정곡을 찌른다. 이것은 신앙 형성에 더 직접적인 영향을 미친다.

그러나 학교가 신앙 형성을 위해 무엇을 하고 있는지 묻는다면, 우리 대부분은 습관적인 학습지의 디자인이나 시험 절차에서의 패턴을 언급하려는 생각을 하기 훨씬 전에 채플 프로그램과 학생 단체 활동 및 종교 과목 수업 계획서를 가리킬 것이다. 우리는 전자를 신앙의 문제와는 다소 거리가 먼 기계적인 문제라고 생각한다. 하나님이 그런 일을 다루는 방식을 단 하나로 정하지 않았음을 잘 알고 있다. 학습지에 정보를 정리하고 배치하는 '성경적인' 패턴이란 없을 것이다. 대부분의 경우 우리는 시간에 쫓기면서 그것이 그저 필요한 기능을 할 정도로만 충분히 잘 만들고자 한다.

하지만 가르치는 관행의 특정한 패턴과 그것을 통해 전해지는 의미에 대해서 신중하게 사고하기 어렵다면, 우리가 제공하는 교육이 얼마나 기독교적인지 그렇지 않은지에 대한 적절한 판단을 내릴 수가 없다. 왜냐하면 우리는 학생들을 그 안에서 생활하고 배울 수 있도록 이러한 패턴 안으로 초대하기 때문이다.

_____ 최소 저항의 길

조금 시선을 옮겨 대학 강의실에서 일어난 일을 살펴보자. 몇 년 전, 나는 예전에 알았던 한 학생에게 메일을 받았다. 유난히 똑똑하고 사려 깊으며 헌신적이었던 학생이었다. 명망이 있는 신학대학에서 공부를 시작하여, 대학원 과정을 밟는 중에 이런 편지를 보내 왔다.

영미 포스트 모더니티 수업에서 과제가 설계된 방식에 좌절감을 느꼈습니다. 최근에 우리는 첫 시험지를 돌려받았는데, 가장 우수한 학생들(학습하는 자료에 가장 많은 관심을 보이고, 가장 통찰력 있는 질문을 하며, 옆에 앉아서 그 자료에 대해서 긴 대화를 나누고 싶은 그러한 사람들)은 거의 모두 형편없는 성적을 받았다는 것을 알고 놀라서 다소 웃음이 나기도 했습니다. 대화를 해 보니 저보다 명석하여 제 과제를 한번 검토해 주었으면 하는 약 다섯 명 정도의 학생들 중에서 한 명만 제외하고는 모두 초라한 성적을 받았습니다.
여러 사람과 이야기해 본 결과, 이 학생들이 좋은 점수를 받지 못한 이유는 그들이 단순히 정보를 소화해서 아무 생각 없이 내뱉는 데 만족하지 않았기 때문이라는 결론을 내렸습니다. 우리는 교수님과 조교가 기본적으로 원하는 바가 상대적으로 단순한 질문들에 많은 양의 인용을 하며 답하는 것임을 깨달았습니다. 이러한 결과가 약간의 웃음을 자아내게 합니다. 꼴찌를 첫째로, 첫째를 꼴찌로 만들었기 때문입니다. 일반적으로 C를 받았던 학생들은 대부분 A를 받았고, A를 받았던 학생들은 C를 받았습니다.

그러나 동시에 실망스럽습니다. 왜냐하면 여기에서는 A를 얻기 위한 도전이 가장 적은 길 곧 최소 저항의 길이 지적인 평범함이기 때문입니다. 우리는 자조적으로 웃었습니다. 정말로 쉽게 A를 받을 수 있었던 시험지에 수많은 시간을 투자해서 B와 C를 받았으니까요. 그러나 이는 묵인과 지적 무관심을 조장할 수 있습니다. 지금까지 몇 개의 수업에서 이러한 일을 겪었고, 이제 지적인 엄격함이 내 안에 조금이라도 남아 있다면 신학대학원에서 살아남지 못할까 봐 걱정됩니다.[10]

상황은 다르지만, 다시 한 번 평범한 관행의 패턴으로 인해 의도하지 않은 결과가 발생한 것이다. 분명히, 신학적 연구와 엄격한 사고는 쉽게 조화되지 않는다는 메시지는 그 수업을 가르치는 교수가 의도하지는 않았을 것이 분명하다. 이전 사례와 마찬가지로, 나는 교수의 성품이나 강의 내용의 타당성 또는 그 내용에 기독교적 관점을 제공하려는 교수의 의도를 의심하지 않는다. 재차 문제가 되는 것은 내용이나 성품이 아니라 페다고지적 도구를 배치하는 방식이다. 페다고지적 실천의 패턴이 의도와 결과 사이의 간극을 지속시키고 있다.

나는 이 이야기를 특별히 나쁜 가르침^{teaching}의 한 사례로 제시하는 것이 아니다. 나도 비슷하게도, 의도하지 않은 메시지를 보낸 적이 있다고 확신한다. 어느 누구도 무분별한 순응을 지지하거나 신중한 사고를 좌절시키려는 의도는 없었을 것이고, 없기를 바란다. 그러나 우리의 실천 패턴은 그것 나름의 메시지를 전달한다. 학생들은 우리의 가르침에서 의미들을 발견한다. 우리가 의도한 의미가 아닐 수도 있지만, 우리가 제공한 학습 환경에서 발견할 수 있는 의미다. 다시 한 번, 사나운 개들에게 발꿈치가 물린 느낌이다.

신앙과 페다고지

지금까지 나는 살짝 빗나간 가르침의 세 가지 예시를 들었다. 세 가지 모두 내 눈에는 평범해 보인다. 내 교실에서나 어느 교실에서나 늘 일어나는 일이다. 그런 간극에 대한 더 많은 예시를 추가할 수 있다. 한 가지 사례를 추가한다면, 한 학생이 내 수업에서 가장 핵심적으로 관련 있어 보이는 특정 기술이 왜 소홀히 취급되고 있는지를 정확히 질문한 적이 있었다. 그때까지 나는 내가 그러한 틈이나 부재를 보이고 있음을 전혀 몰랐다.

또 다른 상황을 말하자면, 나는 한 수업에서 창의적이고 몰입도 높은 학습 활동을 디자인한 후 크게 만족스러웠다. 그러나 나중에 한 학생이 내게 와서, 자기가 속했던 그룹은 그 학습 활동이 재미있었지만 그 활동이 실제로 무엇을 가르치려고 했는지는 아무도 이해하지 못했다고 털어놓았을 때 그 만족감은 사라지고 간극이 드러났다. 의도와 결과 사이의 간극은 삶에 기본적으로 존재하며, 우리 중 누구도 완벽하게 수업을 할 수가 없다. 우리가 참여하는 많은 과정은 너무 복잡하기 때문에 다른 사람과 주변 세계에 미치는 영향을 완전히 통제할 수 있으리라 기대하는 것은 무리다.

그러나 이러한 각각의 예제에서는 단순히 거친 가장자리가 무작위로 나타나는 것이 아니라, 그 이상의 무슨 일이 벌어지고 있다. 각 사례에서 보이는 미끄러짐은 우연한 사건, 단순한 사고가 아니다. 각 사례에서 보이는 단절은 거기에 이르게 한 페다고지적 실천의 패턴을 살펴보면 이해가 된다. 그 간극은 교사의 선택에도 불구하고 발생하는 것이 아니라, 선택들 '때문에' 발생한다. 양동이에 물을 채우다가 실수로 몇 방울을 흘리는 것과는 다른 차원이다.

이것은 오히려 가정용 화학 약품을 배수구에 부었는데, 알고 보니 그것이 그동안 지역 생태계를 훼손해 왔음을 발견하는 것과 비슷하다. 문제는 단순히 복잡성이나 숙련도 부족이 아니라 매체와 전략의 선택과 관련이 있다. 각 사례에서, 각기 다른 방식으로, 신앙은 어떤 식으로든 가르침의 방식에 얽혀 그 혼합물의 일부가 된다. 이 사실이 다시 한 번 우리를 이 책의 중심 질문으로 안내한다. "기독교 신앙은 학습의 주제나 기관적·제도적 상황에만 국한되지 않고 페다고지적 과정 자체와 어떻게 관련될 수 있을까?"

이 질문과 씨름하면서 나는 이것이 유용한 질문이 아닐 수 있다고 의심하는 동료들과 정기적으로 마주쳤다. 그들은 가르치는 것teaching은 경험적으로 검증되어야 하고 더 큰 목표와 주제에 맞춰 활용되는 일련의 기술과 루틴의 집합으로, 그저 어떻게 하는지의 '요령'에 불과하다고 여기는 듯했다. 힘든 지적 노동은 단순한 수단이나 실용적인 전략보다는 더 큰 목표와 주제들과 더 적절히 연관된다는 것이다. 가르치는 것은 그저 최신 뇌과학이나 학생 성과 데이터에 교사의 전략을 일치시켜 학생들의 뇌 흡수 용량을 최적화하는 문제일 뿐이라고 생각할 수도 있다.[11] 아마도 자전거를 타는 것이 그렇듯 가르침도 기독교적 버전이 있을 수 없는 종류인지도 모른다. 페달이 모든 사람에게 같은 방식으로 작동하고 바퀴가 자전거를 타는 사람의 신앙과는 무관하게 회전하듯, 가르치는 일도 그럴 수 있다.[12]

'교수-학습'이 기독교적일 수 있다면 그것이 어떠한 것인지를 알아내려는 노력은 이상하게 변질될지도 모른다. 마치 화학 반응을 시연하거나 시를 설명하는 특이한 '성경적' 방법을 규정하고는, 학문 분야의 요구나 학생 간의 차이, 제도나 조직적 환경의 맥락, 성격의 강점 혹은 경험적 증거와는 무관하게 그것을 모든 사람에게 억지로 강요하면서 말이다. 신앙이 페다고지에 어떻게 영향을 미치는지에 대한 논의가 상대적으로 적었던 이유는 논의할 만한 게 별로 없기 때문일 수도 있다. 한 기독교인 동료가 내게 말한 것처럼, 이 특별한 개는 짖지 않을지도 모른다.

하지만 나는 그렇지 않다고 생각한다. 사실, 나는 이 모든 가정이 잘못되었다고 생각한다. 이 책은 다른 견해, 곧 신앙이 페다고지에 정보를 제공하고, 영향을 미치며, 페다고지를 형성하는 데 도움을 줄 수 있다는 관점을 뒷받침하는 다양한 사례를 제공할 것이다. 고등교육과 유치원을 비롯한 초·중등 교실, 그리고 여러 교과 영역에서 예시를 가져올 것이다. 그러나 모든 종류의 가르침을 망라하려는 시도는 하지 않는다. 나는 딱 맞는 구체적인 처방이나 완벽한 전략을 제시하지 않고 대신, 특정한 종류의 성찰과 대화를 모델링하고 설명할 것이다.[13] 나의 목표는 다른 사람이 베낄 수 있는 레시피처럼 복제할 수 있는 정형화된 방법을 제공하는 것이 아니라 '기독교적 교수(가르침)-학습(배움)'에 풍성한 열매를 맺을 방식으로 참여할 수 있는 보다 정교하고 유연한 능력을 키워 주는 것이다. 내가 풀어내고 설명하고자 하는 주요 주장은 다음과 같다.

첫째, 신앙과 페다고지에 관해 나눌 수 있는 풍부하고 흥미로우며 중요한 대화거리가 있다. 이 대화는 수업이나 강의 내용에 표현된 세계관이나 관점에 관한 문제를 넘어서며, 성품이나 학생을 친절하게 대하는 문제로 환원되지 않는다.

둘째, 이 대화에 있어서 진보를 이루는 것이 하나님이 인정하신 일련의 처방된 기술을 부과하고 강요해야 한다는 의미일 필요는 없다. 이는 대화여야만 한다. 왜냐하면 기독교적으로 가르치는 데는 간단한 공식이 없고 그러한 공식이 있어서도 안 되기 때문이다.

셋째, 이 대화는 모든 수준에서의 기독교 교육의 지속적인 건강과 미래 발전과 학생들의 번영을 위해 필수적이다. 이는 구체적으로 체현된 실천에 특정한 종류의 주의를 기울이는 것을 포함한다. 그러한 실천에 주의를 기울이는 것은 기독교적 관점으로 사고하는 것과 같이 좋은 사고에 대한 우리가 가진 일반적인 관심을 내려놓는 것이 아니라 그 초점의 맥락을 확장하는 것이다.

넷째, 이 특별한 대화는 개신교의 교육에 관한 논의에서 소홀히 다루어지는 경향이 있다. 우리는 현재 이 대화를 추구하는 데 그리 숙련되어 있지 않으며, '신앙과 학문의 통합'을 논의하기 위해 개발된 많은 지적 도구들도 이 대화를 발전시키는 데 이상적으로 적합하다고 할 수 없다.

나는 내가 가르치면서 직접 경험한 여러 예를 가져올 것이다. 그 사례들이 '교수-학습'에 대한 신앙에 기반한 성찰 과정에 가까이 접근할 수 있는 경험을 제공하기 때문이다. 사례들은 일반적인 증명은 아니지만, 예를 들어 보여 주고, 명료하게 해 주며, 자극을 주며, 중요한 질문을 제안할 수 있게 한다. 또한 예시에 집중함으로써 일반적인 처방이나 원칙 선언보다 더 나아갈 수 있기를, 그것이 우리에게 더 많은 것을 얻게 해 주기를 희망하고 있다.

신학적인 이유로 신앙이 가르침에 실제로 변화를 가져오고 영향을 미쳐야 한다고 말하고 싶을지라도, 단순히 수업에 경건의 시간을 추가하거나 특이한 일을 하기 시작하는 것 말고도 우리는 신앙이 프랑스어 수업이나 수학 수업의 페다고지적 과정에 어떤 차이를 만들 수 있는지 실제로 상상할 수 있을까? 나는 신앙이 페다고지에 어떻게 영향을 미칠 수 있는지를 상상하는 구체적인 능력을 우리가 함양하기를 원한다.

가르치고 배우는 가정 세우기

교육의 역사에서 가져온 한 가지 예시는 우리의 상상력의 방향을 올바로 이끄는 데 도움이 될 수 있다. 현대는 '가르치는 것'teaching을 방법론과 기술의 언어로 상상하는 경향이 있다. 페다고지는 실용적인 결과를 얻고자 편리하고 반복적인 단계를 제공하는 '효율성의 루틴'routine of efficiency으로, 시간과 장소 그리고 헌신과는 별도로 그런 것들에 얽매이지 않고 일을 처리할 수 있는 방식으로 여겨졌다.14 '방법'은 모든 사람에게, 어디서나, 우리의 신념이나 사랑에 휘둘리지 않고 효과적으로 기능해야 한다고 생각된다. 그러나 14세기 파리 대학은 '교수-학습'에 대한 다른 이미지들의 집합을 제공하여 방법론, 기술을 더 큰 그림 안에 배치하였다.15

15세기에 보다 중앙 집권적인 대학들이 확산되어 주류가 되기 전까지는, 대학에 공부하러 오는 학생들은 개인 숙소를 임대하거나 공동 학생 회관의 일원이 되어야 했다. 이 회관은 대학 구조의 일부인 동시에 독특한 학습 장소였다. 교수는 감독하고 학문적인 가르침도 제공하며 동시에 식사, 가구, 공동 규칙과 공동체의 일상적 루틴도 책임지고 주당 요금을 받았다. 이러한 숙소들은 다양한 이름으로 불렸다. '호스피슘'hospicium 혹은 19세기 이후, 죽어 가는 사람들을 위한 돌봄과 관련되어 사용되기 전 여행자를 위한 휴게소를 의미했던 '호스피스'hospice로 불리기도 했다. 학생들은 '호스피테스'hospites, 곧 '손님'이었다. 이는 낯선 사람을 환대하는 이미지를 더욱 연상시킨다. 학생들이 생활하고 학습했던 이 집은 또한 '페다고지움^{paedagogium}, 즉 '페다고지의 집'이라고도 불렸다.

    이 이야기를 꺼낸 이유는 중세 대학의 교수 전략이나 조직으로 돌아가자고 제안하거나 그것이 오늘날의 전략이나 조직보다 우월하다고 시사하기 위해서가 아니다. 단지 그 이름의 선택이 함축하고 연상시키는 바가 있기 때문에 거론하였다. 17세기 이후, '페다고지'는 방법론, 즉 따라야 할 체계적인 일련의 단계들의 집합이 되었다. '페다고지움'의 이미지는 페다고지가 오히려 집이나 가정, 공동으로 주거 공간에 가까울 수도 있음을 넌지시 알려 준다.

    중세 호스텔 시스템의 경제적, 행정적 구조는 장기적으로 살아남지 못했다. 그러나 페다고지움이기도 한 '호스피슘'의 아이디어에는 진실, 곧 '가르치는 방법'이라는 말에는 숨겨진 채 남겨지기 쉬운 어떤 진실, 참된 의미가 담겨 있다. 가르치는 것에는 분명히 가르칠 내용과 계획, 전략이나 기술이 있어야 한다는 뜻이다. 그러나 가르친다는 것은 또한 시간과 공간을 어떻게 사용할지, 어떤 상호 작용을 일으킬지, 그러한 상호 작용을 좌우할 규칙이나 리듬은 무엇이어야 할지, 무엇이 영양분으로 제공되며, 공유된 상상을 구축하는 데 무엇을 사용할지, 학생들이 그 안에서 따라 움직일 수 있도록 배치해야 할 패턴이 무엇인지 선택하는 것이기도 하다.

    페다고지는 학습하는 동안 함께 생활할 수 있는 일시적인 공간을 제공한다. 그 공간은 다음과 같다. 조용히 침묵하며 성찰하는 데 많은 시간을 할애할 수도 있고 적게 할애할 수도 있다. 학생들이 집중적으로 협력하며 학습하거나 수동적으로 청취할 수도 있으며, 주변 이웃의 문제를 다루거나 다른 사안으로 인해 고려하지 않을 수도 있다. 외부의 목소리를 환영하거나 기피할 수도 있고, 그 초점이 유용성에 있거나 경이로움에 있을 수도 있는 공간이다. 페다고지는 포용하거나 배제할 수도, 환대하거나 불친절할 수도, 활력을 불어넣거나 가라앉힐 수도 있다.

가르침을 일련의 기술 세트로, '교사에 의해 학생'에게 시행되는 무엇인가로 보는 시각에서 벗어나야 한다. 가르치고, 학습을 설계할 때, 우리는 학생들이 한동안 생활할 일시적인 보금자리를 제공하고 그 안에서 학생들이 성장할 수 있도록 함께하는 공동의 생활 양식을 만들어 간다. 페다고지는 교사와 학생이 잠시 동안 같이 생활할 수 있는 집으로서, 학생들이 손님으로 환영받고 그 안에서 성장할 수 있는 장소다. 여느 가정과 마찬가지로, 거기에는 그 안에 있는 사람들이 어떻게 성장하고 어떻게 세상을 상상하는지를 형성하게 하는 의도된 것과 의도되지 않은 상호 작용의 자원과 패턴, 양식이 포함된다.[16]

다음 장부터는 '가르치고 배우는 집'pedagogical homes을 몇 곳 방문하게 될 것이다. 그 안에서 생활하고 배우는 것이 무엇과 같을지 생각해 보고, 그것이 '매일 만나는 야생의 눈빛을 가진 사나운 개들'과 관련하여 어떤 도움을 줄 수 있는지도 생각해 볼 것이다.

성찰과 토론을 위한 질문

● 이 장에 언급된 예제 중 어느 것이 가장 흥미로웠는가? 그 이유는 무엇인가?

● 기독교적으로 가르치는 방법이 있다고 생각하는가? 아니면 모든 사람에게 동일한 방식으로 그 가르침이 작동한다고 생각하는가? 당신이 처음 가지고 있었던 가정들이 이 책의 다음 부분을 읽는 데 어떤 영향을 미치겠는가?

● 학생들이 당신의 교수 전략에 대해 어떻게 해석하고 반응하는지를 알 수 있는 방법은 무엇인가? 어떻게 하면 학생들이 당신에게 솔직한 의견을 제시하게 할 수 있을까?

- 교육 목표, 수업 내용, 관계, 교수 전략, 평가 등 가르침의 몇 가지 기본 측면을 고려해 보라. 이 중에서 신앙의 역할을 가장 과대 평가 혹은 과소 평가할 가능성이 높은 부분은 무엇인가?

- 페다고지를 가정이나 집으로 생각할 수 있다면, 그 가정의 기본 리듬과 가치는 무엇인가? 당신 자신의 페다고지가 만든 집에서 생활하는 것은 어떤 느낌일지 상상해 보라.

> **실천 과제**

서두르지 않고 생각할 수 있는 시간과 장소를 찾으라. 그리고 당신의 교수법 가운데 특정한 측면, 예를 들면 과제 활동이나 평가 방법과 같은 관행을 하나 선택하라. 그 관행이 학습에서 무엇이 중요한지에 대해 어떤 메시지를 전달하고 있는지 글로 작성해 보라. 가능하다면 동료나 당신이 가르치는 학생 중 한 명에게 의견을 구하라. 당신이 적은 내용을 그 수업의 목표와 비교해 보라. 잘 맞는 부분이 있는가?

2장

단 9분간의
수업 시퀀스

윌리엄 블레이크^{William Blake}는 "한 알의 모래에서 세계를 보고 한 송이 들꽃에서 천국을 보려면 손안에 무한을 쥐고 찰나 속에서 영원을 보라"고 했다.17 이 장에서는 거대한 개념이 아니라 즉각적이고 일상적인 선택에서 시작하여 작고 구체적인 것에서 더 큰 전망과 시야를 찾는 연습을 할 것이다. 한 시간 안에 영원함을 찾지 못할지라도, 적어도 9분 안에는 몇 가지 통찰을 발견할 수 있기를 희망한다. 한 알갱이와 같은 가르침의 짧은 한 시퀀스^{sequence}(학습 활동이나 교육 내용이 특정한 순서로 배열된 것, 교수-학습 과정의 단계나 학습 자료의 배열)를 통해 우리가 얼마나 많은 세계를 엿볼 수 있는지 살펴보고자 한다.18

    여기서 시작하는 이유 중 하나는 신앙과 가르침을 이야기할 때, 마치 가르친다는 것이 무엇인지 그 의미가 이미 명백하다고 가정하고, 우리는 그저 신앙을 그 그림 안에 어떻게든 삽입할 방법을 찾기만 하면 되는 것처럼 생각하는 함정을 피하기 위해서다. 만일 우리가 가르치는 것을 너무 좁게 생각하거나 추상적으로 생각한다면, 신앙의 역할을 탐구할 수 있는 공간이 처음부터 상자 안에 갇혀 제한될 것이다. 가르칠 때 무슨 일이 일어나는지 세심하게 주의를 기울이면 그것과 신앙이 어떻게 관련되어 있는지를 생각할 수 있는 더 나은 기초를 제공할 수 있다.

가르치는 행위는 모두 구체적인 맥락에서 이루어지므로, 특정한 수업의 가르침의 특정 시퀀스를 면밀히 살펴볼 것이다. 여기서 검토할 9분은 서른 명 이하의 학생들을 대상으로 한 현대 외국어 수업의 일부 중 하나다. 이는 이동식 좌석이 있는 교실에서 진행되며, 그룹으로 작업하는 데 어느 정도 익숙한 문화적 상황에서 펼쳐진다. 또한 학년 초 수업에서 취한 9분이다. 이 시퀀스는 다른 맥락에서 다른 교수자가 실행했다면 다르게 진행되었을 것이다. 모든 과목에 해당되지는 않겠지만 일부 다른 과목과 환경에 맞게 조정할 수도 있다.

이 9분 동안의 시퀀스는 학년을 시작하는 유일하고 올바른 방법이 아니고, 모두가 따라야 할 과정도 아니다. 특별히 혁신적이거나 주목할 만한 방법도 아니다.[19] 그냥 가르치는 일일 뿐이다. 여기서 중요한 점은 어떤 가르침이 이루어질 때 거기에 얼마나 많은 것들이 걸려 있는지를 명확히 보여 주고자 하는 것이다.

학기가 시작되다

그렇다면 최근 한 학기의 첫날로 나와 함께 가 보자. 미국의 한 기독교 인문 대학의 2학년 독일어 수업이다. 이 수업을 시작하는 방법은 여러 가지가 있는데, 그중 몇 가지를 고려해 보았다. 그리고 좋건 나쁘건 다음과 같이 시작하기로 결정했다.

수업은 학생들이 도착하기 전에 시작된다. 나는 학생들 사진을 인쇄해서 책갈피로 사용했고, 학기 시작 한두 주 전부터 학생들을 위해 기도해 왔다. 첫날 나는 강의실에 일찍 가서 의자를 재배열했다. 관찰을 통해 배운 바로는, 그리고 책걸상 배치를 바꾼 뒤 학생들에게 "원래대로 돌려놓으세요"라고 요청하면서 알게 된 사실은, 학교와 학생들의 머릿속에 있는 교실의 기본적인 가구 배치는 일직선으로 배열된 여러 줄의 책상들이 전면을 향하고 있는 것이었다.

하지만 오늘 나는 네 명씩 그룹이 되어 앉을 수 있도록 의자를 모아서 배치했다. 내가 제일 먼저 교실에 도착해야 학생들이 들어올 때 인사할 수 있고, 먼저 도착한 학생들이 혹시라도 익숙한 배열로 책걸상을 다시 옮겨 놓는 것을 막을 수 있다. 미리 인원을 확인했지만, 그래도 수업 첫날이라 정확히 몇 명이 수업에 참석할지는 알 수 없었다. 학생 수가 네 명씩 나누어 떨어지지 않는다면 조정이 필요할 수도 있다. 한 그룹은 여섯 명으로 만들거나, 내가 직접 그룹에 합류하거나, 자원봉사자를 찾아 처음 몇 분 동안 함께하도록 하거나, 혹은 한두 명의 학생에게 관찰자 역할을 부여해야 할지도 모른다. 이렇게 몇 가지 대비책을 마련해 두었다.

오늘은 숫자가 잘 맞았다. 학생들에게 30초 동안 나를 소개하고, 독일어 수업을 들으러 온 것이 맞는지 확인한다. 더 이상의 서론 없이, 그들에게 네 명의 그룹 내에서 두 명씩 짝을 지으라고 요청한다. 각 학생에게는 독일어로 상대방에게 자신에 대해 최대한 많이 이야기할 수 있는 2분이 주어진다. 이 대화가 조금 이상한 형태일 수도 있음을 미리 알려 준다. 서로 주고받는 일반적인 대화가 아닌, 한 사람은 말을 하고 다른 사람은 2분 동안 경청한 다음, 역할을 바꾸어 진행한다. 두 번째 학생이 말을 시작할 시간이 되면 내가 신호를 준다. 그리고 4분이 다 지나면 다시 신호를 준다. 학생들이 말하는 동안 나는 학생들 주위를 순회한다.

4분이 지나면 새로운 지침을 제시한다. 다시 원래의 네 명의 그룹으로 모인 후, 한 명씩 1분 동안 첫 번째 대화에서 들은 내용을 바탕으로 자신의 파트너를 그 그룹에 독일어로 소개하는 것이다. 나는 다시 순회하며 다닌다. 2분이 지나면 시간이 반쯤 남았음을 알리고, 4분 후에는 그 활동을 종료한다. 이제 수업이 시작된 지 대략 9분이 지났다. 이 시점부터 몇 분 동안 나는 전체 학생들의 참여를 유도하면서, 학생들의 이름을 각각 부르고 어디 출신인지 물어본다. 그 뒤로도 수업은 계속된다.

이것은 수업의 시동을 걸고자 설계된 간단한 도입 활동에 지나지 않는다. 어떤 의미에서 이 활동은 우리를 그리 멀리 데려다 놓지 않았다. 본격적인 과업에 들어가기 전에 하는 일종의 집단적 헛기침이나 목을 가다듬는 행동처럼 보일 수도 있다. 게다가 이 9분의 활동은 신앙과는 명백한 연결점이 거의 없어 보인다. 신앙과 가르침이 연결되는 순간들은 삶의 의미에 관한 심오한 질문을 논의하여 학생들의 눈빛이 실존적인 갈망으로 반짝이는 순간이거나, 현시대의 논쟁거리에 대한 신념을 표명하고 입장을 정하는 순간이거나, 혹은 기도를 하고 성경 말씀을 참고할 때일 것이라고 생각하고 싶을지도 모른다. 앞에서 묘사한 9분의 시퀀스는 그러한 순간 중 하나가 아니다. 이 시퀀스는 일상적이고 단조로운 평범한 특성을 지녔다.

학기의 첫날이므로 나는 평소보다 훨씬 더 많은 시간을 이 수업을 어떻게 가르칠지 성찰하고 계획하는 데 할애했다. 이 9분의 시퀀스를 내가 고심하며 선택했다면, 이런 식으로 수업을 시작함으로써 얻을 수 있는 것은 무엇일까? 나는 어떤 종류의 '가르치고 배우는 집'pedagogical home을 구축하고 있는 것일까? 잠시 멈추고, 더 읽기 전에 이 질문에 대한 답을 정리해 보자.

_____ 학문에 정당한 가치를 부여하다

처음에는 이 활동이 어색하고 서먹서먹한 분위기를 깨기 위한 아이스 브레이킹쯤으로 보일 수 있다. 내가 이 활동을 교수진에게 설명하면, 어떤 이는 학문적 엄격성과 높은 기대치를 낮추고 기분 좋은 소소한 대화를 선호하는 활동으로 성급히 치부해 버린다. 하지만 그렇지 않다. 내 수업 목표 중 하나는 내가 가르치는 학문 분야의 가르침 및 언어 습득 과정과 구체적인 관련이 있다(당신이 독일어를 가르치지 않더라도, 그저 이 활동이 한담 정도에 불과하다는 잘못된 가정에서 벗어나도록 다음 몇 단락을 더 읽어 주기를 바란다).

아마 학생들은 거의 여름 내내 영어를 사용했을 것이기에, 독일어 실력이 녹슬어 있을 확률이 높다. 그 녹을 좀 제거할 필요성을 느껴, 비교적 쉬운 말하기 과제로 시작한 것이다. 익숙한 단어를 복습하고 곧바로 독일어를 사용하게 함으로써 잠재된 어휘를 다시 활성화시킨다. 학생들이 새로운 언어를 습득하려면 말하기 실습이 학습의 일부임을 받아들여야 한다. 다른 수업과 달리, 보고 필기하는 것만으로는 성공할 수 없음을 인정해야 한다. 이런 방식으로 시작한다는 것은 이 수업을 성공적으로 마치는 데 어떤 종류의 참여가 필요한지 즉각적으로 알려 주는 것과 같다. 이에 대해서는 나중에 자세히 설명하겠다.

두 차례의 대화에서 언어적으로 무슨 일이 일어나는지 주목해 보자. '자기 소개'(첫 번째 대화)에서 '자기 파트너를 소개하는 것'(두 번째 대화)으로의 전환은 1인칭에서 3인칭으로(나는 여기에 살아요 → 그녀는 그곳에 살아요) 문법적인 전환을 하게 된다. 주제는 동일하게 유지하면서 동일한 동사를 새로운 어미와 사용하는 것이다. 새로운 언어에 대한 학생들의 학습 능력을 더 확장하기 위해, 나는 동일한 것을 새로운 언어 구조로 말하게 하거나 새로운 것을 동일한 구조로 말하게 하는 방법들을 종종 모색한다. 이렇게 함으로써 학생들이 정체되거나 압도당하지 않게 한다. 앵무새처럼 단순 반복을 하는 것만으로는 한계가 있다. 의미 있는 반복을 제공하는 것이 학습의 일부 측면을 향상시킬 수 있다는 증거가 있으며, 두 대화 사이의 청중을 바꾸는 것이 이를 도울 수 있다.[20]

당신이 파티에서 똑같은 내용을 세 사람에게 각각 연속해서 말하는 것과, 같은 사람에게 세 번 반복해서 말하는 상황을 가정해 보자. 후자는 어색하고 심지어 별나기까지 하지만, 전자는 상당히 자연스럽다. 학생들은 언어를 익히려면 많이 반복해야 한다. 그 반복이 의미 있고 사회적으로 그럴듯하여 타당하다면 더 유쾌하고 효과적일 것이다. 나는 교실을 돌아다니면서 학생들이 동사의 어미 변화를 어떻게 하고 있는지 들어보고, 필요할 경우 개입하며, 기본 구조에 대한 학생들의 숙련도를 평가한다.

이 활동은 언어 활동의 양적인 측면에서도 효율적이다. 예를 들어, 스무 명의 학생에게 한 명씩 돌아가면서 자신이 누구이고, 어디 출신인지 1분간 독일어로 말해 보라고 시켰을 때, 내가 묻고 학생이 답하는 과정이 각 1분씩은 소요될 것이다. 각 학생에게 1분의 회화 연습을 시키는 데 20분이 걸린다. 또한 나는 사실 이 교실에서 가장 연습이 필요 없는데도 20분을 연습하는 셈이다. 그러나 앞에서 묘사했던 활동을 한다면, 내가 투자한 9분의 수업 시간 중 8분이 학생들이 대화 연습을 하는 데 사용된다. 앞의 그룹 대화는 실제 학습에 들어가는 과업을 지연시키는 것과는 거리가 멀 뿐 아니라, 도리어 학생 모두가 과업에 지속적으로 참여하게 함으로써 주어진 시간을 최대한으로 활용하고 있다고 할 수 있다.

그러므로 언어 습득 목표만 놓고 보면, 이 활동은 약간의 친목 활동을 위해 학문적 '엄격성'을 저버리는 시간이 아니다. 이는 수업의 페다고지적 목표에 직접적으로 기여하고 있다. 이 시퀀스는 (교수자가 '모든 내용을 다 다루었다'고 느끼거나 수업이 자신의 통제하에 있다는 느낌을 최대화하려는 활동과 달리) 무엇이 학생들의 학습을 최대화할 수 있을지에 대한 지식에 기반한 신념에서 비롯되었다.[21] 그러나 이 책에서는 단순히 언어 교육만을 소개하려는 것은 아니다. 그러면 그 밖에 또 어떤 일이 일어나고 있는 것일까?

_____ **공간, 시간, 전략**

두 번째 고려해야 할 문제는 자원 관리 및 수업이 진행됨에 따라 다음 시간을 대비한 전략 수립과 관련이 있다. 교사로서 내가 가진 두 가지 주요 자원은 공간과 시간이며, 이 두 가지 자원을 어떻게 사용할지 설계하는 것이야말로 중요한 페다고지적 과제다.

공간(자세, 가구 배치, 학생들 사이의 거리와 장애물, 시선의 방향 등)을 관리하고 시간(각 활동 단계의 소요 시간, 일시 중지하는 시간, 침묵의 유무, 집중력을 쏟아붓을 방식, 전반적인 속도와 리듬)을 관리하는 것은 어떤 종류의 성찰과 참여가 일어날 것인지에 영향을 줄 수 있다. 공간과 시간이 상호 작용하는 방식은 학생들의 학습 경험뿐 아니라 그들이 그 경험에 부여하는 의미에도 영향을 미친다. 또한 교수자로서 내 업무가 얼마나 쉬워지는지에 영향을 미치며, 바라는 수업 분위기를 유지하는 데 도움이 되는 '가르치고 배우는 집'pedagogical home을 꾸리는 데 핵심적인 부분이다.

의자가 일렬로 앞쪽을 향하도록 한 교실의 기본 배치를 그대로 둔 채, 학생들에게 둘씩 짝을 지으라고 했다고 가정해 보자. 그러면 학생들이 파트너를 찾으려고 돌아다니면서 혼란스러운 막간의 시간이 예상보다 길어지고, 수업이 마침내 힘겹게 시동이 걸릴 때쯤 교실의 저 구석에 홀로 있는 학생이 발견되어, 다시 최종 짝을 연결해 주어야 하는 상황이 종종 발생하기도 한다. 만약 내가 미리 계획을 세워서 의자를 두 명씩 앉도록 배치하면 어떨까? 그렇게 한다면 네 명씩 그룹을 만들라고 요청할 때 처음과 비슷한 혼란의 순간이 발생할 위험이 있다.

내 경험상 사람들은 특정 사회적 그룹과 함께 앉고 싶은 욕구가 상당히 강해서 네 명씩 앉으라는 요청을 세 명에서 여섯 명까지의 다양한 그룹이 되도록 순식간에 바꾸어 놓기도 한다. 그래서 나는 처음부터 의자를 네 명이 한 조가 되도록 배치해 놓아서, 두 번의 혼란의 순간을 미리 제거했다. 파트너를 구하라고 할 때, 학생들에게는 여전히 선택권이 있으므로, 선택권을 중시하는 문화에서는 학생들 편에서의 개인적 참여를 약간 더 끌어낼 수 있다. 그러나 그 선택은 단순하고 빠르게 이루어진다. 네 명씩 그룹을 형성하라고 하면, 그저 의자의 방향만 바꾸면 된다. 의자 배치는 누가 누구와 더 친한지를 결정하는 민감한 사안에 쏟아지는 관심을 최소화하므로 학생들이 언어 학습에 더 쉽게 집중할 수 있다.[22]

공간과 시간은 연결되어 있다. 공간 문제를 해결한 덕분에,

늦게 시작하는 사람과 일찍 마치는 사람이 생길 그 간극을 최소화하여 모든 쌍이 거의 동시에 말하기를 시작할 수 있다. 그러면 나머지 시간을 더 철저히 관리할 수 있다. 활동이 너무 오래 진행되도록 허용하는 경우, 어떤 대화 파트너들은 할 말이 떨어져서 다른 짝들이 끝나기를 기다리거나 영어로 다른 주제에 대해 이야기를 나누게 된다. 이는 학습으로부터 멀어진 채 보내는 시간이 생겨, 수업에 지루하게 끌려가고 있다거나 집중력이 떨어지는, 모멘텀의 상실, 곧 수업이 원활하게 진행되는 힘과 속도가 상실된 것이다. 또한 짧은 순간 한바탕 독일어로 말하고 중간에 영어로 담소를 나누는 패턴이 형성될 위험도 생긴다. 이는 언어 학습에 좋지 않다.

시간을 신중하게 관리하면 또한 학생들이 더 빨리 하려고 초조해하는 것을 막을 수 있다. 학생들에게 너무 많은 시간을 주거나 너무 적은 시간을 허용하는 것, 즉 시간과 관련된 스트레스를 증가시키거나 감소시키는 것은 대인 관계뿐 아니라 언어 처리에도 영향을 미친다.[23] 이 활동이 최적으로 진행되게 하려면, 과도한 압박감을 주지 않으면서 참여를 계속할 수 있는 속도를 찾아야 한다.

학생들의 집중력과 학습 능력은 공간과 시간의 흐름과 또 다른 방식으로 연결되어 있다. 앞에서 언급했던 그리 좋지 못하다고 판단해 폐기한 계획대로, 곧 내가 앞에 서서 각 학생에게 차례로 자신이 누구이고, 어디서 왔는지 물어본다고 생각해 보라. 그때 학생들은 즉시 두 그룹으로 나뉜다. 아직 대답하지 않은 학생과 이미 대답한 학생 그룹이다.

첫 번째 그룹은 친구들 앞에서 독일어로 말하려고 단어를 준비하는 데 집중하여, 그들의 머릿속은 정신적인 리허설을 하느라 힘겹다.[24] 두 번째 그룹은 이미 공개적으로 발언했기에 안도감, 자부심, 수치심 등을 느끼고 있거나, 자신의 말을 되새기며 부끄러운 실수가 있었는지 확인하고 있거나, 당분간은 안전하다는 인식으로 긴장을 풀게 된다. 두 그룹 모두 현재 발표 중인 친구의 자기 소개에 특별히 귀를 기울이지는 않을 것이다. 아마도 주목받는 1분의 순간을 제외하면, 독일어를 더 잘하게 되거나 같은 반 친구를 알아 가는 데 시간을 투자하지 않을 것이다. 반면에 9분의 시퀀스의 그룹 활동은 이 두 가지를 위해 시간을 더 효과적으로 집중하여 활용한다.

인지부하(작업 기억이 소비하는 노력의 양과 그 결과로 우리가 주의 집중할 수 있는 사물 수의 한계)의 문제를 겪는 것은 학생들뿐만이 아니다. 내가 설계한 방식대로 활동을 설정함으로써, 또한 나의 시간 경험과 인지적 부담도 변화된다. 경험상, 교단에 서서 맨 앞쪽에 앉은 학생부터 시작하여 저 뒤에 있는 학생까지 차례로 이름을 물어보면, 나는 그들의 이름을 대부분 기억하지 못한다. 이름을 기억하는 내 능력이 다른 사람들보다 떨어질 수도 있지만, 그 이상의 이유가 있다. 더 많은 일이 벌어지고 있는 것이다.

언제나 수업 첫날에는 불안하기 마련이다. 처음 보는 학생들을 만나고, 그들의 선생님이 되기 위해 용기를 내야 한다. 학년 초에 다른 선생님들도 나와 같이 불안한 꿈, 예를 들면, 내가 말하고 있는 데 아무도 듣지 않거나, 교과서가 내가 모르는 언어로 되어 있거나, (정말로 분명히 알고 있기는) 수업이 5분 전에 시작되었는데 교실을 찾을 수 없는 그런 이상한 꿈들을 꾼다는 것을 알게 되었을 때 나는 안도

감을 느꼈다.[25]

지난 학기를 아무리 잘 진행했고 잘 마무리를 했어도 상관없다. 마음 한구석에 이번 그룹은 내게 적대적이거나 무관심할지도 모른다는 불안감이 자리 잡고 있다. 어쩌면 이번에는 학생들이 내가 무능하거나 허세를 부리거나 학계에서 형편없는 사람임을 드디어 알아차릴지도 모른다. 어쩌면 내가 잘 가르치지 못할 수도 있다. 이런 내면의 목소리는 내가 때때로 수업에서 그렇게 될까 봐 두려워하는 방식과 관련된 소재로 나타나는데, 이 소재가 떨어지는 일은 거의 없다.

여기에 수업 첫날이라, 나를 포함해서 아무도 아직 리듬을 타고 있지 않다는 사실을 더해 보라. 다음에 무슨 말을 해야 할지, 어떤 학생에게 질문을 했거나 하지 않았는지, 어떤 정보를 언급해야 하는지, 유능함과 권위를 가장 잘 드러낼 방법은 무엇인지 등에 더 집중해야 한다. 내 역할을 관리하는 데 정신적 에너지를 너무 많이 쏟다 보니, 새로운 이름을 외우는 것은 말할 것도 없고, 주변 세계를 진정으로 인식할 여유가 거의 남아 있지 않다. 학생들의 이름이 내 의식에 들어왔다가, 지나가며 환하게 손을 흔들어 인사하고는, 외투도 벗지 않은 채 다시 밖으로 나가 버린다.

그러나 이 9분의 시퀀스의 작은 그룹 활동으로 첫 수업을 시작함으로써 나는 나에게 작은 시간을 선물한 셈이다. 청중도 없고 많은 과정을 관리할 필요가 없는 8분이다. 이미 언급한 대로, 나는 이 시간을 수업의 필요를 파악하는 데 사용할 수 있다. 학생들이 어떤 문법에 숙달되어 있는가? 누가 실수를 더 많이 하거나 더 적게 하는가? 수줍음이 많거나 지나치게 말이 많은 학생은 누구인가? 참여하도록 독려해 줄 학생은 누구인가? 주변을 살피고 배려하는 법을 배워야 할 학생은 누구인가?

나는 또한 이름을 익히는 데 이 시간을 활용한다.[26] 인지부하의 감소와 강의실의 물리적 배치가 이름을 기억하는 데 도움이 된다. 나에게 집중하는 대신 학생들에게 집중할 수 있고, 전체 학생들이 일렬로 앉아 있을 때보다 강의실의 특정 구역에 네 명씩 그룹을 지어 앉아 있을 때 이름을 기억하기가 훨씬 더 좋다.[27]

학생 수가 사십 명 정도 되는 그룹이라면, 수업이 시작되기 전에 사진 목록을 보며 이름과 얼굴을 조금씩 익혀 왔다고 했을 때, 주어진 8분 안에 적어도 일시적으로나마 모든 학생의 이름을 외울 수 있다. 즉 그룹 모임이 끝나고 처음으로 학급 전체가 모여 내가 질문을 시작할 때가 되면, 각 학생을 이름으로 부를 수 있게 된다. 이는 첫 번째 짧은 수업 구간의 주요 목표 중 하나이며, 이 활동의 설계는 학생들이 여전히 수업에 집중하는 동안 그 목표를 이룰 시간을 만들어 준다.

정서, 안전, 그리고 주의 집중

지금까지는 인지부하에 집중해 왔지만, 학생들의 생활에서 정서적인 측면도 중요하다. 학기 첫 시간이기에 적어도 일부 학생은 학급과 교수 앞에서 발표하는 것을 겁낸다. 이 중에는 언어 수업에서 끊임없이 오류를 교정받은 경험으로 낙심하여, 어차피 틀릴 것이 분명하므로 독일어로 무언가를 말하는 것이 두렵다고 고백하는 이들도 있다.

나는 학생들을 알아 가기 위해 학기 첫 주에 학생 한 명 한 명을 내 사무실에서 개별적으로 만난다. 어떤 학생은 이때의 만남으로 인해, 나중에 학기 중에 도움이 필요할 때 내 사무실로 찾아오는 것이 더 쉬워졌다고 말했다.[28] 위협적이지 않은 관계를 구축하고 학생들과의 첫 상담 시간을 격려하는 대화로 만들자 학생들은 훨씬 더 쉽게 도움을 요청했다.

정서적인 문제는 학습과 분리될 수 없다. 정서적인 돌봄에 주의를 기울이는 것을 단순히 치유적인 일에 집중함으로써 학습에 집중되어야 할 관심을 도리어 다른 데로 돌리는 것이므로 이를 학습과 별개라고 여길 수 있다. 하지만 정서적인 고려는 학습과 밀접한 관련이 있다. 나는 나의 도입 활동이 학기를 처음 시작하는 그 시점부터 학생들에게 두려움 없이 수업에 참여할 수 있다는 느낌을 주어 장기적으로 참여와 학습을 향상시키기를 희망한다.[29]

따라서 나는 수업에서 가장 위협적이지 않은 대화, 즉 쉽게 접근할 수 있는 편한 주제로 친구와 대화하는 것부터 시작하게 한다. 교사에게 과도하게 공개적으로 오류를 지적받지 않으면서, 쉽고 빠르게 선택한 대화 파트너와 대화를 나누는 것이다. 세 명의 친구와 대화하는 단계로 넘어갈 때는 같은 주제로 두 번을 연습하게 된다. 누군가가 전체 학생들 앞에서 이 주제를 발표하게 된다면, 이미 그 주제로 무언가를 말하는 것이 세 번째가 되고, 주변 친구들과도 어느 정도 관계를 형성한 상태이다. 이는 모든 두려움을 없애 주지는 않지만(그렇게 하고 싶지도 않다), 학생들이 더 적극적으로 참여하는 데 도움이 되는 점진적인 진입로가 된다.

또한 나도 이런 활동으로 학생들 앞에서 누구에게 질문할지 결정하기 전, 교실에 누가 있는지 약간의 감을 얻게 된다. 몇 년 전 말을 더듬어서 고생하던 학생이 있었는데, 이 수업으로 스트레스를 받아서 증상이 더 심해졌던 사례가 있다. 그 일을 겪은 후 이 부분에 대해 더 많이 고민하게 되었다. 그 학생의 자의식도 중요하고, 수업 시간에 말하기 연습도 필요하며, 다른 학생들이 그의 발표를 존중하며 잘 받아들이게도 하려면 무엇을 조율해야 할지 길을 찾아야 했다. 이제 나는 첫 수업 시간에 누군가를 호명했는데 그 첫 번째로 불려 주목받은 학생이 만약 그 학생이었다면 어떤 일이 일어날지 고민하며 한 해를 시작한다. 중요한 것은 스트레스를 영구적으로 제거하는 것이 아니다. 적절한 도전은 학습의 원동력이 될 수 있기에, 이를 책임감 있게 관리하는 것이 필요하다. 초반에 학생들에게 소수의 청중을 붙여 주어, 대화하는 모습을 관찰할 시간을 갖는 것은, 향후에 있을 도전적인 과제에 참여하거나 전반적인 참여를 더 원활하게 만들어 준다.[30]

이 시점에서 다시 이름을 익히는 것과 관련된 내용으로 가 보자. 교실을 돌아다니며 한 명 한 명의 이름을 확인할 때 얻게 되는 가장 큰 이점은 각 학생과의 첫 만남의 성격을 바꿀 수 있다는 점이다. 교단 위에 서서 권위적인 출석 확인 방식으로 이름을 묻는 대신, 학생들이 활동하는 동안 각 학생의 의자 옆에 쪼그리고 앉아서 잠시 그의 눈높이에서 눈을 맞추며 이름을 묻고, 그 이름을 부르며, 간단한 환영의 말을 전하는 것은 전체 학생들을 대상으로 말하기 전에 각 학생에게 개별적으로 주목할 수 있는 순간을 제공한다.

이제 학생들은 나에게 과제나 도전거리가 아닌 개인 인격체로 다가오기 시작한다. 이는 향후 내가 수업을 가르치는 방식에, 어떤 방식으로든 말로 표현하지 않아도, 변화를 일으킨다. 이 과정과 파트너와의 자기 소개 대화를 통해, 수업 시작 후 첫 10분 내에 각 학생이 교수와 다른 학생들 모두에게 보이게 되고, 이름이 불리게 되고, 목소리가 들리게 된다. 이것이 중요하다.

학생들에게 생기는 변화와 별개로, 나에게도 학생들을 바라보는 방식과 내면의 태도에 미묘한 변화가 생겼다. 학생들을 내가 아는 사람들로 대하게 되자, 수업에서 나의 수행을 학생들이 평가할 것에 대한 긴장감이 줄어들었고, 나의 자기 표현보다 그들의 학습을 돕는 데 더 잘 집중할 수 있었다. 학생들의 이름을 하나씩 익히는 단순한 실천이 배려와 존중을 전달하는 수업 시간이 되도록 도움을 주었다.

나는 어느 정도의 안정감을 조성하고 싶지만, 그렇다고 긴장이 풀린 느긋함으로 빠지는 것은 원치 않는다. 왜냐하면 우리는 공부하고 성장하기 위해 강의실에 있는 것이기 때문이다. 이 활동의 한 가지 움직임은 특정 목적을 위해 의도적으로 스트레스 수준을 높인다. 학생들은 자신을 파트너에게 소개하고, 그다음 자신의 파트너를 그룹에 소개해야 한다. 이 활동을 다양한 다른 방식으로도 할 수 있다. 이를테면, 자신을 파트너에게 소개한 다음, 다시 그룹을 향해 자신을 소개할 수 있다. 이 방법은 경청의 측면에서 집중력을 떨어뜨린다. 앞서 언급했던, 전체 학급 앞에서 한 명씩 자기를 소개하는 방식과 마찬가지로, 학생들은 자기가 한 말과 자신의 정체성에만 집중하게 된다.

다른 방식으로, 학생들에게 자신의 파트너를 소개하게 될 것이라고 처음부터 공지한다고 가정해 보자. 학생들은 아마도 첫 번째 대화에서 더 주의 깊게 듣고 반복할 필요가 있는 정보를 메모할 것이다. 하지만 위험한 점은, 다른 사람의 말을 경청하는 것이 학교 과제로 전락하고, 다음 같은 암묵적인 메시지가 남을 우려가 있다. "선생님이 지시하거나, 과제를 성공적으로 수행하기 위해 필요할 때만 다른 사람들의 말에 귀를 기울이자."

이는 내가 목표로 하는 바가 아니다. 나는 대개는 다른 길, 곧 첫 번째 대화가 끝날 때까지 아무 말도 안 하는 것을 선택하는 편이다. 이렇게 하면 많은 학생은 자신이 할 수 있는 최대한으로는 잘 듣지 않았음을 깨닫고, 이제 불완전한 기억을 반복해야 할 책임을 느끼며, 순간적으로 가슴이 철렁하는 느낌을 받는다. 나는 이 작은 충격이 그들이 앞으로 있을 교실에서의 대화 방식에 영향을 미치기를 바란다. 내가 원하는 암시적인 메시지는 다른 사람의 말을 경청하는 것은 항상 중요하며, 그렇기에 어느 순간이든지 들은 것에 대해 책임을 지게 될 수 있음을 깨닫는 것이다.

그러나 비공식적인 소규모 그룹 환경과 시간 배열은 이 충격이 완연한 당혹감으로 번지지 않도록 막아 준다. 학생들은 2분 동안 파트너의 이야기를 들었지만, 전체에 파트너를 소개하는 시간은 1분

뿐이므로 모든 세부 사항을 기억하지 않아도 말할 수 있다. 그럼에도 불구하고, 나는 이제 시작에 불과한 작은 방식이지만 다른 사람의 말에 귀를 기울이는 것이 중요하고, 그것이 우리가 배워야 하는 태도임을 강조했다.[31] 서로 어떻게 관계를 맺고 상호 작용해야 하는지 깊은 주의를 기울이는 것은 새롭게 생성되는 '가르치고 배우는 집'에 특별한 관계적 윤곽을 부여한다.

_____ 궤도 설정

이 이야기를 계속 나눌 수 있다. 이 활동에 대해 연달아 여러 그룹의 교사들과 논의할 때마다, 새로운 시각을 발견하곤 한다. 의미 있는 '교수-학습'의 시간에는 언제나 그 안에서 풍성한 일이 일어난다. 사실 그 누구에게도 학기 초, 9분의 수업 분량에 대해 이 정도로 세밀하게 들여다볼 여유는 없다. 너무 신경을 쓰다 보면 크리스마스가 되기 전에 정신이 혼미해질지도 모른다. 하지만 학기를 시작하는 이 도입 시퀀스에 특별히 주의를 기울이는 데는 이유가 있다.

새로운 사람들과의 만남과 마찬가지로, 교실에서도 첫인상이 중요하다. 나중에 인상이 바뀔 수도 있지만, 그러려면 궤도를 설정하여 부단히 노력해야 한다. 한 연구에 따르면, 교수의 이전 평판은 학기말 강의 평가에 영향을 미치지 않았지만, 수업 시작 2주 후에 학생들이 작성한 강의 평가와 학기말 평가 간에는 큰 차이가 없었다.[32]

한 수업에서 처음 몇 시간과 며칠은 그 수업에 대한 기댓값을 설정하게 한다. 무엇을 가치 있게 여기고 기대하며, 무엇을 강조하고 무시하며 나아갈지가 결정된다. 이 초기 궤도가 내가 설정한 수업 목표와 일치하지 않으면, 학기 내내 처음에 형성된 인식과 싸우며, 오르막길을 오르듯 고된 노력을 해야 한다. 그 수업에서 강조하고 싶은 부분과 그 수업의 특징이 되었으면 하는 학습 유형에 처음부터 초점을 맞출 수 있다면 나와 학생들 모두에게 도움이 될 것이다. 이렇게 하면, 수업의 방향성이 순조롭게 이어지고 첫인상이 부정적이지 않기에 학업에 긍정적인 영향을 미칠 수 있다. 한 해의 시작과 관련된 관료적 행정 절차와 수업 계획서를 다룰 다른 방법과 시기가 있다.

첫 수업은 다른 수업에 비해 유난히 더 고민하고 신경 써서 계획하기 마련이다. 첫 번째와 두 번째 주의 수업에 그다음으로 많은 에너지를 쏟고, 이후에는 그동안 구축한 레퍼토리와 패턴에 따라 움직인다.[33] 여기에서 설명한 활동을 선택함으로써, 나는 이후 수업에 대한 선례를 만들었다. 그렇게 해서 시간이 지남에 따라 암묵적인 약속을 이행하고 있는지 스스로 점검하며 체크했다.

나는 처음부터 학생들에게 적극적으로 참여하라고 독려하고, 각 사람의 정체성은 학습과 관련이 있으므로 그들이 학습을 최대화하기 위해 시간과 에너지를 관리하여, 다른 사람의 말에 귀를 기울이고, 공동체를 형성하도록 힘쓰게 했다. 그리고 함께 공부하고 있는 각 사람을 존중하는 태도가 중요함을 강조했다. 이러한 모든 방식으로 나는 페다고지적 삶을 함께하기 위한 기반을 제공할 공유된 상상(력)을 구축하는 첫걸음을 내디뎠다.

그래서 무엇이 중요한가

이렇게 해서 학기를 시작하는 첫 9분을 무사히 헤쳐 나갔다. 이 활동으로 모든 것을 성취할 필요는 없다. 앞으로 학기가 많이 남아 있다. 그러나 이것은 하나의 시작이었고 이미 많은 일이 일어났다. 나는 특정 교실에서 짧은 시간 동안 교수-학습을 형성하는 결정에 영향을 미치는 몇 가지 가정, 고려 사항 그리고 희망을 세밀하게 살피고 알아내고자 노력했다.

나는 의도적으로, 아직 교실 전면에 서서 무언가를 설명하거나 큰 아이디어들을 소개하는 그러한 교수 시간을 선택하지 않았다. 경건의 시간을 인도하거나, 어떤 문제에 대한 관점을 제시하거나, 어떤 권면의 말을 한 적도 없다. 당분간은 무엇이든지 간에 우리의 관심을 끄는 것은 수업의 내용이나 설교 내용이 아닌, 가르치는 움직임, 페다고지여야 한다. 물론, 어느 순간에, 일이 어떻게 진행되는지에 대한 나의 가정 가운데 하나 혹은 그 이상이 잘못되었음을 깨닫게 될지도 모른다. 그렇다면 성찰하고 조정하는 과정이 계속 이어질 것이다. 여기서 나의 관심은 이 활동을 최종 목적지나 완벽한 패턴으로 보는 것이 아니라, 그 과정의 본질에 있다. 이 책은 우리 모두가 스파게티를 먹어야 할지에 대한 내용이 아니라, 우리가 어떻게 요리를 해야 하는지에 대한 내용이다.

남은 한 해를 이 정도 수준으로 자세히 설명하는 것은 나의 지혜나 출판사의 예산 그리고 이성적인 독자의 인내심을 넘어설 것 같다. 지금까지 집중해서 읽어 주어서 감사하다. 이 세부 사항에 대한 깊은 탐구가 이제 한 걸음 뒤로 물러서서 우리가 무엇을 배웠는지 볼 수 있게 해 주기를 소망한다. 그것이 다음 장의 과제이며, 거기서 이 작은 활동에서 비롯된 몇 가지 더 큰 질문을 살펴볼 것이다. 이 활동이 가르침의 본질에 대해 우리에게 보여 준 것은 무엇인가? 여기서 내린 교수^{teaching}와 관련된 결정이 세계관의 질문들과는 어떻게 연관되는가? 이 활동이 '교수-학습'이 신앙으로부터 어떤 영향을 받는지 보여 주는 데 도움이 될까? 기독교적인 일은 아직 안 일어났는가?

성찰과 토론을 위한 질문

● 이 활동의 어떤 부분에 대해 반감을 느낀 적이 있는가? 그렇다면, 당신의 그러한 반응을 뒷받침하는 신념이나 가치는 무엇인가?

● 활동의 어떤 부분이 당신의 전공과 교수 상황에서 효과가 있거나 효과가 없을 수 있을까? 당신의 환경에서 이와 유사한 목표를 달성할 수 있는 활동은 무엇일까?

● 수업을 계획할 때, 당신은 어떤 방식으로 시간과 공간 그리고 학생들이 서로 상호 작용하는 방식에 초점을 맞추는가?

- 학기가 시작되고 며칠 동안 수업에 영향을 주는 가치와 서로 소통하고 참여하는 방식에서 학생들이 무엇을 배우기를 원하는가?

- 학기 초에 학생을 배려하고 존중하기 위해 구체적으로 어떤 방법을 사용할 수 있을까?

실천 과제

서두르지 않고 생각할 수 있는 시간과 장소를 찾아보라. 최근에 가르쳤거나 곧 가르칠 수업에 집중하라. 학기를 시작하는 수업의 첫 15분에 무엇을 할지 그 계획을 개요로 작성해 보고, 왜 학기가 이런 방식으로 시작되어야 하는지 그 이유를 추가로 메모해 보라. 어떤 가치와 약속이 암묵적으로 전달되는가? 무엇을 개선할 수 있을까?

3장

중요한 패턴들

가르치는 데 기독교적인 방법이 있음을 제기하는 것은 기독 교사 동료들 사이에서도 반복적으로 불안감을 주었다. 그것은 연구나 경험을 무시하고, 어떻게 가르치는 것이 효과적인지를 신학이 결정하게 한다는 의미일까? 혹은 내가 단 하나의 '성경적' 교수법을 강요하고자 하는 걸까? 기독교인과 비기독교인이 동일한 세계에 살고 있고 동일한 기법을 활용하고 있지 않은가? 신앙을 전면에 내세우면 학문 학습이 어려워지고 학습에 철저하게 집중하는 것에 방해받지는 않을까? 모든 것에 기독교적인 버전이 있어야만 하는가? 수학을 가르칠 때 그저 수학만 가르치면 되지 않을까?[34]

    이러한 불안은 가르침이 수반하는 것들을 제대로 포착하기에는 미흡한 방식으로 가르침을 대하는 데에서 비롯되었다. 앞에서는 9분 동안의 시퀀스의 중요성을 살펴보며 이와 관련된 결정과 움직임, 사고 과정을 설명하는 데 시간을 보냈다. 그 목적은 요리법을 제시하는 것이 아니라, 실제 가르침의 연속 과정을 면밀히 살펴봄으로써 신앙과 가르침에 관한 질문에 접근하고자 함이었다. 이러한 수업 시퀀스를 염두에 두고, 이제 다음 주장에 포함된 각 아이디어를 차례로 알아보려고 한다. 우리가 가르칠 때는 한 가지 이상의 일이 일어나며, 그 여러 가지가 동시다발적으로 일어나고, 우리에게 중점적인 학습 목표가 있다고 해도, 신앙이 우리의 접근 방식의 틀을 구성한다.

_____ 가르칠 때는 한 가지 이상의 일이 일어난다

제2장의 중심 주제부터 시작하자. 우리가 누군가를 가르칠 때는 많은 일이 동시에 일어난다. 우리에게는 가르치는 일이 마치 한 사람이 서서 다른 사람들에게 무언가를 설명하는 순간인 것처럼 말하는 습관이 있지만, 그럼에도 불구하고 가르침은 환원할 수 없을 정도로 복잡하다. 가르침이 복잡한 이유는 인간이 복잡하기 때문이다. 가르친다는 것은 인간의 성장을 돕는 일이다. 사람들이 학습 과제를 중심으로 상호 작용할 때, 다양한 동기와 한계, 신념, 감정, 두려움, 기대, 재능, 그리고 약점을 가지고 과제에 접근한다.

학습이 전개되는 방식은 가구의 배치, 시선, 조명, 자세 등 물리적 공간의 영향을 받는다. 또한 타이밍도 영향을 끼친다. 속도, 침묵, 반복, 기대감, 시작, 종료, 약속, 상기시켜 주는 암시와 같은 시간 감각에 의해서도 달라진다. 교사와 학습자의 정체성과 상상력이 그들이 서로를 대하고, 학습을 하며, 주제를 대하는 태도와 함께 작용한다. 단어, 상징, 비유, 그리고 제스처는 수업이 진행되는 과정에서 특정한 의미의 그물망을 엮어 낸다.

행동은 그저 일어나는 것이 아니다. 그것은 목격되고, 해석되며, 평가와 반응의 대상이 된다. 아이디어는 단순히 설명되거나 다루어지지 않는다. 받아들여지거나, 이의가 제기되거나, 오독되거나, 재구성되거나, 조정되거나, 결합되거나, 고립되거나, 버려지거나, 적용된다.[35] 이 모든 과정을 통해 우리는 무슨 일이 일어나고 있는지, 그것이 무엇을 의미하는지, 그리고 그것이 중요한지 그렇지 않은지 또는 어떻게 중요한지에 대한 감각을 얻을 수 있다. 가르치는 것을 단순히 무언가를 설명하는 것이라고 여기는 것은 교회 예배를 단순히 노래하는 것으로 여기는 것과 같다. 그러면 많은 중요한 부분을 놓치고 만다.

이는 가르침이 가르쳐야 할 내용에 의해 늘 완전히 결정되지는 않음을 의미한다. 다시 말해, 수업 내용 외에도 항상 더 많은 일이 일어나고 있으며, 수업 내용 자체가 어떻게 가르쳐야 하는지를 명시적으로 지시하고 결정하지 않는다. 학문으로서의 수학은 수학을 가르치는 것과 같지 않으며, 예술 또한 예술을 가르치는 것과 동일하지 않다. 수학이나 예술을 가르치기 위한 '교수-학습'의 시퀀스를 설계하는 방법은 다양하다.

우리가 무엇을 가르쳐야 하는지 아는 것만으로는, 관습과 현재의 합의에 의하지 않는 한, 그 자체로 우리가 어떻게 가르쳐야 하는지 알려 주지 않는다. 이는 운전 교육과 같이 겉으로 보기에 단순한 교육에도 해당된다. 우리 가족만 해도 다양한 운전 강사를 만났다. 끔찍한 사고 영상을 보여 주면서 모여 있던 십 대들에게 운전 실력이 부족하면 이렇게 된다고 알려 주는 강사가 있는가 하면, 처음부터 격려와 관계 형성에 초점을 맞춘 강사도 있었다. 그리고 짧게 초기 교육을 한 후 조수석에 조용히 앉아 있다가 작은 실수를 발견하면 비난하는 어조로 "어허!"라고 말하고 고치기를 기다리는 강사도 있었다. 그들 중 누구도 '그저' 운전만을 가르치지 않았다. 수학이나 예술(또는 운전이나 다른 것)을 가르칠 때, 우리는 학생들이 해당 과목과 접하게 되는 '가르치고 배우는 집'pedagogical home을 암묵적으로 형성하고 있다.

    어떤 학문이나 교과목이 학습 환경에 들어오게 되면, 그 학문은 페다고지, 곧 교수법으로 매개된 의미들의 클라우드를 얻게 된다. 우리는 힘이 어떻게 작용하는지 배우면서 동시에 과학이 메마르고 어렵다거나, 체험적이고 흥미롭다거나, 권위적이고 위협적이라거나, 깊고 신비롭다거나, 신앙과 상반된다거나, 혹은 실용적이며 큰 질문들에 대해서는 닫혀 있다고도 배운다.[36] 역사의 동일한 개념들을, 주의를 집중하지 않는 학생을 향해 처벌의 위협을 가하며 가르칠 수도 있고, 잔디밭에서 소그룹 토론으로, 공식적인 강의로, 정교한 시뮬레이션이나 학문적인 서비스 러닝 프로젝트로, 혹은 감독 하에 진행되는 독서 프로그램으로 가르칠 수도 있다.

    또한 그 역사 교과 내 개념들은 경쟁적이거나 협력적인 방식으로, 인간적으로 따뜻하거나 형식적인 환경에서, 그리고 일상적인 인간 현실이나 거대한 사회 구조에 초점을 맞춘 예시를 통해 전달될 수 있다. 그 개념과 현대적 관련성에 중점을 두거나 거리를 두고 가르칠 수도 있고, 권력의 작용이나 약자의 경험, 지역적이거나 글로벌하게, 익숙하거나 낯선 것에 중점을 두고 가르칠 수도 있다.

개념이나 기술이 어떤 의미에서는 동일한 뜻으로 남아 있다 할지라도, 학생들이 결국 그 개념을 똑같이 잘 숙지한다 할지라도, 어떻게 가르침을 받았느냐에 따라서 다른 것들이 학습되었을 가능성이 높다. 서로 다른 연관, 태도, 그리고 사랑이 길러졌을 것이다. 학생들이 시험에서 몇 점을 받았는지는 전체 그림 중 일부에 불과하다. 왜냐하면 학습의 결과는 다른 종류의 학습들과 그 과정에서 얻은 다른 의미들 사이에 자리를 잡고 있기 때문이다.

따라서 가르침에는 여러 가지 목표가 있는 것이 정상이다. 사실상, 잘 짜인 수업 시퀀스가 있다면 그 시퀀스의 단일 목표만을 이야기하는 것은 오직 제한적인 의미로만 타당하다 할 것이다. 앞에서 언급한 활동에서 나의 목표는 기본적인 말하기 연습을 제공하는 것이었고, 적극적인 참여가 필수임을 전달하고자 했으며, 그리고 남들의 말을 경청하는 자세가 중요함을 가르치고자 했다. 또한 학생들을 존중하는 태도를 보이는 것이었고, 현재 시제 동사 어미의 습득 정도를 측정하고자 했으며, 그리고 반복을 통한 언어 수행으로 자신감을 높여 주고자 했다. 더불어 수업을 듣는 친구들의 이름을 빨리 외우는 것을 가능하게 하는 것이었으며 그리고 ….

이와 같이 잘 설계된 수업 시퀀스는 다양한 목표를 성취하기 위해 디자인된다. 물론, 가끔은 매우 한정된 목적(예를 들어, 집중적이고 구체적인 문법 훈련)을 위해 어떤 활동을 할당하기도 한다. 그러나 무언가를 명확하게 이해시키거나 정리하는 차원에서 잠시 옆으로 물러서는 일시적인 시도다. 그럴 때조차도 그 활동의 의미는 그 시퀀스와 맥락으로부터 도출된다.

그러나 그보다 훨씬 더 자주 발생하는 일은, 특정 가르침의 시퀀스에는 어떤 측면에 중점을 둘지에 따라 그것을 진행하는 여러 가지 이유가 동시에 작용하고 있다는 것이다. 이렇게 복합적인 이유들이 동시에 작용하기 때문에, 신앙은 가르침을 계획하는 과정에서 교과 목표들과 경쟁하거나 다른 고려할 사항을 모두 압도하는 유일한 기준이 되지 않으면서도 일정한 역할을 할 수 있다. 가정생활에서 하나님을 따르고자 하는 것이 저녁 식사를 준비하거나 배수로를 점검하는 것과 경쟁하거나 그 대안이 되지 않듯이, 신앙은 페다고지에 형태를 부여하는 동시적이고 복합적인 고려 사항들 사이에서 역동적이고 중요한 역할을 할 수 있다.

_____ 그 모든 것은 동시에 일어난다

우리가 누군가를 가르칠 때는 많은 일이 동시에 벌어진다. 여기서 '동시에'라는 단어에 주목하라. 나는 교실에 들어가서 마치 줄에 차례로 구슬을 꿰듯이 먼저 몇 분 동안 학생들이 안전하다고 느끼게 한 후, 존중을 표하고, 그다음 독일어 단어 몇 개를 읽는 연습을 하게 하고, 그런 다음 다른 사람의 말을 경청하는 것이 중요하다는 것을 가르치지 않는다. 3분간 언어 지도를 하고, 그다음 4분간 도덕적 참여를 가르치고, 2분간 세계관을 전달하지 않는다.

이러한 일들은 같은 과정에 함께 엮여 있고, 실천이라는 동일한 복합체의 일부로서 거의 동시에 일어난다. 예를 들어, 우리가 학생의 정서적 측면을 배려하는 것과 학문적 엄격성을 유지하는 것 사이에서 하나를 선택해야 하는 경우가 생긴다면 이는 취약한 수업 설계 때문일 수 있다. 우리가 전체 그림의 일부를 간과한다 하더라도, 그것이 사라지는 것은 아니다. 우리의 가르침은 우리가 의도하든지 의도하지 않든지 간에 여러 수준에서 작동하고 있다.

교직에 첫발을 내디뎠을 때(도시 중학교의 교생으로), 내 교실은 종종 혼돈스러웠다. 그래서 나는 교실에 들어서면서부터 십 대들로 가득 찬 방을 완전하고도 깊은 침묵으로 만들어 내는, 기괴한 능력을 가진 한 동료에게 약간 질투를 느꼈다. 학생들은 조용히 일렬로 앉아 정면을 바라보고 있고, 그는 출석부를 들고 이름을 부르며 수업을 시작했다.

나중에 나는 그가 교실을 질서정연하게 만들고자 사용한 방법 중 하나가 공개적인 굴욕임을 알게 되었다. 그는 학생이 선을 넘으면 바로 본보기로 삼아 친구들이 보는 앞에서 학생에게 면박을 주어 콧대를 낮추어 버렸다. 무자비하게 학대하지는 않았지만, 누군가는 그를 엄격한 교관이라 불렀을 수도 있다. 그는 학생들의 수치심과 불안을 이용했다. 학생들이 침묵을 지켰던 이유는 그의 기량이 뛰어나기도 했지만 부분적으로는 단순히 그를 두려워했기 때문이었다.

그 방식은 효과가 있었다. 그러나 학생을 대하는 적절한 방식에 대한 내 신념과 부딪쳤기에 본받고 싶지는 않았다. 그 선생님 역시 물리적 공간, 수업 관리 전략, 학생의 감정과 지각, 상호 작용, 규범과 가치 및 기대치 등과 관련된 선택을 해 가면서 프랑스어를 가르치고 있었다. 그는 이전 장에서 내가 설명한 것과는 상당히 다른 실천의 패턴을 짜고, 학생들이 거주할 상당히 다른 형태의 '가르치고 배우는 집'pedagogical home을 만들었다. 우리가 선택할 수 있는 것은 강의 내용을 넘어서 '가치를 전달할 것인가, 아닌가' 하는 문제가 아니라 '어떤 가치를 전달할 것인가'이다.

가르침의 다양한 측면은 동시에 일어날 뿐 아니라 서로 상호 작용할 가능성이 높다. 예를 들어, 학생들이 어느 정도 안전하다고 느낀다면, 수업 시간에 독일어로 말하는 위험을 감수할 가능성이 높아질 것이다. 이는 언어 기술 습득에 대한 진전을 가져올 뿐 아니라, 주변 사람을 대하는 방식에도 영향을 미친다. 학생들이 학습하기에 충분히 안전하다고 느끼도록 돕는 목표는, 존중하고, 이름을 외우며, 초기의 언어 습득이 지나치게 부담스럽지 않도록 학습 활동을 구성함으로써 달성될 가능성이 높다. '무슨 일이 일어나고 있는지'의 다양한 국면은 구별될 수 있고 구분되어야 하지만, 하나가 다른 하나로부터 고립되어 독립적으로 일어나지는 않는다.

학생들과 교육을 논의할 때, 나는 때때로 운전을 배우던 초기의 경험과 비교하곤 한다. 나는 첫 운전 수업을 영국 링컨셔의 시골, 양쪽에 물이 가득 찬 도랑이 있는 좁은 시골길에서 자동이 아닌 수동 변속차로 받았다. 첫 수업 때는 기어를 올바른 위치에 넣는 데 온 신경을 쏟았다. 그래서 기어를 바꿀 때면, 핸들 방향이 어디에 있는지 볼 수가 없었다. 운전은 여러 가지에 집중해야 하는 작업임에도 불구하고 나는 한 번에 한 면만 관리할 수 있었다. 내가 기어를 변경해야 할 때마다, 강사는 물에 빠져 죽는 것을 피하기 위해 여러 번

옆에서 운전대를 잡아 줄 수밖에 없었다.

　　몇 년 후, 나는 내가 음악을 들으며 동승자와 대화를 나누고, 다른 운전자들의 행동을 주시하며, 기름이 떨어져 간다는 것을 알아차리고, 오전 계획을 미리 떠올리면서도 복잡한 교차로를 능숙하게 빠져 나올 수 있음을 알게 되었다. 심지어 운전과 같은 비교적 단순한 작업도 능숙해질수록 점점 더 다면적인 모습이 드러난다. 이와 마찬가지로 교사로서 향상되어야 할 중요한 부분은 무슨 일이 일어나고 있는지 더 잘 인식하고, 중심 과제에 기울여야 할 주의를 흐트러뜨리지 않으면서 상호 작용하는 변수들의 복잡한 집합을 책임 있게 관리하는 모습이다.

_____ 주요 학습 목표는 있지만

그렇다면 그 핵심 과제들은 무엇일까? 교실에서 일어나는 여러 동시적인 과정을 강조하는 '교수-학습'에 관한 연구에서 나온 최근 한 이미지는 학습 환경을 생태계로 묘사한다.[37] 생태계는 여러 요인이 선형적인 결과의 연속보다는 미묘한 영향의 그물망에서 상호 작용하는 환경을 포함한다. 교실이 교수 방법들이 기계적으로 적용되는 곳이 아니라 생태계라면, 작은 변화가 파격적인 영향을 미칠 수 있다. 나는 교직 생활 초기에 이 사실을 깨달았다. 학교가 우리 교실에 카펫을 깔아 주면서 내가 갑자기 훨씬 더 효율적으로 수업하는 교사가 된 것이다.

세라믹 타일이 깔려 있을 때는, 바닥에 의자나 책상이 긁힐 때마다 큰 소리가 났고 이 시끄러운 환경은 나를 포함한 모든 이들의 목소리를 높이게 만들었다. 바닥재를 바꾸고 나니 소란스러움이 상당히 줄어들었다. 나는 그룹 상호 작용 후에 학생들의 주의를 다시 끌기 위해 그렇게 많이 애쓰지 않아도 되었다. 이에 학생들에게 더 많은 자유를 주는 학습 활동을 시도할 의욕이 생겼다.

이렇게 바닥 재료조차도 학습 방식을 형성하는 데 영향을 미쳤다. 이 깨달음은 나를 겸손하게 만드는 동시에 내 실력이 교실 안에서 작용하는 유일하고 유의미한 변수가 아니라는 사실에 어느 정도 안도감을 느끼게 했다. 한 연구자가 말했듯이, 교실을 생태학적으로 바라본다는 것은 '무시할 수 있는 것에 대한 최소한의 선험적 가정assumptions'으로부터 시작하는 것을 의미한다.[38] 교사와 학습자들의 신앙과 가정은 말할 것도 없고, 심지어 바닥재처럼 비활성 물질조차도 영향을 미칠 수 있다.

그럼에도 불구하고, 생태학적 은유가 적합하지 않은 한 가지 중요한 측면이 있다. 생태계와 달리 가르치는 환경은 일반적으로 합의된 중심 목적이 있다. 학습자 경험의 여러 측면을 다루지 않고는 가르칠 수 없지만, 대부분의 경우 우리는 여전히 '무언가'를 가르치고 있다. 학생들이 라틴어 수업이나 영문학 수업을 신청할 때, 그들은 상당히 합리적으로 그 수업을 들은 주요한 결과가 라틴어 혹은 영문학의 역량이 향상되리라고 기대한다. 그래서 일부 교사들은 정서적 문제나 학생의 전인적 형성, 또는 신앙에 대한 대화를 하기 시작하면 스스로가 교사가 아닌 무면허 상담사로 전락해 버리는 것이 아닌가 하고 우려한다.

    수업을 준비할 때, 학생들의 독일어 실력을 향상시키는 것이 나의 주된 책임이다. 지금까지 말한 어떤 것도 독일어 수업의 중심 과제가 독일어를 가르치고 배우는 것이 아님을 뜻하지 않는다. 성경 공부나 치료 혹은 정치에 참여하기 위해서 그것을 유예하고 있어서는 안 된다.[39] 위에서 언급한 복잡한 목표들은 그런 의미에서 동등하지 않다. 학생들이 안전하고 존중받는다고 느끼게 하는 데는 성공했지만 학생들이 독일어를 효과적으로 배우지 못하게 했다면, 수업은 실패했고 그 교수 설계는 미흡했던 것이다.

    '독일어 가르치기'와 '독일어 배우기'는 다양한 방식으로 구성될 수 있으며, 그중 많은 방식이 실제로 독일어 능력 향상으로 이어질 수 있다. 그 모든 방식은 교과 내용을 넘어서는 의미, 선택, 욕구, 신념 등을 내포한다. 지난 한 세기 동안 우리는 학생들을 일렬로 줄지어 앉혀 놓고 반복적인 문구를 집중적으로 훈련시키는 언어 교수 접근들을 경험했다. 이는 학생들을 올바른 자극을 반복해서 적용함으로써 조건화시킬 수 있는 생물학적인 시스템으로 여기는 행동주의적 신념 때문에 그렇게 했다. 또한 학생들을 원형으로 둘러앉히고, 교사가 선택한 주제에 대해 이야기하도록 한 후 그들의 말을 문법을 가르치는 기초로 사용하는 접근들도 경험했다. 이는 언어 학습이 자율적인 자기 주도와 '자아-존중'에 대한 학생들의 필요에 뿌리를 두어야 한다는 실존주의적 믿음 때문에 그렇게 한 것이다. 그리고 문법 구조를 설명하고 체계적으로 제시하는 데 많은 에너지를 쓰는 접근법도 있다. 이는 논리적 패턴으로 사고하는 능력이 학생들이 발전하는 데 가장 중요하다는 합리주의적 신념에 따른 것이다. 또 하나는 카페, 기차역, 호텔 등에서 쓰이는 대화를 반복해서 연습하는 접근도 있다. 이는 음식, 교통 수단, 숙박 같은 일상적인 필요에서 발생하는 실제적인 의사소통을 가장 중요시하는 상업주의적 신념을 신봉하기 때문이다.

이 모든 접근법은 '독일어 가르치기'가 목적이다. 우리의 중점 목표들은 더 큰 이야기들 안에 자리 잡고 있다. 우리가 누구이며, 어떠한 사람이 되어야 하는지에 대한 비전으로부터 분리된 채, 그와 상관없이 이루어질 수 있는 '독일어 가르치기'란 있을 수 없다. 나에게 주어진 임무는 독일어를 가르치는 것이지만 나는 결코 단순히 독일어만 가르치는 것은 아니다. 그 이유는 동시에 존재하는 다수의 목표가 있기 때문이기도 하지만 어떻게 그 목표를 추구해야 할지를 결정할 가치 중립적인 방법도 없기 때문이다.

더욱이, 주요 과업에만 집중하는 것은 고상해 보일 수도 있지만, 한 아이가 무언가를 가져오는 데 몰두해서 집 안을 뛰어다니다가 아기 여동생에게 그릇에 든 국물을 엎어 버렸다고 상상해 보자. 주요 목표들이 중요하다고 해서 그것들의 앞뒤 맥락에 주의를 덜 기울이는 것은 합리적이지 않다. 이는 결국 인간의 다른 복잡한 활동과 다르지 않다.

건축가와 토목 기술자가 마을 인근의 강을 가로지르는 새 다리를 설계하고 건설한다고 할 때(나는 건축가도 기술자도 아니기에 약간의 시적 표현을 사용하는 것이 허용되기를 바란다), 다리 건설의 주된 목적은 강 이편에서 저편까지 충분한 양의 차량들을 안전하게 건너게 하는 것이다. 만약 건축가가 기나긴 공사 기간이 지루해서, 아주 가벼운 차량 몇 대만 지나갈 수 있는 정교한 형태의 예술 작품 같은 다리를 만든다면 이 공사는 실패한 것이다. 다리를 건설하는 과정에서 고려해야 할 많은 것은 자재의 속성, 간격의 너비, 다리 양편 대지의 단단함 등과 같은 기술적인 것들이다. 그렇다고 해서 다른 여러 규범이 여기에 적용되지 않는다는 의미는 아니다.

다시 말해서 다리의 디자인도 고려해야 한다. 예를 들어, 너무 흉측하게 만들어서 그 다리를 볼 때마다 삶의 질이 떨어진다거나, 관광객들이 더 이상 오지 않아 마을의 수입이 줄어든다거나, 그림처럼 아름다웠던 마을의 경관을 해치는 것과 같은 문제가 생기지 않도록 말이다. 윤리적인 질문들도 제기될 것이다. 그 다리의 배치가 어떤 사람들의 집(왜 이 사람들의 집인가?)이나 소중한 자연 서식지에 영향을 미치지는 않는가? 이 다리에 자원을 투자함으로써 어떤 사람들이 이익을 얻고 어떤 사람들이 손해를 보는가? 무엇이 중요한지, 어떤 종류의 공동체를 원하는지에 대한 판단이 있을 것이다. 자전거를 타는 사람들과 보행자들이 다리 설계에 영향을 미칠까? 다리 공사로 인한 이차적 결과를 통제하려는 최소한의 시도가 있을 것이다. 지역 오염이나 소득 감소가 발생할 것인가? 발생한다면 어떻게 제어할 것인가?

이러한 것들은 좋은 다리를 건설하는 데 걸림돌이 아니라 오히려 설계의 매개 변수로 여겨야 한다. 이 모든 질문을 동시에 만족시키는 올바른 답을 찾는다는 것은 몇 가지의 갈등을 유발할 수도 있지만, 그 어떤 것도 강 이편에서 저편까지 차량들을 성공적으로 지나가게 하는 구조물을 건설하고자 한다는 중심 목표에 모순되지 않는다. 이것은 설계가 맥락들 안에서 이루어지며, 복잡하고 가치 판단적인 일이라는 의미다.⁴⁰ 무언가를 설계할 때, 우리는 동시에 여러 가지 규범에 책임을 져야 한다.⁴¹

이 프로젝트가 지역 상수도에 오염을 초래한다면, 법정에서 "하지만 우리의 목적은 환경 보호가 아니라 차량들이 지나가는 다리를 건설하는 것이었습니다"라고 변명하는 것은 타당하지 않다. "윤리적 문제와 학생의 인격 형성에 관한 것은 제 업무가 아닙니다. 저는 그저 수학을 가르치기 위해 여기 있습니다"라고 대답하는 것 또한 말이 안 되기는 마찬가지다.

우리는 수학 활동이 수학적 개념을 정확하게 가르쳐 주고, 동시에 그 활동이 공정하기를 바란다. 그리고 인종 차별적이거나 성차별적인 예시가 없고, 종이를 낭비하지 않는 활동이기를 바란다. 그 밖에도 더 많은 기대가 있을 수 있다. 이러한 것들은 부가적인 사항들이나 대안이 아니다. 기독교 신앙에 대한 헌신을 그 가능한 변수 목록에 추가한다고 해서 이것이 달라지리라고 생각할 이유는 없다. 신앙의 헌신 역시 주어진 가르침의 중심 목적을 상쇄하지 않으면서도 더 큰 복합적인 관심사 내에서 실질적인 역할을 할 수 있다.

_____ 신앙이 우리의 접근 방식의 틀을 구성한다

다른 모든 요소들과 마찬가지로 기독교 신앙이 무언가를 가르치는 과정에 영향을 미칠 수 있다는 견해에 대해 대부분의 사람들은 동의하지 않는다. 그렇기 때문에 나는 우리가 가르칠 때 일어나는 일에 여러 가지 요인이 어떻게 영향을 미치고 이끌어 가는지를 보여 주는 그림을 그리는 데 시간을 들였다. 그럼에도 불구하고 나는 아직 구체적으로 기독교적 관심이 이 혼합체에 어떻게 어울리고 결합될 수 있는지는 언급하지 않았다.

2장에서 설명한 바는, 뇌가 언어를 습득하는 방법, 학생들이 동기 부여를 받을 수 있는 정도, 또는 강의실 내의 좌석 배치가 미치는 영향 같은 문제였다. 이는 이러한 움직임이 가져올 실제적인 결과를 질문하면서 경험적으로 테스트해 보고 싶은 그런 종류의 신념들이다.[42] 우리가 이러한 것들을 성경에서 가져올 가능성은 거의 없다. 성경은 교실에서 책걸상을 어떻게 배치해야 하는지에 대해서는 정말 거의 언급하지 않는다. 그 9분짜리 시퀀스에서 명시적인 신앙 언어가 없었음은 분명하지만, 그럼에도 신앙은 그 안에서 실제로 어떤 역할을 했을까?

그 활동이 다르게 전개될 수 있었던 여러 가지 방법 중 하나만 고려해 보자. 데이비드 브리지스 David Bridges는 던 교육 연구소의 로버트 디어든 Robert Dearden이 윤리학대학원 세미나에서 강의한 첫 몇 분을 아래와 같이 진술한다. 40년 전이었고, 당시에는 교육 철학에 대한 분석적 접근이 지배적이었다. 디어든은 토론 질문을 제시하고는 학생들에게 의견을 말해 보라고 요구했다.

한 호주 학생이 입을 열었다. "실례합니다." 그녀는 긴장했지만 조금은 결의가 담긴 어조로 말했다. "우리가 서로에 대해 조금이라도 알 수 있도록 자기 소개를 먼저하고 시작하는 것은 어떨까요? 그렇지 않으면 우리는 그냥, 음…."
"그냥 논쟁의 원천일 뿐이라구요?" 디어든이 물었다.
"네."
"글쎄요. 그게 바로 당신들이 여기에 있는 이유입니다. 논쟁의 원천으로서요. 당신이 누구인지, 어디서 왔는지는 중요하지 않습니다. 중요한 것은 당신의 논거의 질입니다. 서로에 대해 더 알고 싶으면, 수업 후 카페에서 만나면 됩니다. 자, 이제 덕목에 대해 알아봅시다."[43]

이름을 익히지 않기로 한 선택은 지식을 비인격적이고, 비맥락적이며, 객관적인 것으로 보는 관점과 관련이 있다. 이는 정체성보다 아이디어가 더 중요하다는 관점과 결합되며, 학생들이 이러한 지식의 모델에 더 잘 참여하게 되어야 한다는 교육에 관한 암묵적인 비전과 결합되어 있다. 브리지스는 이것이 비판을 비인격화하고 (개인이 아닌 아이디어가 비판의 대상이다), 사회적 지위의 중요성을 교실에서 감소시킨다는 데(당신이 누구인지가 중요한 것이 아니라 당신이 내리는 결론이 중요하다) 근거하여 해방적 페다고지 실천의 한 예라고 생각한다.

이 주장은 자유, 평등, 정의에 대한 암묵적 개념을 고려한다. 이는 정의와 해방을 우리의 특정 정체성에서 벗어나 중립적이고 이성적인 공간으로의 탈출로 그려 낸다. 비록 일어난 일이라고는 이름을 익히는 데 시간을 들이지 않기로 한 순간적인 결정이 전부지만, 다양한 암묵적인 기본 신념들이 이 사건을 형성하는 데 중요한 역할을 했다.

나의 9분의 활동은 이름을 학습하는 것과 관련해 다양한 선택을 구체화했다. 이름을 익히는 데 상당한 전략적 에너지를 쏟고, 학생들이 서로를 알아 갈 수 있는 공간과 시간을 만들어 주었다. 이 또한 다른 일련의 가치와 헌신을 암시한다. 디어든과 브리지스의 도입 활동이 그러했듯이, 내가 그렇게 한 이유도 지식과 형성 그리고 윤리와 관련된 생각과 밀접한 연관이 있다. 나는 학생들의 안녕을 학생들이 자신의 정체성을 학습의 영역 밖에 두고 오게 함으로써가 아니라 다른 사람들로부터 환대를 받도록 함으로써 지원할 수 있다고 생각했다.⁴⁴

공동체와 서로 간의 지지를 소중히 여기고 이를 그룹의 공유된 규범으로 발전시키는 과정을 시작하고자 한 것이다. 다른 사람을 잘 대하는 것은 상호 작용 안에서의 절차적 추상성에서 오는 것이 아니라 다른 사람을 배려하려는 공유된 의도에서 비롯된다. 이때 서로의 말을 경청하는 것이 중요한데 이는 그저 정답에 도달하기 위해서가 아니라, 사람이 가치 있는 존재이기 때문이다. 나는 이런 내 신념을 학생들에게 잘 전달하고 싶었다.

이 중 기독교적인 것이 있는가? 배타적인 의미에서는 기독교적인 것이 있다고 보기 어렵지만, 이러한 선택은 명백히 기독교적 출처를 포함하는 여러 가정과 신념에 근거해 이루어졌다. 나는 학생들을 그저 지성인, 성취자, 고객 혹은 도전 과제로 보는 것이 아니라 신실한 삶을 살아가는, 하나님과 이웃을 사랑하도록 부름받은 하나님의 형상으로 본다는 것이 어떤 의미인지를 수년 동안 고민해 왔다. 이와 더불어 어떻게 교실에서 환대라는 기독교적 미덕을 구현할 수 있을지 오랫동안 관심을 기울였다.[45]

몇 년 전에 성경 주석을 읽으면서, 이스라엘이 말하도록 요구 받기 전에 먼저 들으라는("오 이스라엘아 들으라"), 자신의 주장을 내세우기 전에 다른 사람에게 양보하라는 부르심을 받았다는 의미와 시사점에 대해서 깊이 생각해 보았다.[46] 신약성경에서는 "서로 발을 씻 겨라"(요 13:14), "서로 사랑하라"(요 15:12), "서로 헌신하라"(롬 12:10), "서로 화목하라"(롬 12:16) 등 서로에게 초점을 맞추고 있다. 이는 나로 하여금 교실에서 개인의 성취에 초점을 맞추거나 특정 학생의 관점을 제쳐 두는 우를 범하지 않게 만든다.

이러한 일은 성경과 기독교 신학자 및 다른 분야의 기독교 학자들에게 아이디어를 얻었다. 이들은 2장에서 설명했던, 구체적인 선택을 형성하는 데 적극적인 역할을 했다. 그것이 나의 페다고지적 사고에 통합되면서, 언어, 학습, 지식의 본질, 어떻게 교실이 기능하는가 등에 관해 연구하고 경험한 내용과 상호 작용하게 되었다.

성경에는 페다고지적 선택에 이르는 직선적인 길이 없다. 마치 9분 동안의 활동에서 내가 한 선택이 어떤 식으로든 성경에 규정된 것처럼 말이다. 성경적 저작권도 적용되지 않는다. 다른 교사가 나와 같은 선택을 할 수 있지만 그 선택은 다른 출처에 뿌리를 둔 가치관에 기초해 이루어진 선택일 수도 있다. 그러나 내 눈동자 색깔을 부모님께 물려받았다고 주장하기 위해서 다른 사람이 나와 동일한 색의 눈동자를 가져서는 안 된다고 믿을 필요는 없다.

　　기독교인들만 공동체를 소중히 여기거나 학생을 존중하는 것은 아니다. 하지만 기독교인들은 기독교적 이유 때문에 그렇게 행동한다. 나 역시 경청, 존중, 이름 익히기, 안전, 공동체 등에 중점을 두려는 선택을 할 때 기독교적 추론이 밑바탕이 되었다. 기독교 신앙이 무엇을 요구하는지에 대한 나의 이해가 잘못되었을 수 있고, 그것을 교실에 어떻게 적용해야 하는지에 대한 나의 신념이 잘못되었을 수도 있으며, 교실이 어떻게 움직이는지, 또한 학생들이 나의 선택을 어떻게 받아들이고 해석하는지에 대한 내 믿음이 잘못되었을 수도 있다. 믿음을 그 사진에 끼워 넣는다고 해서 그것이 나를 옳게 만들어 주거나 나의 가르침이 성공적으로 이루어질 것이라 보장해 주지 않는다. 그러나 신앙에 대한 명백한 언급이 없음에도 불구하고, 이 사례에서 내가 한 페다고지적 선택은 기독교 신앙의 영향을 받았음이 드러난다.

　　강조하건대, 이것은 분리되어 발생하지 않는다. 마치 전공 과목을 가르치고 뇌가 언어를 습득하는 방식에 주의를 기울이는 세속적인 업무로 돌아가기 전에, 기독교적이 되기 위해 몇 분 동안 잠시 멈추는 것(아마도 짧은 기도)처럼 말이다. 가르치는 과정 자체는 그 패턴 안에 우리가 어떻게 함께 살아가고 배워 가야 하는지에 관한 신앙이 반영된 비전을 담고 있다. 나는 그저 내 신념을 구현하는 실천들을 발견하려고 노력해 왔을 뿐이다. 그렇게 함으로써 나는 이미 우리가 어떻게 함께 살아야 하고 무엇을 소망해야 하는지, 우리가 지어야 하는 집의 종류에 대한 그림을 소통하기 시작한 것이다. 아직은 작은 시작에 불과할지라도 말이다. 학기가 시작된 지 9분밖에 지나지 않았다. 그러나 이것은 중요한 패턴이 시작되었음을 알려 준다.

앞으로의 전망

우리가 누군가를 가르칠 때 한 가지 이상의 일들이 일어나고, 동시에 일어나며, 중점 학습 목표가 있음에도 불구하고, 신앙은 우리의 접근 방식의 틀을 구성한다. 나는 2장에서 설명한 학습 활동을 배경으로 이 문장의 각 아이디어를 펼쳐서 주장해 왔다. 계속 진행하기 전에 중요한 주의 사항을 하나 전달하는 바다. 우리는 짧은 학습 시퀀스를 살펴보고, 그것이 함축하는 바를 해석해 보았지만, 그 시퀀스 자체만을 독립적으로 살펴본다면, 그 의미는 여전히 좀 불확실하다. 이야기가 어떻게 이어지는지가 중요하다.

디어든은 각자의 주장이 중요하므로 서로의 이름은 알 필요가 없다고 말했다. 그런데 만약 디어든이 수업을 마치면서 이렇게 말했다면 어땠을까? "여러분이 좋은 논거와 의견의 차이도 이해했으니, 이제 서로를 알아 가는 시간을 좀 가지겠습니다." 혹은 다음 수업에 들어와서 이렇게 말했다고 가정해 보라. "지난 수업 시간에 제가 여러분에게 재연하게 했던 지식 철학은 어떤 종류의 것이었을까요? 그것은 정말로 타당한가요? 우리가 무엇을 다르게 해야 할까요?" 어느 경우든, 첫 수업에서 보인 행동의 의미는 달라질 것이다.

내 버전에도 동일한 원리가 적용된다. 한 학기 수업이 진행되면서, 처음의 인상적인 활동 후 학생들이 서로 상호 작용하거나, 참여하거나, 서로의 의견을 의미 있게 경청할 기회를 거의 얻지 못했다고 가정해 보자. 그 시퀀스의 의미는 중요한 방향으로 변할 것이다. 그것은 진실하지 않은 보여 주기였거나, 사고를 유도하는 교묘한 자극이었거나, 결국에는 강의의 실제 메시지와는 별개이며 별 의미가 없는 간단하고 고상한 제스처쯤으로 여겨질 수도 있다.

가르침의 의미는 시간이 지남에 따라 안정화된다. 페다고지에 의해서 말하는 이야기는 가끔씩 일어나는 화려함보다는 교실의 안정된 레퍼토리에서 나타나는 실천의 패턴에서 가장 설득력이 있다. 나는 한 가지 활동에 집중했지만, 실제로는 이것이 기여할 수 있는 더 큰 패턴을 향해 손짓하고 있는 것이다. 시간이 지남에 따라 이러한 패턴은 학생들의 인식과 실천을 형성하는 데 도움을 준다. 제롬 브루너^{Jerome Bruner}의 말을 들어 보라.

> 어떤 페다고지적 실천을 선택하든, 그 선택은 학습자에 대한 관념을 내포하고 있으며, 시간이 지남에 따라 학습자들은 그 방법을 학습 과정에 대해 생각하는 적절한 방식으로 채택할 수도 있다. 페다고지의 선택은 반드시 학습 과정과 학습자에 대한 개념을 전달한다. 페다고지는 결코 순수하지 않다. 그것은 자체적인 메시지를 전달하는 매체다.[47]

브루너는 그러한 페다고지가 중립적이지 않다고 단언하며 두 번째 우려를 덧붙인다. 특정 페다고지에 노출된 학생들은 그 페다고지에 내포된 암묵적인 요구와 가치에 적응하고 그것을 수용할 가능성이 높다는 것이다. 학생들은 그것이 정상이라고 생각할 것이다. 학생들은 '이것이' 언어를 배우는 방법이고, '이것이' 화학 반응에 관한 모든 것이라고 생각할 수 있다.

대부분의 경우, 그들은 다른 모델을 경험한 적이 거의 없기에 비교를 할 수가 없다. 따라서 페다고지적 선택 자체가 교육과정의 일부가 된다. 이는 학생을 친구와 교과 주제와 교사와 자기 자신과 그리고 학습이 내재된 더 넓은 세계와 관계를 맺는 방식에 입문시킨다. 이러한 입문은 일상적인 실천의 패턴을 통해 지속되고 강화된다. 형성^{formation}은 선택 사항으로서 가르침에 추가되는 색다른 것이나 아주 먼 옛날의 어떤 것이 아니다. 상당 기간 계속되는 가르침에 있어서, 형성은 가르침이 이루어지는 방식의 일부다.

시간이 지남에 따라 전개되는 패턴의 중요성을 고려할 때, 어떤 의미에서 보면 아직 많은 일이 일어나지 않았다. 한 학기가 시작된 지 9분밖에 지나지 않았고, 나는 9분간의 활동으로 학생들이 영구적으로 변화했다고 주장하는 것이 아니다. 이 첫 번째 활동을 곱씹은 것은 단순히 신앙이 어떻게 페다고지 안에서 작용할 수 있는지 첫 번째 힌트를 제공하기 위한 의도였다. 다음 단계는 좀 더 큰 패턴을 살펴보고, 이러한 과정이 어떻게 한 학기, 한 해, 가르치는 기간 전체에 걸쳐서 전개될 수 있는지 살펴보고자 한다. 이것이 다음 두 장이 나아갈 방향이다.

성찰과 토론을 위한 질문

● 수업을 준비할 때는 학습할 내용 및 기술과 관련된 목표가 있다. 그렇다면 학생들의 성장을 위한 목표는 무엇인가?

● 학생들이 수업에서 상호 작용하는 방식과 그 결과로 나타날 관계적 맥락의 종류에 대해서 당신은 어떤 목표를 가지고 있는가? 이러한 목표들은 가르치는 접근 방식에서 어떻게 드러나게 될까?

● 기독교 신앙이 당신의 가르침에 대한 비전에 영향을 미친다면, 그것은 어느 정도로 주된 가르침과 학습 과정 사이에 있는 순간들과 연관되어 있으며, 어떤 방식으로 가르침이라는 전체 그림에 엮여 있는가?

● 가르치는 것이 맥락을 살펴야 하는 복잡한 설계 과정이라면, 당신이 계획을 세울 때 고려해야 할 특정 맥락의 특징은 무엇인가?

실천 과제

서두르지 않고 생각할 수 있는 시간과 장소를 찾으라. 당신이 가르치거나 가르칠 특정 수업을 선택하라. 그 수업을 위한 목표와 학생들이 성장하기를 바라는 모든 방법의 목록을 작성해 보라. 또한 당신의 설계의 매개 변수, 학문 분야의 주요 특징과 존중해야 할 맥락의 목록을 작성해 보라. 이것들은 물리적 제약부터 교육 기관의 사명, 가르쳐야 하는 개념에 이르기까지 다양할 것이다. 마지막으로, 양쪽 목록의 여러 항목과 일치하는 '교수-학습' 활동을 설명해 보라.

4장

영혼의
움직임

앞의 두 장은 신앙이 가르침에 어떻게 기여할 수 있는지를 볼 수 있는 각도에서 가르침을 살펴보는 것을 목표로 했다. 이 시점에서 우리의 시야를 조금씩 넓혀 보자. 제롬 브루너는 우리가 가르치고 배우는 방식은 '문화의 생활 방식을 대표하는 중요한 구현체이지, 단지 그 문화를 위한 준비가 아니다'라고 말한다.[48] 그것은 교육과정의 내용을 전달하기 위한 단순한 기술이 아니다. 우리가 가르치고 배우는 방식은 특정한 방식으로 세상에 거주하라는 초대, 특정한 세계관과 도덕적 비전의 긴 그림자 안에서 살아가라는 초대다.

이는, 만일 우리가 살아가고 있는 문화가 어떠한 문화인지에 관심이 있다면, 가르치는 방식에 대해서도 신경을 쓸 것이라는 뜻이다. 이번 장과 다음 장에서는 이 아이디어를 더 깊이 탐구하며 발전시키되, 짧은 시퀀스에 집중하기보다 학교 생활의 더 많은 부분을 펼쳐 보이고, 기독교인이자 교사로서의 정체성과 역할을 일관되게 결합하려는 내 나름의 시도를 기반으로 한다.[49] 이를 통해 신앙이 기존의 가르침의 패턴에 대한 불만을 키우는 데 어떻게 기여할 수 있는지(이번 장)와 그 자리에 더 나은 것을 설계하려는 시도를 어떻게 이끌어 갈 수 있는지(다음 장)에 대해 좀 더 명확히 드러내기를 희망한다.

_____ 파리에서의 죽음

먼저 한 교외의 작은 중학교, 유리와 콘크리트로 지은 박스형 건물의 위층 구석에 있는 교실을 상상해 보라. 이른 오후의 눈부신 햇살 아래, 서른 명 남짓한 열세 살의 아이들이 프랑스어를 배우는 느린 과정에 각기 다른 정도의 에너지를 가지고 참여하는 중이다. 내가 그들의 선생님이다. 다소 망설이면서 교사의 길을 걷기 시작한 나는 교사의 위치를 이제 막 자각하기 시작했다. 나는 점심 식사 후 나른한 오후 시간에 학생들에게 프랑스어를 가르쳐야 했다. 수업 계획서는 정해져 있었고, 이 시간에 공부해야 할 주제는 '음식점에서'at the Restaurant, '가정법'would like을 사용하여 메뉴를 말하고, 수프를 주문하는 것이었다. 시간이 지날수록 학생들은 수업에 흥미가 떨어져 가고 있었다.

이 교실은 작은 계단으로 연결되어 있고, 계단을 통해 거의 동일한 크기의 세 개의 다른 공간으로 들어가는 세 개의 문이 이어진다. 이 시간이 끝나면 학생들은 옆방으로 들어가는 문으로 무리 지어 걸어가게 될 것이다. 거기서 인상적이고 창의적이며 활기 차고 인기 있는 동료 교사가 가르치는 종교 수업을 한 시간 동안 받게 된다. 파리에서 식사값을 지불하는 법을 배우는 학습은 아마도 안락사와 생명의 신성함 또는 천국의 실재 여부나 예수님이 가난한 사람을 어떻게 생각하셨는지에 대한 토론에 길을 내주게 될 것이다.

인생의 태피스트리에서 각자의 순간이 있지만 나는 누가 이기고 있는지 궁금해지기 시작했다. 그 동료 교사가 학생들에게 프랑스어를 배우는 것은 결국 사소한 일일 뿐이라고 설득하고 있는 것은 아닐까? 아니면 내가 삶과 죽음, 윤리에 대한 큰 질문은 다른 언어를 사용하는 사람들에게는 그리 골칫거리가 아니며, 그런 질문은 영어로 말하는 종교 교사들의 사적인 취미에 불과하다고 학생들이 생각하도록 암묵적으로 가르치고 있는 것은 아닐까?

학생들이 둘씩 짝을 지어 음식점에서의 대화를 연습하고 있을 때, 교실 한쪽 끝에서 한 학생이 손을 든다. 나는 긴장감이 섞인 작은 떨림을 느끼며 그쪽으로 향한다. 현장에 미숙한 신입 교사인 나로서는 프랑스어에 관한 질문에 내가 잘 준비되고 신뢰할 수 있는 대답을 할 수 있으리라고 앞서 확신할 수 없었다. 학생이 묻는다.

"선생님, 죽는 것이 두려우세요?"

내가 뭐라고 대답했는지는 잘 기억나지 않는다. 나는 교사 교육을 받는 기간 동안 수업 시간에 이런 종류의 질문을 받을 것이라는 예상을 해 본 적이 없었다. 입속에서 맴도는 준비된 답변의 레퍼토리도 없었다. 하지만 옆에 앉아 있던 학생이 맞장구를 치며 이렇게 말했던 기억이 난다.

"우리는 무서워요. 우리는 죽음에 대해 늘 이야기해요."

이들은 '프랑스어 수업'에서 '죽음에 대해 생각'하고 있는 '열세 살짜리 아이들'이다.

그동안 프랑스어 연구 논문을 읽으며, 나는 무의식적으로 학생들의 뇌를 언어적으로 투입된 정보를 처리하는 언어 습득 장치쯤으로 여기고 있었다. 내가 맡은 일은 학생들을 좋은 언어 모델에 최대한 노출시키고 목표 언어를 사용하여 의사소통할 기회를 극대화하여 유창하게 프랑스어를 구사하게 하는 것이었다. 프랑스어 수업 시간에 식당에서 나누는 대화를 연습하면서 피할 수 없는 죽음의 문제에 대해 생각하는 학생들을 마주할 줄은 몰랐다. 이 수업 시간에 학생들은 형태소를 처리하는 인지 시스템처럼 행동해야 했다. 학생들이 그렇게 좁은 차원에서 집중하지 못한다면, 내 임무는 다시 학생들로 하여금 수업 내용에 집중하게 하는 것이었다.

자신의 정체성을 분할하여 실존적인 고민은 교실 밖에 두고 오기를 거부하는 아이들을 어떻게 가르쳐야 하는가? 내가 할 일은 더 나은 정신 건강과 당면한 과제에 더욱 초점을 맞추는 법을 가르치는 것인가, 아니면 그들이 수업에 가져온 그 자아를 다루는 방식으로 프랑스어를 가르치는 방법을 찾는 것인가? 이것은 언어적인 문제가 아니었다. 이것은 사람이 무엇이고, 교육이 무엇이며, 학습의 목적이 무엇인지에 대한 질문이었다. 나는 인간 존재가 무엇인지를 생각하지 않고는 언어를 가르치는 방법을 제대로 고민할 수 없음을 곧 깨달았다.

_____ 당혹감을 느낄 때

데이비드 브리지스David Bridges는 교육 철학이란 느껴진 혼란을 명확히 하여 그것을 더 잘 이해하려는 과정이라고 설명한 적이 있다.⁵⁰ 이는 내가 가르치는 중에 무슨 일이 일어나고 있는지 파악하려고 노력했던 경험과도 일맥상통한다. 이 과정은 때로는 동료나 논문, 콘퍼런스 책자에서 얻은 새로운 통찰에서 시작되기도 하지만, 대개는 어색하거나 불편한 순간에서 시작된다. 그다음 단계는 방금 무슨 일이 일어났는지, 왜 효과가 없었는지, 또는 왜 그런 방식이 효과적이었는지 주의를 기울이고 골똘히 생각하는 것이다.

효율적인 진전과 확신에 찬 숙련됨을 추구하는 일상 속에서는 이러한 순간들을 지나치고 싶은 유혹이 생기기도 한다. 그러나 그런 순간을 의도적으로 계속 끌어안으며, 그 상황이 무엇이었는지 이름을 붙여 보고, 명확히 해서 더 분명하게 생각할 수 있도록 하는 것은 보람 있는 일이다.⁵¹ 그 과정이 내 수업에서 어떻게 전개되었는지 조금 더 자세히 살펴보자. 나는 경력의 대부분을 언어를 가르치면서 보냈기에, 두 장에서 언급될 사례들은 제2 외국어 수업에서 끌어왔다. 이 사례들을 '기독교적'으로 가르치고 배운다는 것이 무엇을 의미하는지와 관련된 더 넓은 이슈를 설명하는 데 사용할 것이다.

나는 영국의 후기 산업화된 도시 교외에 있는 로마 가톨릭 중고등학교에서 프랑스어와 독일어를 가르치고, 가끔 러시아어도 가르치면서 교직 생활을 시작했다. 현재 대학교에서 일하며 만나는 미래의 교사들처럼 나도 학생들을 돕고 싶었다. 새롭게 발견한 신앙이 그 열망에 불을 지피는 데 도움이 되었다. 나는 대학생 시절, 교사가 되기 몇 년 전에 기독교인이 되었고, 신앙과 학문을 분리된 공간에 둘 것이 아니라 그 둘을 '통합'해야 한다는 생각에 매료되었다. 내 학문 분야에 기독교적 관점을 도입하고 내가 일하는 학교에 기독교적 존재감을 가져간다는 것이 참으로 기뻤다. 최근에 개종한 사람답게 빛나는 열정이 나를 가득 채웠다.

젊은 시절에 품은 진심 어린 열정이었다. 그러나 이때는 다소 이분법적으로 접근했던 경향이 있다. '기독교인'은 내 생각, 믿음, 헌신, 그리고 열정 등 나와 함께 내가 가져온 것들을 묘사하는 단어이지만, '교육'은 다른 사람이 만들어 놓은 기존 관행, 정책, 이데올로기로서, 내가 들어가고 있는 결함 있는 세상이면서 동시에 변화를 돕고 싶은 세상이었다. 나(기독교인)는 다른 사람이 설계한 (타락한) 교육을 개선하는 데 도움을 주려고 했다. 안으로는 믿음을, 밖으로는 개혁을. 이 깔끔한 업무 분담이 침식되기까지는 그리 오래 걸리지 않았지만, 그 침식을 명확히 드러내고 그 깨달음으로 찾아온 몇 가지 변화를 명명하는 데는 시간이 좀 걸렸던 것 같다.

가르치기 시작한 첫해 혹은 두 번째 해 후반에 통상적인 학년말 말하기 시험을 진행하던 중에 이상할 정도로 생생한 순간에 충격을 받았다. 나는 불완전하게 익힌 프랑스어 구문을 열심히 더듬어 보려고 노력하는 열여섯 살 학생과 마주앉아 있었다. 그는 가차 없이 이어지는 시험 문제에 대답하기 위해 몹시 긴장하고 있었다. 대답을 못 하고 길게 멈칫거리는 순간도 몇 번이나 있었다. 그 학생의 복잡한 표정, 곧 스트레스와 두려움에 차 있으면서 투쟁과 결단, 집중과 혼란, 그리고 체념이 기이하게 뒤섞인 표정을 유심히 관찰하다가 문득 내가 전에는 그를 제대로 본 적이 없음을 깨달았다.

물론 이는 분명 사실이 아니다. 그는 그해 내내 내 수업을 들었었다. 나는 그를 알아볼 수 있었고, 이름을 부른 적도 있었다. 하지만 이런 순간을 상상해 보라. 속도를 늦추고 누군가를 찬찬히 보거나 그의 말을 듣는 데 진정으로 집중하여 시간을 할애할 때, 그 사람이 당신의 환경의 일부로서의 한 요소나 성공적으로 탐색해야 하는 기준점이 아니라, 이야기를 가진, 희망과 욕구를 지닌, 취약한 개별성이 '보여지는' 독특한 '사람'으로 변모하는 그런 순간 말이다.

그는 일 년 동안 내 수업을 듣고 있었지만, 내가 조직한 수업 과정의 참여자로서 외에는 내가 정말로 그를 본 적이 없다는 사실이 거북하게 느껴졌다. 그 학기에 6-7개의 수업에서 160여 명의 학생들을 가르쳤으니 그리 놀랄 만한 일은 아닐지 모른다. 불합리한 업무량에 대해 냉소적으로 생각하고 그저 넘어가려는 유혹이 있다고 해도, 그 순간은 그리스도를 위해서 교실에 진리와 빛을 가져가고자 결심했던 나의 고귀한 꿈에 날카로운 충격으로 다가왔다. 그러나 결국 이 순간은 동일한 깨달음을 주는 많은 순간 중 하나에 불과했다. 그 순간을 통해 얻은 가장 지속적인 도전들 중 일부는 바리케이트의 반대편에 있는 어떤 세속적인 이념뿐 아니라 나 자신의 실천 속에도 있다는 것이 분명해졌다.

자아와 타인

몇 년 후, 프로테스탄트 종교개혁에 관한 에세이의 한 구절이 내가 언어 교사로서 일하면서 느꼈던 몇 가지 주요한 긴장감을 명료하게 표현하는 데 도움을 주었다.

아우구스티누스와 마찬가지로 츠빙글리에게도 죄는 자기애에 불과했다. 죄는 다른 사람보다 자신을 더 가치 있게 여기고, 다른 이들과 하나님을 자기 자신의 관점에서 이해하는 것이었다. 그것은 자신의 경험에 따라 하나님을 육체적이고 물리적으로 이해하는 것이었다. 자신을 기준으로 타인을 평가하고, 자기 이익이 동기가 되어 그들과 사회적 관계를 맺는 것이었다. 예배는 자기애에 대한 반작용이었다. 하나님께 드리는 예배는 자기 사랑, 자기 중심성으로부터 하나님과 타인, 외부로 향하는 영혼의 움직임이었다. 즉, 그들을 존중하되, 다른 사람을 자신과 동등한 가치를 지닌 인간으로서 존중하고, 하나님을 자신보다 더 위대한 가치를 지니신 하나님으로서 경외하는 것이었다.[52]

나는 이 문단이 꽤 넓은 의미에서 그리고 논란의 여지없이 기독교적이라고 생각한다.[53] 이 구절은 예수님이 율법과 선지자들의 말을 요약하여 하신 말씀, "마음을 다하고 목숨을 다하고 뜻을 다하여 주 너의 하나님을 사랑하라, 네 이웃을 네 자신같이 사랑하라"는 말씀을 재진술하는 것이다(마 22:35-40, 막 12:28-31, 눅 10:25-28). 강조점은 올바른 사고뿐만 아니라 실천, 올바른 '삶의 방식'being에 있다.

'영혼의 움직임'은 단지 내면의 문제가 아니다. 앞 글의 저자는 계속해서 설명한다. 개혁주의자들에게 있어서 "성경은 재연되어야 했다. 성도들의 행동, 즉 그들의 일상적인 행동의 패턴, 서로 간의 관계, 태도, 품행, 옷차림 속에서 명백하게 드러나야 했다."54 그리스도인의 삶은 단순히 세계관을 올바로 정립하는 것을 넘어 우리의 온전한 헌신과 신앙의 열매를 보여 주는 일상적인 행동 안에서 표현되는 성화로까지 나아가야 한다.

개혁주의 사상에 대한 이 간단한 요약은 다른 사람을 이기적으로 이용하는 것과, 다른 사람이 내 목표에 얼마나 유용한지에 상관없이 그들을 존중하는 것 사이의 기본적인 구분을 제시한다. 죄는 내가 스스로를 가치 있는 것의 중심에 두고 다른 사람들의 가치를 판단하는 기준으로 삼을 때 발생한다. 다른 사람들이 그들 자신이 될 수 있도록 허락하는 대신, 내 편견과 우선순위에 따라 그들을 해석하고 가치를 매기는 것이다. 나 자신의 가치를 확인하는 데 그들을 사용한다. 주로 그들이 나를 위해서 무엇을 할 수 있는지를 기준으로 그들과 관계를 맺는다.

반면에 은혜는 나를 자유케 하여 예배할 수 있게 해 주며, 예배는 나를 반대 방향으로 밀어붙인다. 나를 자아의 소용돌이 너머의 세계로 끌어당기고 내 지평선 밖의 무언가가 진정한 실재가 되도록 허락해 준다. 이때 하나님과 다른 사람들은 내 목적 밖에서 온

전한 자아로 존재할 수 있다. 하나님과 다른 이들은 그들 자신의 가치에 따라 존중받아야 한다. 예배는 내가 중심이라는 암묵적인 주장을 약화시키고, 다른 사람의 가치에서 기쁨을 찾을 수 있는 자아를 되찾아 준다.

물론 이것이 전부가 아니고 신학에는 확실히 더 많은 것이 포함되지만, 현재로서는 이것으로 충분하다. 이 짧은 구절 하나를 교실의 실천을 바라보는 프레임으로 삼는다면 어떨까? 그리고 일반적인 성품에 초점을 맞추는 대신 페다고지적 실천에 초점을 맞추어 생각해 보면 어떨까? 사랑이 많은 사람이면서 가르치는 데는 능숙하지 않을 수 있다(어떤 날은 내가 그런 사람이기도 하다). 하나님과 이웃에 대한 사랑이 페다고지적 실천 그 자체의 윤곽에 영향을 미칠 수 있을까?

_____ 이미지

나 자신의 가르침에서 나를 당혹스럽게 했던 것들에 주의를 기울이기 시작하자, 언어 교실의 시각적인 풍경이 점점 더 불편해졌다. 두 가지 종류의 문제가 감지되기 시작했다.

그중 첫 번째는 시중에 나와 있는 교과서가 나를 비롯한 대부분의 학생이 다다를 수 없는 수준의 부와 소비를 전제로 하는 이미지로 온통 뒤덮여 있다는 점이다. 나는 실업률이 높은 빈민가에 위치한 한 도시 학교에서 근무 중이었다. 교과서에 실린 많은 사진과 연습 문제의 내용은 해외 여행, 좋은 호텔에서의 숙박, 고급 레스토랑에서의 식사, 돈이 많이 드는 스포츠와 취미 활동을 즐기는 것을 일상적이고 정상적인 일이라고 묘사했다. 그것은 많은 경우 학생들의 기대 바깥에 있는 소비자의 열망을 대변했다.[55]

동시에 그 그림과 연습 문제 내용은 (학생들이 공부하고 있는 언어를 사용하는) 목표 문화의 일부를 보이지 않게 만들었다. 분명히, 거기에서 추구하는 행복한 소비의 이미지 속에서는 누구도 가난하거나 소외되거나 고통받고 있지 않았다. 교과서에 나오는 이미지와 단어는 평범한 사람들이 국내외를 막론하고 쇼핑을 많이 하고, 해외로 휴가를 떠나며, 승마를 일상적으로 즐긴다는 것을 시사했다.

두 번째 고민은 사람을 그래픽으로 표현하는 방식과 관련이 있었다. 교과서에 등장하는 사람들의 이미지에는 크게 두 종류가 있었다. 한편으로는, 그리 좋지도 나쁘지도 않은 중간 정도의 미적 품질을 가진 만화였다. 그중 일부는 행동이나 외모의 측면(그녀는 키가 크다. 그는 축구를 하고 있다)을 묘사하는 어휘를 설명하고자 그려진 이미지였다. 또는 일상적인 소비 활동에 참여하는 내용(마이클은 독일로 휴가를 떠난다, 강에서 유람선을 타고, 식당에서 식사를 하며, 박물관을 방문하고, 비행기를 타고 집으로 돌아온다)을 담은 간단한 그림이기도 했다. 이러한 이미지들은 핵심 어휘를 이해하도록 돕는 시각적 보조 자료 역할을 하지만, 실제 인간적인 깊이나 존재감은 부족했다.

다른 한편으로는, 목표 문화 구성원들을 담은 사진들이다. 직업, 거주지, 취미와 관심사 등에 대한 짧은 텍스트를 이미지로 설명해 주는 개인 스톡 사진들이었다. 실제적이고 매력적인 얼굴을 강조한 사진들은 목표 언어 사용자들에게 친근감을 주려고 했다. 그러나 이 대중적인 사진과 만화 이미지의 공통점은 깊이가 부족하다는 것이다.

    사람들의 이미지가 충분히 풍부한 서사적 맥락에 놓여져 강렬하고 복합적인 인격성이 드러나거나, 공감을 불러일으키는 경우는 거의 없거나 있다 하더라도 희귀했다. 인물에 대한 존중은 고사하고 그들 중 누군가에게 깊은 관심을 가지려면 유별난 노력을 기울여야 했을 것이다. 내 교실에 있는 시각적 자원 중 독일인의 이미지를 사랑받아야 할 이웃으로 보게 하는 데 성공한 자료는 거의 없었다. 이는 신앙과 가르침에 대한 더 일반적인 질문으로 나를 이끌었다. 이 이미지들은 세계에 대한 어떤 비전과 그에 대한 어떤 반응을 내포하는가?

_____ 말하기

그림에 관해서도 할 말이 많지만, 그 그림과 함께 나오는 문구들은 어떠한가? 읽기 텍스트나 인물들 간의 대화는 간단한 사교적 소개, 여행, 음식, 취미, 의복, 공휴일이나 명절 관습과 같은 주제에 집중되는 경향을 보인다. 이 세계에서 인물들은 기도하거나, 고통받거나, 죽거나, 축하하거나, 시간과 자원을 희생적으로 기부하거나, 어려운 도덕적 선택에 직면하거나, 애통하거나, 불의에 항거하거나, 의미 있는 이야기를 하거나, 인간관계를 위해 애쓰거나, 긍휼을 실천하지도, 이런 것들에 대해 말하지도 않았다. 어쩌면 단순한 문장 구조만 사용해야 했기에 그러했을 것이라고 생각하기 쉽다.

그렇지만 "나는 기도했다" 또는 "그녀는 슬퍼하고 있다"는 문장은 "나는 샀다" 또는 "그녀는 조깅하고 있다"는 문장만큼 간단하다. 학생의 약 절반은 시크교도 또는 무슬림이기에 두 단어는 모두 최소한 그들의 경험에는 근접한 어휘였다. 학습되어야 할 단어에 포함되거나 포함되지 않고 남겨지는 단어들 가운데 나타나는 패턴들은 단어의 난이도 수준 이상의 의미를 담고 있었다.[56] 소비자 대화의 퍼레이드는 시각적 이미지에서의 비현실적인 느낌과 상응할 뿐 아니라 그것을 증폭시켰다. 사회적 예절과 소비 거래의 범위를 거의 벗어나지 않는 교과서 속 캐릭터들은 어떤 의미에서도 충분히 인간적인 느낌을 주지 못했다.

교과서를 가득 채운 단어와 문장은 학생들에게 언어적 모델을 제공하고 그들의 미래 역할을 상상하게 했다. 우리는 목표 언어로 특정 종류의 사건이나 사물에 대해 특정한 방식으로 말할 수 있는 사람들이 되어 가는 연습을 했다. 우리는 서로에게 우리가 특정한 종류의 공유된 세계에서 살고 있음을 반복적으로 시사했다. 이 과정들에서 어느 순간, 나는 문득 이런 생각이 들었다. '한 해 동안 교실에서 사용된 모든 문장을 녹음해서 나열하면 그 대다수가 자기 지향적인 내용일 것'이라는 생각이다.

이것이 내 이름입니다.
이것이 나의 취미입니다.

이것이 어젯밤에 내가 한 일입니다.

이것이 나의 계획입니다.

이틀 동안 묵을 방을 원합니다.

함부르크행 티켓을 구매하고 싶습니다.

로스트 치킨 주세요.

새 수건이 필요합니다.

교과서에는 일반적으로 (식당이나 호텔에서) 불만을 제기하는 법을 중점적으로 다루는 섹션이 있지만, 어떻게 격려하고 칭찬하며 위로해야 하는지는 명확히 가르치지 않는다. 우리는 습관적으로 '외국어 말하기를 학습하고 있다'고 하지, '외국어 듣기를 학습하고 있다'고 하지는 않는다. 마치 학습의 유일한 목적이 우리가 원하는 바와 생각을 더 많은 사람들에게 알리는 데 있는 것처럼 말이다. 우리가 연습하는 대화는 이러한 외국어 학습의 목적에 대한 현재의 인식을 뒷받침해 주었고, 우리가 그 이상으로 나아가도록 돕지는 않았다. 이 사실은 나를 신앙과 가르침에 대한 또 다른 일반적인 질문으로 이끌었다. 교실에서 우리가 하는 말의 패턴은 우리가 살고 있는 상상된 세계와 우리가 그리는 미래에 대해 무엇을 암시하는가?

나는 모호하게 표현된 불만을 여러 해에 걸쳐 몇 개의 간결한 문단으로 압축했다. 이 중 어느 것도 즉시 명확하게 이해되지는 않았다. 모든 것이 나빴던 것은 아니었고, 모든 언어 교실이 정확히 이러한 특성을 지닌다고 주장하는 것도 아니다. 교실에서의 특정한 실천들을 통해 의미가 전달된다는 것을 고려할 때 교실 내에서의 마찰은 매우 다른 지점에서 경험될 수 있다. 나는 단순히 교실에서 이루어지는 실천의 패턴을 구성하는 이미지, 단어, 텍스트 및 활동이 특정한 종류의 공유된 상상력을 지탱한다는 깨달음을 서술하고 있는 것이다. 하나님과 이웃을 사랑하고 다른 사람을 존중하라는 부름에 의해 환기된 세계는 내가 활용했던 단어와 이미지의 패턴과 불편할 정도로 어긋나는 느낌이 들었다.

내재된 도덕적 세계

내가 이 장에서 설명하는 내용은 사회학자 크리스천 스미스$^{Christian\ Smith}$가 예를 든 것과 동일하다. 그는 모든 사회적 기관을 '도덕적으로 활력이 불어넣어진 사업'$^{morally\ animated\ enterprises}$이라고 표현하며, 항상 "인간 행위자를 선, 옳음, 진리로 향하게 하는 역사적 서사, 전통 및 세계관에 뿌리를 두고 있다"고 설명한다.[57] 이는 모든 사회 기관이 반드시 선한 도덕을 가진다는 의미에서 도덕적이라는 뜻은 아니다. 요점은 단순히 (교수-학습'을 포함하는) 우리의 사회 기관과 실천이 '선'이 무엇인지에 대한 신념에 뿌리를 둔 어떤 더 큰 질서를 배경으로 할 때 이해되고, 정당화될 수 있도록 만들어졌다는 것이다.

드라이브스루 식당은 속도, 이동성, 개인의 자율성, 그리고 효율성을 중시하는 도덕적 질서에서 타당성을 가진다. 다양한 색상으로 제작된 작고 유용한 기기^{gadget}들은 개인 취향의 자유로운 표현과 이를 이윤을 위해 사용하는 데 가치를 두는 도덕적 질서에서 의미를 가지며 적합하다. 낯선 사람과 눈을 마주치지 않는 것은 사적인 개인 공간을 보호하는 데 큰 가치를 부여하는 도덕적 질서를 가진 문화에서 타당하며 이해가 된다. 비싼 옷을 입는 것은 부, 소유, 과시가 미덕이라고 믿는 도덕적 질서 내에서 타당하다. 추상적이고 불협화음이 심한 음악을 받아들이려고 애쓰는 청취자들은 새롭고 어려운 것에 관심을 가지는 것을 세련되다고 여기며, 현 상태에 안주하지 않으려는 태도를 보여 준다고 믿는 도덕적 질서 내에서 이해받을 수 있다.[58] 우리의 사회적 관행은 우연하게 일어난 일이거나 그저 개인적인 변덕의 표현이 아니다. 사회적 실천은 세상이 어떻게 돌아가야 하는지, 일이 어떻게 진행되어야 하는지에 대한 더 큰 함축된 설명을 우리가 함께 행동으로 실현해 보이는 방식이다. 스미스의 말처럼 말이다.

> 도덕적 질서는 아무리 불경스러워 보여도 그 사회의 신성한 이야기를 구현하며, 사회적 행위자들은 사회적 회중 공동체의 신자들이다. 이들은 함께 모여 그들의 도덕적 질서의 규범적 구조를 기억하고, 암송하며, 표현하고, 재확인한다. 모든 일상적인 루틴과 습관과 미시적 상호 작용의 관습은 그들이 선과 옳음, 진실, 정의에 대해 알고 있는 바를 의식적으로 반복하게 하며, 그것을 의례화한다.[59]

내가 언어를 가르치면서 학교에서 접하고 배운 실천들과 행동 패턴들, '미시적 상호 작용의 관습들'은 무작위로 존재하는 우연한 것이 아니었다. 이들은 더 큰 이야기에서 나왔다. 그 이야기는 비교적 최근의 비극적인 대규모 무력 충돌의 역사를 지닌 유럽이 단일 시장으로 경제가 통합되고, 이에 따라 노동 이동성 및 유럽 내 증가하는 관광 산업을 지원하기 위해 필요한 언어 기술에 중점을 둔 교육적 초점을 포함한다.

그 이야기에는 세속적이고 소비적인 문화의 성장과 통일된 문화적 내러티브로서의 종교의 쇠퇴, 그리고 학교 교육과정에서 점점 더 늘어나는 세뇌와 종파적 이해관계의 조장을 피하고자 하는 강력한 우려도 포함되어 있었다. 또한 종교에 대한 중립성(그리고 중립성이란 대부분의 상황에서 종교를 언급하지 않는 것을 의미한다는 생각)과 관련되어 있는 교육에서의 공정성 개념도 있다. 그리고 자유 교양 학습과 대조해 실용적 유용성에 대한 강조가 증대된 것과 물질적, 경제적 필요, 개인의 이동성과 개인적 성공 추구라는 측면에서 '실용적'이라는 관점도 포함되었다.

경제적 경쟁과 경쟁을 위한 도구로서 시장성 있는 언어 능력에 대한 초점도 들어 있다. 나의 교육과정과 페다고지는 사회를 형성하고, 무엇이 선하고 옳고 참된 것인지에 대한 공유된 감각을 빚고, 우리가 그 약속된 땅에 도달할 수 있는 방법을 형성하는 내러티브의 집합체 안에 자리 잡고 있었다.[60]

이러한 더 큰 배경을 알아차리면, 언어 교실에서 사용된 이미지, 주제, 대화 및 단어 선택이 단순히 언어를 가르치는 자연스러운 방식이 아니었음을 볼 수 있다. 사실, 불과 십 년, 이십 년 전만 해도 언어 교실은 전혀 다른 모습이었을 것이다. 나의 교실의 관행은 특정한 시간과 장소의 도덕적 질서에서 생겨났고, 교육과정 전반에 걸쳐 다른 교실들의 실천, 관행들도 마찬가지다. 그것들이 정상적이고 평범해 보인 이유는 우리가 누구이며, 어떤 사람이 되어야 하고, 우리가 무엇에 능숙해져야 하는지에 대해 당연히 받아들이는 더 큰 이야기들 덕분이다.

학생들은 이러한 실천들 가운데서 배우며, 이를 통해 (사회에 더 폭넓게 참여함을 통해서도) 그 실천들이 뿌리내린 도덕적 질서들을 흡수한다. 한 연구 결과에 따르면 영국 외국어 교실의 학생들은

> 프랑스어 학습을, 배우고자 하는 언어를 사용하는 공동체나 문화에 대한 관심을 충족시키는 수단으로 보기보다는 자신의 목표를 달성하기 위한 도구로 본다고 지적한다. 프랑스어를 배우는 중요한 이유는 프랑스로 휴가를 갔을 때 프랑스어를 말할 수 있어야 하기 때문이라고 학생들은 주장했다. 이들의 의견을 종합해 보면, 언어를 배우는 이유는 사회적 차원에서 사람들과 교류하기보다는 프랑스에 가서 물건을 사고 숙소를 구하기 위해서다.[61]

언어 교실의 관행은 학생들이 언어를 배우는 행위를 타당하고 의미 있다고 여기게 하는 암묵적인 세계를 제공한다. 학생들은 동사 변화와 어휘를 배우면서 동시에 다른 사람들의 언어가 사회적 이동성과 경제적 유용성을 위한 도구임을 깨닫는다. 이 특별한 '가르치고 배우는 집'pedagogical home에서 시간을 보내고 다른 문화적 경험

이 강화된 후, 그들은 그 안에 내재된 이야기와 가치를 내면화하기 시작한다.

다른 모든 과목에서의 가르침도 마찬가지로, 우리가 누구인지에 대한 도덕적으로 활력이 불어넣어진 내러티브, 우리의 상상력을 자극하는 내러티브에 내재되어 있다. 가르치는 그리스도인이 된다는 것, 기독 교사가 된다는 도전은 단지 기독교적인 것을 말해야 하는 때를 알아차리거나, 친절한 사람이 되어야 한다는 문제가 아니라, 우리가 순응하여 따르고 있는 '이 세상의 패턴'이 무엇인지 파악하고 변화에 열려 있어야 함을 시사한다(롬 12:1-3).

신앙과 실천

앞에서 살폈듯이, 죄는 '자신을 기준으로 타인을 평가하고, 자기 이익이 동기가 되어 타인들과 사회적 관계를 맺는 것'이다. 내 교실의 실천 패턴에 대한 불편한 감정이 커지면서, 방금 언급한 문장이 내가 학생들에게 가르치는 데 세월을 보냈던 것들에 대한 공정한 서술로 다가왔다. 그렇다. 나는 학생들에게 자신에 대해 이야기하는 법, 프랑스와 독일 사람에게서 물건을 사거나 서비스를 받는 법, 정당한 서비스를 받지 못했을 때 불평하는 법을 가르쳤다.

예배는 '자기애에 대한 반작용'이며, 타자들을 향한 밖으로의 움직임이다. 그리고 '다른 사람들을 자신과 동등한 가치를 지닌 인간으로서 존중'하는 것을 포함한다. 우리는 학과 문서에 언어 학습이 어떻게 문화적 장벽을 허무는 데 도움이 되는지 장황하게 기술하기도 하고 학부모 앞에서 이를 발표하기도 하지만, 내 수업 방식이나 우리 학과가 실천하는 교수 방식을 통해서는 그런 결과가 나올 가능성은 거의 없어 보였다. 우리의 페다고지에는 공감이나 존중 혹은 영적 성장을 꾀하고자 설계된 부분이 거의 없었다.

구속^{redemption}은 자기애로부터 예배로 옮겨 가는 '영혼의 움직임'을 포함하는데, 이는 삶의 실천으로 실현되어야 한다. 하지만 나는 내 영혼의 움직임이 펼쳐지면서, 상충하는 도덕적 질서 사이의 마찰에 휘말렸다 나는 성공적인 경제적 경쟁이라는 선, 소비자적 자아의 번영, 그리고 실용주의를 중요시하는 교육과정 내에서 가르치고 있었다. 나의 자아 정체성과 소명에 대한 인식은 하나님과 이웃을 사랑하라는 기독교적 주제에 묶여 있었음에도 불구하고 말이다. 이러한 마찰은 내가 가끔 학생들 앞에서 수업 중간중간에 설교하는 내용의 문제가 아니었다. 그것은 페다고지적 실천 자체 내에 존재했다. 믿음, 소망, 사랑은 그저 잠재적 설교 주제가 아니었다. 그것들은 우리의 실천을 요구했다.

이제 다른 교실과 가르침의 다른 측면으로 시야를 넓힐 것이다. 종교나 세계관에 대한 직접적인 논의가 없는 교실에서도 기독교적 정체성과 페다고지적 실천 사이에서 마찰이 생길 수 있음을 보여주었기를 바란다. 기독교적 헌신은 특정한 페다고지에 의문을 제기할 수 있다. 이것이 각 학문 분야와 각기 다른 종류의 교실에서 무엇을 의미하는지를 파악하려면 그 실천이나 관행이 참가자들에게 어떤 의미인지, 어떤 도덕적 질서를 투영하고 있는지에 대해 세심한 주의를 기울여야 한다. 이렇게 주의를 기울이는 목적은 단순히 불만족을 가져오기 위함이 아니다. 다음 장에서는 비판적인 것에서 건설적인 것으로 초점을 전환하고자 한다. 이러한 마찰에 대응하는 방법 중에 신앙을 바탕으로 한, 신앙에서 도출된 방법이 있을까?

성찰과 토론을 위한 질문

- 가르치는 자료나 수업 과정에서 전달되는 가치 때문에 불편했던 순간이 있는가? 정확히 무엇이 잘못되었다고 느꼈는가?

- 당신의 수업에서 진행되는 '교수-학습'의 어떤 측면이 개인의 이기심을 강화하거나 또는 타인에 대한 존중의 태도를 촉진하는가?

- 당신의 교수 자료에는 어떤 이미지들이 등장하는가? 그 이미지들은 세계에 대한 어떤 그림을 전달하는가?

◉ 어떤 종류의 도덕적 세계가 당신이 사용하는 교수 자료를 형성해 왔다고 생각하는가?

◉ 믿음, 소망, 사랑은 당신의 교실 실천에 어떤 영향을 미칠 수 있을까?

◆ 실천 과제 ◆

동료나 사려 깊은 학생에게 당신의 수업을 한두 번 참관해 달라고 요청하고, 특히 당신의 페다고지에 의해 암시되는 도덕적 세계의 종류와 교수자인 당신의 행동과 자원이 전달하는 가치에 주목해 달라고 부탁하라. 수업 전에 당신 스스로 그들이 무엇을 볼 것을 기대하는지에 대해서 미리 메모해 보고, 수업을 마친 후에 당신이 메모한 내용과 그들이 관찰한 것을 함께 논의해 보라.

5장

동기 부여된 설계

앞 장에서는 내가 언어 교사로 경력을 쌓으면서 겪었던 몇 가지 긴장감에 대해 설명했다. 내가 가르치는 방식은 내가 고백하는 신앙과 잘 어울리지 않았다. 불만족은 소중한 출발점이 될 수 있지만, 그다음 질문은 '어떻게 반응해야 하는가'이다. 기독교 신앙은 우리의 가치관이 올바른 길에서 벗어날 때 양심을 자극하는 데 그칠까, 아니면 새로운 실천을 형성할 수 있을까?

    3장에서 살펴본 것처럼 이 질문에 답을 할 때는 약간의 주의가 필요하다. 나는 기독교 신앙이 페다고지를 형성하는 생산적인 역할을 할 수 있다고 본다. 그러나 나는 또한 기독교 신앙이 단순히 우리가 어떻게 가르쳐야 하는지 말해 주거나 독특하고 저작권이 있는 고유한 기독교적 교육 방식을 제공할 수는 없다고 생각한다. 조금만 더 시간을 들여, 언어 교사로서의 업무를 이해하려는 내 시도에서 도출한 경험을 통해 이 두 가지 신념이 어떻게 조화를 이루는지 탐구해 보고자 한다.

_____ 이웃과 낯선 이들

4장에 나왔던, 내 불안감을 명료하게 표현해 준 인용문을 다시 살펴보자. 완델Wandel은 이렇게 기록한 바 있다.

> 아우구스티누스와 마찬가지로 츠빙글리에게도 죄는 자기애에 불과했다. 죄는 다른 사람보다 자신을 더 가치 있게 여기고, 다른 이들과 하나님을 자기 자신의 관점에서 이해하는 것이었다. 그것은 자신의 경험에 따라 하나님을 육체적이고 물리적으로 이해하는 것이었다. 자신을 기준으로 타인을 평가하고, 자기 이익이 동기가 되어 그들과 사회적 관계를 맺는 것이었다. 예배는 자기애에 대한 반작용이었다. 하나님께 드리는 예배는 자기 사랑, 자기 중심성으로부터 하나님과 타인, 외부로 향하는 영혼의 움직임이었다. 즉, 그들을 존중하되, 다른 사람을 자신과 동등한 가치를 지닌 인간으로서 존중하고, 하나님을 자신보다 더 위대한 가치를 지니신 하나님으로서 경외하는 것이었다.[62]

이 문단은 다른 사람들의 언어를 배우는 데 어떤 의미를 줄 수 있을까? 이웃이 외국인인 경우에 이웃 사랑은 성경에서 좀 더 구체적인 형태를 띠게 된다. 계속 반복되는 성경 윤리의 한 줄기는 과부와 고아와 나그네(이방인, 외국인, 이주민)에 대한 공동체의 대응이 어떠한지로 그 공동체의 건강을 측정하는 것이다. 예를 들어, 레위기

19장은 "네 이웃 사랑하기를 네 자신과 같이 사랑하라"(18절)고 촉구하고는, 몇 구절 후에 그 명령을 다시 반복한다. "외국인(거류민)을 자기같이 사랑하라"(33-34절 참조).

예수님은 가장 큰 계명을 설명하시면서, 그 이웃이 외국인이었던 이야기를 들려주신다(눅 10:25-37). 심판의 날에 양과 염소의 차이는 나그네를 환영하는지의 여부로 나타난다(마 25:35, 43). 히브리서는 우리에게 "손님 대접하기를 잊지 말라"(히 13:2)고 상기시킨다. 이와 같은 구체적인 언급들(및 이와 유사한 다른 구절들)에 더하여 "아무도 비방하지 말며 다투지 말며 관용하며 범사에 온유함을 모든 사람에게 나타낼 것을 기억하게 하라"(딛 3:2)는, 이주민을 포함하는 더 일반적인 권고를 추가할 수 있다.

그렇다면 만일 우리가 언어를 배우는 구체적이고 지엽적인 이유(대학원에 진학하려고, 프랑스인 친할머니와 대화하려고, 돈키호테를 읽어 보려고 등)를 부정하지 않으면서, 타인과의 만남이 낯선 사람을 환대하는 구조 안에서 이루어져야 한다는 생각에서 출발해 본다면 어떤 구체적인 변화를 가져올 수 있을까?[63] 만약 내가 사랑해야 할 이웃이 나와는 다른 언어를 사용한다면 어떻게 될까? 만약 그들의 언어를 배우는 가장 기본적인 이유가 그들이 내 이웃이기 때문이라면 어떻게 될까?

나의 페다고지적 실천에 의문을 제기하면서, 나는 다른 사람을 자기 자신과 동등한 가치를 지닌 존재로 존중하는 경향을 실천하고 육성할 수 있는 교수 방법을 찾고 싶었다. 이는 동료들도 공감하고 공유하는 바이며, 내 학문 분야에서 공통적으로 서술하고 있는 목표와도 일치했다 하지만 우리의 훌륭한 포부에도 불구하고, 우리의 페다고지는 기본적인 의사소통이 가능한 관광객을 배출하는 데 더 적합해 보였다. 우리의 실천은 우리의 수사^{rhetoric}를 뒷받침하지 못했다. 내가 몰두했던 문제는 '기독교 신앙이 어떻게 나의 페다고지적 실천을 재구성하는 데 도움이 될 수 있는가' 하는 것이었지, '그 결과가 어떻게 독특할 수 있는가'가 아니었다. 목표는 차별성보다는 온전함이었지만, 결국 차이를 가져오기도 했다.

전략 수립

가르치고 배우는 것을 낯선 이를 환대한다는 관점에서 바라보면, 두 가지 과제가 눈에 들어온다. 우리는 언어와 문화가 다른 타인을 향해 환대의 공간을 열어 주는 방법을 배워야 하며, 다른 사람들에게 우리가 낯설다는 것과 우리도 그들의 환대가 필요하다는 사실을 깨달아야 한다. 우리는 모두 호스트이자 게스트다. 핵심적인 도전은 이를 페다고지적으로 풀어 갈 수 있는 실천의 레퍼토리를 개발하는 것이다.[64] 이를 숙고하는 과정은 시간이 걸렸고, 시행착오를 겪었으며, 동료들의 의견도 필요했고, 아직 끝나지 않았다. 시간이 지남에 따라, 나의 페다고지가 낯선 이들을 환대하는 것에 뿌리를 두는 방법에 대한 일련의 직관적인 생각들이 하나씩 정리되기 시작했다.

▶사람

첫째, 하나님의 형상대로 지음받은 존재로서의 사람과 조우하도록 하는 데 의도적인 초점을 두기를 원했다. 그것은 번쩍이는 소비자의 표면적인 모습을 넘어서 깊이 있는 인식을 제공할 수 있는 이미지, 텍스트, 영화 등을 중심으로 학습을 구축하는 것을 의미했다. 단순히 동사 형태나 대화 문맥을 보여 주는 데 그치지 않고, 목표 언어의 사용자들을 신앙을 가진 사람들, 선택하는 사람들, 고통받는 사람들, 갈망하고, 기뻐하며, 애도하는 사람들로 보여 주는 자료가 필요했다. 단순히 '그들에 대해' 배우는 이미지나 이야기가 아니라 '그들에게' 배우도록 우리를 초대하는 사람들의 이미지와 이야기가 필요했다.

환대 이야기가 실체를 가지려면 교육과정에서 만나는 사람들은 슈퍼마켓 계산대 줄에서 잠시 마주치는 사람들과 같지 않아야 했다. 그들에게 통찰력을 얻고 감사할 수 있을 만큼 충분히 현실화되어야 한다. 교과서에 등장하는 인물 중에는 통찰력이나 도전을 주는 말과 행동을 하는 이가 거의 없었기에, 나는 새로운 콘텐츠를 찾아야 했다.

▶이야기

둘째, 이것은 내가 모델링하고 가르치는 언어의 종류에도 영향을 미쳤다. 제2 외국어 교실의 언어는 '시민적이고 실용적'이라고 여겨져 왔지만, 깊이와 친밀감이 부족하고, 대부분은 물건을 구매하고, 선호도를 표현하며, 여행을 가는 등 일상적인 거래라는 영역에

국한되어 있었다.⁶⁵

만약 우리가 다른 사람들로부터 무언가를 배우려 한다면, 우리가 접하는 언어 모델은 거래적인 영역을 넘어서 확장되어야 한다. 이는 교실에서 사용되는 텍스트 및 담화 장르의 범위를 고려해야 함을 의미한다. 자기 개방과 영감을 위한 풍부한 잠재력을 가진 내러티브는 중요하다.⁶⁶ 남의 이야기를 듣는 법을 배우는 것은 자신이 요청하는 바를 말하는 법을 배우는 것만큼이나 중요하다.

▶ 도덕적 중요성

셋째, 남들에게 배우고 그들을 온전한 인간으로 바라보는 것에 중점을 두려면, 정서적으로 영향을 주고 도덕적, 영적 도전이 있는 가르침의 조치들(teaching moves)이 필요하다. 나는 학생들에게 어휘를 가르칠 뿐만 아니라 그들의 사랑에도 닿고 싶었기 때문에, 그들이 정서적으로 참여하고, 자신의 삶과 정체성을 진지하게 성찰할 수 있게 할 방법이 필요했다.⁶⁷

자기애와 타인 사랑이 함께 작용하고 있었기에, 수업에서 기차역에 가는 방법을 묻는 질문보다는 조금 더 깊은 내용을 다루는 질문을 하기를 원했다. 이러한 더 큰 질문이 목표 문화의 평범하고 정상적인 일부로 보이게끔 하는 방법을 찾고 싶었다. 독일인들도 그러한 질문을 할 것이다. 나는 학생들이 언어 수업 교실을 도덕적으로 의미 있는 장소로 경험하기를 바랐다.⁶⁸

▶ 세심한 주의

　넷째, 이러한 종류의 참여를 지원하는 데 꼭 필요한 내용을 실천하도록 가르치고자 했다. 이 중에서 가장 중요한 것은 주의를 기울임과 기꺼이 경청하려는 의지였다. 다른 언어와 문화를 만나는 과정에서 발생하는 한 가지 어려움은 자신의 본능적인 참조의 틀을 사용하여 스스로를 정렬하고 주변을 판단하는 공통적인 인간의 경향이다. 이는 고정관념과 문화적 오해를 지속시키는 원인 가운데 하나다.

　이웃 사랑은 무엇보다도 표면적인 인상에 기반해 빠르게 선부른 판단을 내리는 대신 속도를 늦추고 진정으로 주의 깊게 살피는 법을 배우는 것을 요구한다. 나는 학생들이 남의 말과 삶에서 풍요로움을 발견하는 데 필요한 인내심을 배우기를 원했다. 그들이 다른 사람과 만날 때 판단 속도를 늦추고 판단을 적게 하는 구체적인 실천에 참여하기를 원했다.

　이 네 가지 주제는 여전히 상당히 광범위하지만, 우리는 이제 하나님 사랑과 이웃 사랑에 대한 신념에서부터 몇 가지 페다고지적 목표로, 그리고 심지어는 그에 맞는 구체적인 유형의 페다고지적 움직임과 자원으로 나아가는 시작점에 있다. 다음 단계는 완전히 실패할 수도 있는 단계인데, 곧 이 틀 안에서 효과적인 학습 활동을 설계하는 것이다. 신앙과 실천 사이의 이 취약하지만 실제적인 상호 작용은 다양한 교육과정 영역에서 다르게 이루어질 수 있다. 여기서 나는 실제 설계로 가는 마지막 단계를 예를 들어 설명할 것이다. 이 예시는 다른 곳에서도 다른 바 있으며, 다른 예시들도 있지만, 이 예시를 통해 하나의 활동 내에서 여러 가지 연결을 간결하게 설명할 수 있다.[69] 다음의 수업 시퀀스를 참고하라.

_____ **백장미**(White Rose, 저항 단체)

학생들이 교실에 들어서면 이미 스크린에 흑백 사진이 투사되어 있다(일부 학생들만 주의를 기울일지라도, 이 처음 순간은 학생들의 주의를 집중시키고 상상력을 이끌어 낼 기회). 이 사진에는 소수의 젊은이가 서 있다.[70] 배경은 어딘지 알 수 없는 야외인데 나무와 울타리 같은 것들이 있고, 앞쪽으로 부분적으로 가려진 사람들이 서 있는 모습이 살짝 보인다.

이 이미지에 등장하는 사람들의 얼굴은 긴장되고 암울해 보인다. 그들은 서로의 눈을 보지 않고, 그 이미지를 보는 시청자와도 시선을 맞추지 않고 있다. 일부는 군복을 입고 있다. 나는 만화나 스톡 사진이 아닌 역사적 상황에 처한 실제 인물들과 그와 연결된 이야기가 있는 사진으로 이 수업을 시작하는 중이다. 단일한 개념을 명확하게 보여 주기 위해 디자인되는 대부분의 스톡 사진과 달리, 이 사진은 약간 모호하며, 시청자로 하여금 사진 안에서 무슨 일이 벌어지고 있는지 궁금하게 한다.

나는 단순하게 학생들에게 무엇이 보이는지 물어본다(이 수업은 독일어로 진행된다. 학생들은 대학에서 약 세 학기 동안 독일어를 배웠으므로 언어 수준은 여전히 기초 수준이고 어휘가 제한적이고 발화도 짧고 구문도 단순하게 표현한다).

학생들이 '사람들' 또는 '소년들과 소녀'라고 대답한다. 내가 "몇 사람이 있나요?"라고 다시 물어본다. 처음에는 다들 '세 명'이라고 대답한다. 내가 눈썹을 치켜올리면서 "세 명이요?" 되물으면, 학생들이 눈을 찌푸리고 그림을 면밀히 살펴보면서 자신들의 가정을 재설정한다. 몇몇은 '네 명', 또 다른 학생은 '다섯 명, 아니면 여섯 명'이라고 말한다. 내가 다시 질문한다. "그럼 몇 명일까요?" 우리는 함께 세어 보고 그림에서 여섯 명의 사람들을 발견한다.

애매하고 모호한 사진과 개방형 질문을 결합하여, 초기 인식을 연속적으로 수정하도록 유도하는 방법이다. 이는 생각하는 속도를 늦추는 순간을 만들어, 처음에 내린 판단에 의문을 제기하고 다시 한 번 살펴보도록 한다. 이러한 활동을 한 번만 한다면 전체적인 계획에서는 무시해도 좋을 정도지만, 그러한 순간들이 반복되어 수업에 참여하는 방식의 일부가 된다면, 학생들은 내가 첫인상 이상으로 그들이 더 깊이 들어가기를 원한다는 것을 깨닫는다. 나는 학생들이 세심한 주의를 기울이는 것을 배우기 위한 토대를 마련하고 있고, 사람에 대해 배우는 데 주의력이 필요함을 시사하고 있다.

나는 학생들에게 계속 질문을 한다.

"이 사람들은 몇 살입니까?"
"사진은 얼마나 오래된 것 같나요?"
"그들은 무엇을 입고 있습니까?" (학생들은 '군복'이라고 대답한다. 내가 "정말입니까? 모두 그런가요?"라고 반문한다. 그러면 이렇게 대답한다. "아니요, 일부만요." 잠시 멈춤의, 속도를 늦추는 순간이다.)

"어떤 물체가 보이나요?"

"손에 무엇을 들고 있지요?"

"그들은 어디에 서 있나요?" ("밖에 있어요." "어떻게 알지요?" 다시 한 번 속도를 늦추는 순간이다.)

"그들이 무엇을 하고 있습니까?" ("글을 쓰고 있어요." "그가 무엇을 쓰고 있을까요?" 이제 학생들은 틀릴 위험을 무릅쓰고 추측한다. 나는 나중에 이야기가 전개됨에 따라 수정이 필요할지도 모르는 더 많은 가정을 표현해 보도록 허용한다.)

"그들의 기분은 어때 보여요?"

"그들의 감정을 표현할 단어가 더 있나요?"

"어떻게 알 수 있을까요?" (우리는 얼굴 표정에 대해 더 자세히 논의한다.)

"왜 그런 기분일까요?" ("전쟁 때문일까요?")

이 질문의 순서는 무작위로 이루어진 것이 아니라, 세 가지 뚜렷한 단계로 진행한다. 첫 번째 질문 리스트는 사물, 수량 및 외형(사람 수, 의복, 연령, 문화적 의미가 있는 물체)에 관한 질문이다. 두 번째 질문 리스트는 맥락에 초점을 맞추고, 우리를 사물의 세계에서 인간 행동의 세계(위치, 사람들이 하는 일)로 이동시킨다. 세 번째 질문 리스트는 사진 속 인물의 주관적인 관심사(감정, 얼굴)에 집중한다.

질문은 점차 외부에서 내부로, 사물에서 인물의 의도와 경험으로 이동한다. 이 순서를 통해 학생들은 그림 뒤에 숨겨진 이야기로 서서히 빠져들기 시작한다. 이 질문의 순서가 학생들이 사진 속 인물을 바라보는 데 그치지 않고 그들과 동일시하도록 인도하고 공감의 문을 열게 하기 때문이다. 우리는 공감을 위해 언어 학습을 포기하지 않았다. 사진에 대한 구두 설명과 어휘 연습에 참여하고 있었던 것이다. 수업이 진행됨에 따라 학생들은 그림 속 사람들이 왜 스트레스를 받고 있는 것처럼 보이는지, 수업을 시작했을 때보다 조금 더 신경을 쓴다. 그리고 사진 속 서사에 대해 궁금해한다.

나는 점차적으로 더 많은 정보와 사진을 추가한다. 이에 우리는, 사진 속 사람들이 이십 대 초반에 같은 해에 사망했고, 1940년대 초 뮌헨 대학의 학생들이었으며, 그중 한 명은 결혼을 해 어린 자녀를 둔 상태에서, '백장미'라고 알려진 저항 단체를 결성하고, 전쟁을 반대하는 문서를 작성하면서 나치 정권에 저항하다가 목숨을 잃었다는 사실을 알게 된다.[71] 우리는 그들의 기독교 신앙 표현을 배운다. 그들의 이야기는 영화로 여러 번 소개된 바 있으며, 우리는 그 이야기를 가장 최근에(그리고 가장 잘) 영화화한 장면을 보면서 언어와 문화에 대한 학습을 더 진행한다.[72] 추가적인 독해와 청취 활동은 이야기를 더 자세히 완성할 수 있고 특정 종류의 언어 연습에 집중할 수 있게 한다.

모든 가르침이 그렇듯, 여기에서도 장담할 수 있는 것은 거의 없다. 내가 이 시퀀스를 처음 가르친 것은 영국에 있는 한 일반 도시 학교의 열다섯 살짜리 학생들로 구성된 소규모 학급이었다. 나는 '레스토랑에서'라는 주제에서 '제3국에서의 양심적 저항'이라는 주제로의 전환이 거부감을 불러일으킬 수 있고 초급 언어 학습으로서는 실패할 수도 있으리라는 두려움을 가지고 약간 조마조마한 마음으로 이 시퀀스를 시도했다. 그런데 첫 부분의 질문과 대답이 이어지고 있는 과정에서 한 학생이 이렇게 물었다. "사진 속 이야기가 사실인가요?"라고 물었다. 나는 사실이라고 확실하게 대답했다. 그가 이렇게 반응했다. "왜 이전에는 이걸 가르쳐 주지 않으셨어요? 너무나 중요한데요!"

일부 학생은 그 단원이 끝날 때 평가서에 "내 신념을 따라 살아야 한다는 것을 배웠습니다"라고 적었다. 그동안의 평가서와는 내용이 달랐다. 후에 대학에서 이 수업 시퀀스를 재구성하여 가르쳤을 때는, 기숙사에서 친구들과 보겠다며 영화를 빌려 달라는 학생들도 있었고, 독일어를 계속 공부하면 이러한 부분을 더 배울 수 있는지 묻는 학생들도 있었다.

필수 과목인 언어 수업이 끝날 때면 나는 학생들에게 설문지를 나누어 주었다. 개인적으로 가치 있었던 주제와 활동은 무엇이었는지, 시간 낭비여서 내가 다음 강의 계획서를 작성할 때는 제외해야 할 것들이 무엇인지 물어보았다. 앞의 시퀀스는, 내가 가르치는 다른 모든 단원이 그러하듯이 두 목록, 곧 가치 있었던 활동과 시간 낭비 활동 목록 모두에 해당되었다.

일부 학생에게는 이 특별한 이야기가 큰 의미나 도움이 되지 않을 수도 있다. 필수 언어 수업에서 다루는 또 한 조각의 역사에 불과할 뿐인 것이다. 다른 학생들에게는 이 시퀀스가 내가 바라는 바를 상당 부분 달성하여, 그들이 타인의 삶에 도덕적으로 참여하도록 이끌고 있다는 징후가 나타나기도 한다. 페다고지적 움직임은 변화를 보장하는 기술이 아니다. 단지 초대할 뿐이다.

이 시퀀스를 디자인한 목적은 학생들의 도덕적 및 영적 변화를 보장하는 도구 제작이 아니었다. 내가 그것을 원하지 않은 데는 좋은 신학적 이유가 있다고 생각한다. 우리의 페다고지는 암묵적으로 학생들을 그들 자신의 신념과 욕망이 자신의 성장에 아무런 역할도 하지 않는 물질적 객체로 위치시키지 않아야 한다.[73] 디트리히 본회퍼Dietrich Bonhoeffer는 이렇게 기록했다.

> 하나님은 다른 사람들을 우리가 만들고 싶은 그런 모습으로 창조하지 않으셨습니다. 하나님께서 우리에게 그들을 주신 것은 그들을 지배하도록 하기 위함이 아니라, 그들 너머에 계신 창조주를 발견하도록 하기 위해서입니다. 이렇게 되면 이전에는 나에게 성가심과 괴로움이기만 하던 다른 사람들이, 그들이 지음받았을 때 하나님께서 그들에게 주신 자유 안에서 이제는 내게 기쁨의 이유로 변할 것입니다. 하나님께서는 내게 좋아 보이는 모습으로, 즉 나 자신의 형상대로 내가 다른 사람들을 뜯어고치는 것을 원치 않으십니다. 하나님께서는 타인을 내게 자유로운 사람으로서 하나님 자신의 형상을 따라 지으셨습니다.[74]

본회퍼가 잘 이해했듯이, 이것은 학생들을 도덕적이며 영적인 성장으로 인도하고 그들의 욕망이 선을 향하도록 형성하는 데 도움이 되는 실천으로 학생들을 페다고지적으로 초대하는 프로젝트를 부정하는 것이 아니다. 크레이그 다익스트라Craig Dykstra가 말하듯이, 기독교적 실천은 '우리 개인적 공동체적 삶의 윤곽 속에서 성

령의 거처가 될 수 있는 장소'를 만드는 시도다.[75]

이는 기본적이고 습관적인 행동에 안주하면서 이와 상관없이 성령님이 무조건 나타나기를 바란다는 의미도, 우리 안에서 일하시는 하나님의 역사에 협력하는 것 이상의 일을 우리가 할 수 있다는 의미도 아니다. 우리의 한계를 인정하는 것은 특정한 결과를 기대하고 그 결과가 이루어지는 것을 더욱 상상할 수 있게 만드는 방식으로 학습을 디자인하는 것과 상당히 잘 어울린다. 물질 세계에 대하여 기술적인 조작이 제공하는 것과 같은 통제력을 우리는 인간의 영적이고 도덕적인 결과에 대해 가지고 있지 않지만, 그럼에도 불구하고 우리는 양육하는 사역에 부름을 받았다. 페다고지는 '기술'이라기보다는 '집'과 같다.

동기 부여된 실천

내가 방금 묘사했던 '가르치는 조치들'teaching moves은 기독교인만이 할 수 있는 게 아니다. 다른 종교를 가진 이들도 생각해 낼 수 있다. 논리적 필연성에 의한 기독교적 움직임도 아니다. 다시 말해서, 하나님과 이웃을 향한 사랑에 대한 근본적인 신념을 공유하고 있는 사람이라면 누구나, 그가 충분히 신중하게 생각하기만 했다면 필연적으로 정확히 일치하는 교수 방법이나 '가르치는 조치들'에 도달할 수밖에 없는 직선적인 논리적 전개는 존재하지 않는다. 더욱이 이러한 움직임은 하나님의 승인 도장이 찍힌 기독교적인 것도 아니다. 이러한 움직임들은 효과가 없을 수 있고, 변경하거나 오류를 개선할 수도 있는 디자인이지, 하나님의 참된 방법이 아니다. 그럼에도 불구하고, 출발 신념에서부터 페다고지적 조치까지 이르는 일련의 영향력과 어느 정도 일관된 의도가 존재한다. 이러한 움직임들은 신실한 실천, 신앙에 부합하는 실천을 찾기 위한 시도다. 페다고지적 통전성integrity을 추구하고자 하는 시도다. 우리는 신앙과 구체적인 가르침의 조치들 사이의 느슨하면서도 실제적인 관계를 어떻게 이해해야 하는가?

조지 레이코프George Lakoff가 인간의 범주화가 어떻게 작동하는지 연구한 자료에 따르면, 아이디어들이 필요한 논리적 연결에 의해서만 결합될 수 있다고 상상한다면 우리에게 남은 선택지는 두 가지뿐이다.[76] 첫 번째 선택지는 필요한 논리적 단계들이 모든 새로운 움직임을 반드시 출발점에 연결해야 한다는 것이다. 충분히 신중하게 생각한다면 출발점을 기반으로 다음 움직임을 예측할 수 있어야 한다.

두 번째 선택지는 관계가 임의적이고 실제적인 연결이 없으며, 그저 무작위적 겹침일 뿐이라는 것이다. 나는 이러한 무의식적 딜레마가 일부 사람들에게 기독교적으로 가르치는 방법은 존재할 수 없다는 생각을 갖게 한다고 본다. 기독교 교육자들은 때로는 성경에서 규정하는 몇 가지 독특한 교실 내 행동을 찾고 있거나, 가르치는 방식과 신앙과의 연결이 임의적이라고 인정하는 것처럼 보인다.[77]

레이코프는 우리가 탐구해 온 내용에 잘 부합하는 세 번째 가능성을 제시한다. 그의 관심사는 마음이 사물을 범주화하는 방식과 우리가 기존의 범주들을 새로운 대상, 행동 또는 경험에까지 어떻게 확장하는지에 있다. 레이코프는 이러한 사고의 확장이 종종 논리적으로 예측 가능하지도 않고, 자의적이지도 않으며, 오히려 '동기 부여된'motivated 것이라고 제안한다. 그는 '동기 부여된'이라는 용어를 일반적인 의미와는 약간 다르게 사용한다. 중요한 점은 우리가 연결을 만들도록 강요받거나 영감을 받거나 부적절한 방식으로 편향되는 것이 아니라는 것이다. 오히려, 예측 가능한 논리적 필연성에는 미치지 못하더라도, 의미가 통하고 타당하다면 범주의 확장은 '동기 부여된' 것이다.

동기 부여된 사고라는 이 개념은 예를 들어 설명하는 것이 가장 쉽다. 레이코프는 일본어에서 '혼'hon이라는 분류사의 사용에 대해 자세히 논의한다. 분류사란 일부 언어에서 명사와 함께 사용되어 해당 명사가 특정 유형이나 범주에 속함을 나타내는 요소다.[78] 일본어에서 '혼'으로 분류되는 명사 그룹에는 (다른 많은 명사들이 있지만) '죽은 뱀, 나무, 양초, 머리카락, 전화 통화, 무술 대회, 그리고 야구에서의 안타'가 포함된다. 혹자는 그 사용 범위를 스트라이크된 투구까지 확장한다. 처음 보기에는 이 항목들이 다소 자의적인 것 같다. 죽은 뱀으로부터 야구 스트라이크까지에서는 예측 가능한 논리적 필연성을 발견하기가 어렵다. 이 항목들은 고전적인 범주화의 방식과 같이 공통의 속성을 가지고 있기에 필연적으로 동일한 집합의 구성원이 된 것은 아니다. 그러나 이들의 연결은 자의적이지 않다.

'혼'으로 분류되는 것들 중에서 가장 좋은 예시는 길고 가늘며 단단한 물체들이다. 나무, 죽은 뱀, 촛불, 그리고 (단단함을 제외하면) 머리카락이 이 기준에 부합한다. 전화 통화는 머리카락처럼 가늘고 길게 늘어진 전선을 통해 이루어진다. 무술 경기에서는 길고 가는 막대를 사용한다. 야구 선수는 길고 가늘고 단단한 물체인 배트로 공을 친다. 또한 이러한 영역 중 몇 곳에서는 관련 성공 사례를 다루기 위해 용도가 확장되기도 하였다. 무술 경기에서의 승리(길고 가는 장대로 인한 성공)는 '혼'으로 분류될 수 있다. 야구에서 안타나 투구에서 만들어지는 길고 가는 궤적의 형태(전화선의 형태와 비슷한)도 '혼'으로 분류될 수 있다.

이러한 것들이 바로 레이코프가 말하는 '동기 부여된' 연결이다. 이는 논리적 추론의 문제가 아니다. 백 년 전에는 죽은 뱀이나 촛불을 뜻하는 단어가 야구의 타격이나 투구와 관련된 단어들과 같은 범주에 속한다고 예측한 사람은 아무도 없었을 것이다. 그럼에도 불구하고 이 연결들은 자의적이지 않다. 누구도 무작위로 새로운 연결을 만들어 낼 수는 없다. 우리는 호박이나 맥주, 재채기를 갑자기 '혼'에 속하도록 만들 수 없다. 범주의 새로운 확장은 반드시 기존 사례와 식별 가능한 관계를 가져야 한다. 그것은 합리적인 확장처럼 보여야 하며, 그 언어를 사용하는 공통체가 인식할 수 있는 적합성, 어느 정도 적절하게 어울리는 느낌을 가져야 한다. 그 연결들은 논리적 추론과 같기보다는 가족 관계와 더 비슷하다.[79]

가르치는 실천(및 다른 종류의 실천)은 동기 부여하는 신념과의 관계에서 이와 다소 유사하다. 실천은 우리를 세계와 타인과 연결시켜 주어 참여하게 하며, 종종 즉흥, 조절, 수정, 그리고 새로운 시도를 요구한다. 실천은 우리의 명시적인 신념에만 의지하는 것이 아니라, 우리가 가진 습관, 역량, 욕망, 맥락, 자원을 기반으로 한다. 그러나 우리의 실천과 신념 사이의 관계가 자의적일 필요는 없다. 가장 적합한 관계, 잘 맞는다는 감각을 찾는 것이 합리적이다.

  레이코프의 용어를 빌리자면, 이 장에서 나는 우리가 가르치고 배우는 실천이 기독교 신앙에 의해 의미 있게 '동기 부여될' 수 있음을 보여 주고자 했다. 이는 단순히 기독교 신앙에서 영감을 받거나 또는 기독교 신앙에서 에너지를 얻을 수 있다는 일반적인 의미뿐만이 아니다. 그 실천이 기독교 신앙과 얼마나 잘 어울리고 맞는지, 그것이 기독교적이라는 범주의 합리적인 확장일 수 있는지 그렇지 않은지를 살펴볼 수 있다는 의미에서도 그렇다. 한 가지 이상 여러 종류의 확장이 가능하지만, 제한도, 기독교적인 자세와 더 어긋나 보이는 실천도 있을 것이다. 어떤 페다고지적 선택은 다른 교육적 선택보다 기독교적 실천을 위한 후보로 더 타당하고 그럴듯할 것이다. '기독교적 교수-학습'을 추구한다는 것은 이러한 것들을 찾고 실천하는 것이다.

  레이코프의 설명은 언어학과 인지 과학의 교차점에서 나왔지만, 유사한 형태를 다른 곳에서도 찾을 수 있다. 신학자 N. T. 라이트^{N. T. Wright}는 셰익스피어의 새로운 희곡을 발견했다고 상상해 보자고 요청한다. 희곡 내용이 놀랍도록 풍부해서 무대에 올리고 싶지만 다섯 번째 막이 없다.

다섯 번째 막을 단번에 쓰는 것은 부적절할 수도 있다. 극을 하나의 형태로 고정시키고 셰익스피어에게 사실상 자신의 작품이 아닌 작품에 대해 책임을 지게 할 수 있기 때문이다. 오히려 더 나은 방법은 고도로 훈련되고 민감한 감수성과 경험이 풍부한, 셰익스피어 극에 늘 참여했던 배우들에게 이 작품의 핵심 배역을 맡기고, 그들이 첫 번째부터 네 번째 막, 그리고 셰익스피어의 시대의 언어와 문화에 몰입하게 한 다음, 다섯 번째 막은 그들 스스로 만들도록 하게 하는 것일 수 있다.[80]

라이트는 이것이 성경이 쓰여진 시대와는 다른 역사적, 문화적 상황에서 우리가 성경을 해석하고 성경의 권위 아래 살고자 하는 상황과 비슷하다고 설명한다. 우리는 이전에 있었던 것들과 일관된 방식으로 살아가고 행동할 방법을 찾아야 하지만, 단순히 앞선 막에서 나온 대사를 반복할 수는 없다. 어느 정도 즉흥적으로 행동해야 하지만 이 과정이 자의적이지는 않다. 일부 행동은 첫 네 막에 영향을 받을 것이고, 또 다른 행동들은 좁은 범위에서 선택할 수밖에 없다. 기존 텍스트의 요구는 충분한 무게, 완전한 중요성을 지니고 있으며, 그것에 신중하고 지속적인 주의를 기울였을 때만 다음 작업을 잘 할 수 있을 것이다.

　다섯 번째 막이 첫 네 막의 주제들을 제대로 이어 가지 못했다거나, 셰익스피어 방식이 아닌 너무나 생경한 사항들이 도입되었다거나, 드라마로서 기대에 못 미친다고 지적하는 것은 시청자나 비평가에게 열려 있다. 또한 즉흥성에 대한 초점이 우리에게 부가 된 요구를 약화시키는 것도 아니다. 이를 설득력 있게 수행하기 위해서는 마음을 다하는 헌신, 신중한 반성, 철저한 논의, 기술, 그리고 열정이 필요하다.

기독교적 방식으로 가르치려는 시도도 마찬가지다. 이는 기독교 교육이 항상, 샌들을 신은 열두 남학생으로 구성된 그룹과 함께 이루어져야 한다거나 자연과학은 포함하지 않아야 한다는 의미일 수 없다. 하지만 그 대안이라는 것이 단순히 현재 유행하는 기술을 다 받아들이고 그와 함께 신앙을 표명하는 것이 아니다. 즉흥성도 필요하지만, 그것이 신실한 참여의 필요성을 줄이지는 못한다. 이는 우리가 하나님과 인간, 그리고 세상의 진리에 대한 우리의 신념에 부합하는 실천을 설계해야 하는 도전적 과제를 책임 있게 완수하도록 만든다.

현황 파악

지난 두 장에서는 교사로서의 나 자신의 여정에 초점을 맞추었다. 이 여정은 기독교와 언어 교육과의 관계에 대한 관심이 지난 20년간 침묵에서 시작해서 점차 더 많아지는 학문적 논의로 발전해 온 더 큰 이야기의 일부다.[81] 내 작업을 공유할 때, 회의적이던 동료들의 반응도 달라졌다.

"말도 안 돼. 언어를 가르치는 데 기독교적 접근이 어떻게 있을 수 있지?"에서 다음과 같이 바뀌어 갔다. "물론 언어 교수에서는 기독교적 접근이 가능할 거야. 하지만 내 수업에서는 효과가 없을 거야." 안타까운 일이다. 언어 교육에서 이 사안을 규명하는 데 수십 년이 투자되었기에, 다른 분야에서도 비슷한 투자가 필요하다고 말할 수밖에 없다.

나는 내 수업을 청사진으로 제시한 것이 아니다. 신앙적 헌신이 가르침에 대한 불편함과 구체적인 수정으로 어떻게 이어질 수 있는지 그 과정에 대한 근거 있는 증언으로 제시했다. 이러한 변화들은 실제로 그것이 목표한 바를 달성하는지 실증적 검증을 받아야 하지만, 이는 결과 데이터에서 단번에 도출되지 않는다. 상상력의 단계가 필요했다.

더불어, 가르침이 '효과적인지' 하는 질문은 우리가 실제로 무엇을 목표로 하고 있는지 명확한 아이디어를 배경으로 할 때만 의미가 있다. 지난 두 장에는 이러한 목적 의식을 담았다. 아래의 글은 앞에서 두 번이나 인용했지만 나는 아직 이 함의를 완전히 흡수하지는 못했다(핵심은 신앙이 실제적인 상상력을 프레임할 때까지 반복적으로 참여하는 것이다).

아우구스티누스와 마찬가지로 츠빙글리에게도 죄는 자기애에 불과했다. 죄는 다른 사람보다 자신을 더 가치 있게 여기고, 다른 이들과 하나님을 자기 자신의 관점에서 이해하는 것이었다. 그것은 자신의 경험에 따라 하나님을 육체적이고 물리적으로 이해하는 것이었다. 자신을 기준으로 타인을 평가하고, 자기 이익이 동기가 되어 그들과 사회적 관계를 맺는 것이었다. 예배는 자기애에 대한 반작용이었다. 하나님께 드리는 예배는 자기 사랑, 자기 중심성으로부터 하나님과 타인, 외부로 향하는 영혼의 움직임이었다. 즉, 그들을 존중하되, 다른 사람을 자신과 동등한 가치를 지닌 인간으로서 존중하고, 하나님을 자신보다 더 위대한 가치를 지니신 하나님으로서 경외하는 것이었다.[82]

나는 이 단어들에 의해 묘사된 세계에서 집처럼 자연스럽고 편하게 느낄 페다고지적인 실천들의 집합을 찾고 있었다. 그 세계의 벽난로 위에 잘 어울리게 걸어 둘 수 있는 '가르치고 배우는 집'pedagogical home을 찾고 있었다. 나는 신념과 목표, 그리고 실제 교실에서의 레퍼토리 사이의 일관성을 찾고 싶었다. 이것이 내가 추천하는 프로젝트다. 이 프로젝트가 통전적 삶을 살고자 하는 그리스도인에게 요구되는 헌신이다. "무슨 일을 하든지 마음을 다하여 주께 하듯 하라."[83]

지금까지는 가르쳐야 할 내용에 대해 기독교적 관점을 가지고 있기에 혹은 기독교인이 가르치기에 기독교적이라 할 수 있는 것과는 구별되는, 가르침에서 기독교적 접근 방식이 존재할 수 있는지에 집중해 왔다. 이제 이 부분의 주장을 마무리하려 한다. 책의 남은 부분에서는 신앙이 페다고지를 형성할 수 있다는 논거의 정당함을 입증하려는 데는 역점을 덜 두고, 설계라는 과제에 어떻게 접근할 수 있는지를 더 자세히 탐구하는 것으로 방향을 전환하겠다. 여러분의 교실, 교과목, 학습 목표는 아마도 서로 다르고, 그 나름의 특이한 왜곡과 고유한 가능성을 가질 것이다. 다음 몇 장에서는 다른 교실, 다른 상황에서 이 과정을 충분히 생각해 볼 수 있는 모델을 제시하려 한다.

> 성찰과 토론을 위한 질문

- 이 장에서는 언어 수업의 예를 중심으로 살펴보았다. 당신이 다른 과목을 가르치고 있다면 잠재적으로 상응할 만한 어떤 유사점을 발견했는가? 어떤 다른 문제에 직면하게 되는가?

- 당신이 가르치는 환경에서 다른 사람을 존중하고 자기 본위, 자기 추구를 덜 강조하는 실천에는 어떤 것이 있는가?

- 당신이 가르치는 과목과 학생들에게 특히 더 연관된 다른 종류의 기독교적 실천은 무엇이 있을까?

● 4, 5장에서는 동일한 짧은 텍스트를 세 번 묵상하도록 권했다. 도움이 되었는가? 교실에서 반복적인 성찰의 초점이 될 만큼 중요한 것은 무엇인가?

● 당신의 교수법 가운데 어떤 것이 학생들의 생각 속도를 늦추고 빠른 판단을 자제하도록 자극하는가? 반대로 어떤 것이 빠른 의견을 형성하고 서둘러 자료를 검토하도록 장려하는가?

실천 과제

서두르지 않고 생각할 수 있는 시간과 장소를 찾아보라. 하나님 사랑과 이웃 사랑을 어떻게 연결하여 가르칠 것인가? 가능한 한 많은 연결 고리를 찾아 나열해 보라. 그중 당신이 가르칠 때 정기적으로 실행할 가능성이 가장 높은 것과 가장 낮은 것은 무엇인지 생각해 보라. 가르침을 어떻게 디자인하면 이러한 패턴을 바꿀 수 있을까?

6장

새롭게 보기, 참여하기, 재구성하기

이 책의 전반부에서는 신앙을 교육과 관련짓는 것이 교수-학습 과정pedagogical process의 구체적인 질감과 어우러짐에 주의를 기울여야 함을 알려 주려고 했다. 많은 사람에게 신앙에 입각한 페다고지가 생소하거나 그럴듯하지 않은 개념처럼 보이기에 이 개념을 풀어 설명하는 데 지면을 할애했다. 최근의 한 연구에 따르면 기독교 대학의 교수진의 약 60퍼센트가 자신의 신학적 전통이 그들의 교수 방식에 영향을 미쳤는지 묻는 질문에 부정적인 답변을 하거나 잘 모르겠다고 대답했다. 이는 동일한 교수진 대부분이 자신의 신학적 전통이 그들의 세계관과 윤리에 영향을 미친다고 보고한 것과는 차이가 난다.[84] 이에 대해서는 11장에서 자세히 다룰 것이다.

　　나는 이 회의적인 견해가 틀렸다고 주장해 왔다. 신앙은 단지 '무엇'을 가르치고 '왜' 가르쳐야 하는지뿐 아니라 '어떻게' 가르치고 배워야 하는지도 말할 수 있다. 기독교 신앙은 우리가 입으로 고백하는 것과 동일한 이야기를 우리의 실천을 통해 전달하는 것을 목표로, 특정 맥락 내에서 의도적인 실천의 패턴을 설계하도록 동기를 부여할 수 있다. 크레이그 호비^(Craig Hovey)는 이렇게 말했다. "증인은 지식과 진리를 전달하기 위한 전략이 아니다. 오히려 예수 그리스도를 하나님의 진리로 받아들이는 사람들 사이에서 하나님께서 가능하게 하시는 말과 삶의 형태이다."⁸⁵ 진실됨은 말 이상의 의미를 갖는다.

이제부터는 기독교적으로 가르치는 과업에 실질적으로 어떻게 방향을 잡아야 하는지를 좀 더 정면으로 다루고 싶다. 어떻게 하면 '교수-학습'의 복잡한 지도를 몇 가지 핵심 지표로 정리하여 계획을 안내할 수 있을까? 기계적인 팁과 요령에 빠지지 않으면서 그렇게 할 수 있는 방법이 있을까?

이 질문들은 몇 년 전 기독 교사를 위한 새로운 온라인 자료를 개발하려고 모인 미국, 영국, 호주의 커리큘럼 설계자들로 구성된 소규모 팀을 사로잡은 주된 관심사였다.⁸⁶ 우리는 기독 교사들이 신앙의 관점에서 그들의 페다고지를 재검토하도록 자극하고 싶었지만, 그렇게 하기 위해서 그들이 먼저 전문적인 철학자나 조직신학자가 되어야 한다는 암시를 주거나 또는 각자의 상황과 은사를 고려하지 않은 상세한 지침을 주고 싶지는 않았다. 그 결과로 수업 디자인을 위한 세 가지 주요 측면에 기초한 단순하지만 유연한 틀^(framework)이 탄생했다. 이 틀은 신학과 교육과 관련된 넓은 문헌에서 실천에 대한 내용을 적절히 잘 포착하는 것을 목표로 한다.⁸⁷

간략하게 설명하면, 이 모델은 교사들에게 '새로운 시각으로 바라보고, 참여를 선택하며, 실천을 재구성'하는 방법을 생각해 보도록 요구한다. 전반적인 접근 방식은 'What If Learning'(만약에 학습)

이라고 불리며, "신앙에 비추어 다르게 볼 수 있다면 어떨까?" 하고 질문하는 사고방식으로, 구체적인 교수-학습 과제를 접근하는 전략에서 유래한 이름이다. 그 접근은 이후 여러 교사 교육 자원을 개발하는 데 사용되었으며, 상당한 양의 실증 연구의 주제가 되었다.[88] 이 모델의 각 측면은 각 장에서 더 자세히 살펴보겠지만, 나무를 들여다보기 전에 먼저 숲을 엿볼 수 있도록 간략한 개요를 소개하면 다음과 같다.

새롭게 보기

'새롭게 보기'는 상상력의 작업으로 초대하는 것이다.[89] 여기서 '상상력'이란 허구, 시, 창의성 또는 진실이 아닌 것을 만들어 내는 것을 의미하지 않는다. 사실이든 거짓이든, 타당하든 억지스럽든 간에 우리가 하고 있는 일이 정확히 무엇이고 왜 하는지에 대해 우리가 자기 자신에게 그리고 학생들에게 들려주는 이야기를 뜻한다. 이런 이야기는 우리의 말과 은유, 행동, 목표, 권면, 금지 사항에 담겨 있다.

상상력은 내 수업의 첫 과정이 학생들에게 존중을 전달하는 동시에 말하기 연습을 제공할 수 있을지 스스로에게 질문하거나, 언어 교육과정이 관광과 여행, 미래의 직업, 상호 문화 학습, 이웃 사랑 또는 다른 목표에 의해 더 많은 색을 입혀야 할지 고민할 때 발휘된다. 그리고 지금까지의 활동이나 컴퓨터 화면 앞에 혼자 구부정하게 앉아서 하도록 설계된 숙제를 만일 다른 가족이나 지역 사회 구성원들과의 의미 있는 상호 작용으로 재구성해 볼 수 있을지 고민할 때도 그러하다.[90] 과제를 편지 형식으로 재구성하거나 다른 청중을 향해 말하는 것으로 재구성한다면 다른 새로운 학습을 효과적으로 진행할 수 있지 않을까 고민할 때, 실용적인 디자인 프로젝트가 기술뿐만 아니라 협업이나 정의에 대해서도 가르칠 수 있도록 구조화될 수 있음을 깨달을 때 역시 상상력을 발휘해야 한다.[91]

우리가 스스로에게 우리 교실이 안전한지, 정의로운지, 환대하는지 그렇지 않은지를 질문하고, 어떤 가치를 장려하고 함양하게 하는지 고민할 때 상상력이 작동한다. 한 동료가 학생들은 '현실 세계'를 위해 준비되어야 한다고 주장하거나, 현 세대가 과거에 지배적이었던 어떤 중요한 미덕을 잃어버렸다고 하거나 혹은 학생들이 그것을 이해하지 못한다고 할 때마다, 그는 우리에게 자신의 상상력을 공유하기를 요청하고 있는 것이다. 또한 한 동료가 특정 기술이 학생들이 쓰는 단어 수를 증가시켜 주기에 훌륭하다고 주장하거나, 실증적 데이터가 우리의 노력을 주도해야 한다고 하거나, 수년간의 교육 경험을 통해 강의가 학생들의 영혼에 좋다는 것을 알았다고 할 때, 그는 그 이야기를 믿도록 요구하고 있는 것이다.

이러한 이야기는 사실일 수도 있고 거짓일 수도 있으며, 옹호할 수 있는 이야기일 수도 있고 터무니없는 이야기일 수도 있다. 현실과 얼마나 강하게 연결되어 있는지는 상관없이, 우리가 이러한 이야기를 만들고 공유할 때, 우리는 상상하는 능력, 즉 삶이 무엇인지에 대한 그림을 그리는 능력을 사용한다. 우리가 무엇을 해야 하는지, 그것이 어떤 종류의 일인지, 그리고 왜 중요한지에 대한 이야기를 상정할 때마다, 상상력이 작동한다. 이러한 의미에서, 가장 '데이터에 기반한' 학습에 대한 설명조차도 상상된 세계의 산물이자, 우리가 미래를 어떻게 상상하는지를 형성하려는 시도다.

상상은 대부분 갑작스럽고 의식적인 계획의 문제가 아닌 경우가 많다. 우리는 종종 상상력을 습관, 직감, 감성과 갈망, 좋아하는 은유, 그리고 무엇이 적절한 일인지, 무엇이 잘못된 느낌인지에 대한 감각 속에 지니고 있다.[92] 우리는 기존의 실천 패턴을 지속하려는 경향이 있는데, 그 실천의 패턴을 형성한 명확한 신념에 대한 헌신이나 그것이 가치 있다는 확고한 증거와는 거의 상관이 없이 그렇게 한다. 우리의 페다고지를 바꾸는 데 있어서 걸림돌은 새로운 접근 방식이 효과가 없다는 객관적이고 경험적인 근거가 아니다. 그보다는 오히려 우리가 (그리고 학생들이) 일이 어떻게 진행되는지, 우리가 그 흐름 속에서 어떻게 맞물리는지에 대한 명확히 표현되지 않은 감각을 발전시켜 왔기에, 다르게 상상하기가 어렵기 때문이다.

어떤 것이 효과가 있고 잘 작동하는지에 대한 감각이 방해받을 때, 우리의 탐색 능력도 위협을 받게 된다.[93] 더 나은 교수-학습 경로를 찾으려면, 우리는 교사로서 우리 자신이 누구인지, 학생들이 누구이며 어떤 존재인지, 그들의 필요는 무엇인지, 교실에서 어떤 일이 일어날 수 있는지 다시 상상할 수 있어야 한다. 이것이 바로 'What If Learning'의 'What if', '만약 …라면'의 의미다. 우리가 교수법, 혹은 교육 관행을 하나하나 새롭게 살펴보고 그것들이 정말로 하나님 나라와 공명하는 것인지 고민한다면 어떻게 될까?[94]

우리는 이 작업 곧 새롭게 보고 상상하는 작업을 분리된 관찰자로서 수행하는 것이 아니다. 과거에 어느 정도 효과가 있었거나 또는 교사들이 정상이라고 여겼던 것을 계속 수행하게 하는 내면의 습관과 관행 패턴에 따라 이 일을 한다. 우리의 교수-학습 세계에서 신앙이 어떤 역할을 하는지 주목하는 것은 새롭게 상상하고, 새롭게 보는 능력을 포함한다. 이를 위해 우리에게 필요한 것은 단순히 더 열심히 생각하는 것보다는 기독교적 상상력을 키우는 실천에 참여하는 것이다. 우리는 기독교적 방식으로 상상하고, 은혜, 정의, 아름다움, 기쁨, 미덕, 믿음, 소망, 사랑의 렌즈를 통해 교실을 바라볼 수 있는 사람이 되기 위해 투자할 필요가 있다.[95]

이것은 큰 과제이고 단기간에 이룰 수 있지는 않지만, 우리가 활용할 수 있는 몇 가지 실천적인 방법이 있다. 이 책에서는 지금까지 그 방법 중 하나를 모델로 보여 주고자 했는데, 그것은 곧, 교실 관행에 주목하고 그것이 어떤 종류의 세상을 암시하는지, 왜 그렇게 보이는지를 묻고 서로 이야기를 나누는 것이다. 이러한 이야기를 나누고 반성하는 것이야말로 페다고지를 새롭게 보는 능력을 기르는 중요한 방법이다. 신앙 공동체 안에서 의도적으로 이러한 작업을 수행하는 것은 가르침을 기독교적 상상력에 뿌리내리게 하는 방법 중 하나다. 이에 대해서는 7장에서 더 자세히 살펴보겠다.

참여 방식 선택하기

새롭게 보기는 상상력이 중요한 이유에 초점을 맞춘다면, '참여 방식 선택하기'는 학생들이 학습에 어떻게 참여하는지를 중심으로 한다. 우리가 무엇을 하고 있다고 생각하는 것, 교실의 목적과 과정에 대해 상상하는 방식은 학습 경험을 형성하는 데 도움을 준다. 그러나 비전만으로는 부족할 수 있다. 학생들이 참여하는 방식이 그 상상을 뒷받침하고 공감을 불러일으키지 못한다면, 비전은 단지 말에 불과할 수 있다. 수업에서 교수가 상호 의존적인 공동체에 대한 성경적 비전을 웅변적으로 강의하고 있는 동안 학생들은 일렬로 앉아서 앞에서 제시된 질문에 개별적으로 답하고 있는 한 종교 수업을 상상해 보라.

또는 교사가 강의 계획서에 언어를 배운다는 것은 이웃 사랑을 배우는 것이라는 설득력 있는 구절을 써 놓았지만, 학생들은 주로 쇼핑 대화와 문법 연습에 참여하고 있는 한 세계 언어 수업을 상상해 보라. 학기 초에 여러 교수에게 수업 참석이 중요하며 그 이유는 각 사람의 기여가 중요하기 때문이고 그렇기에 누군가가 결석을 하면 수업에 참여하는 그룹 전체가 손해를 볼 것이라는 말을 들은 한 학생이 있었다. 그러나 그 학생은 곧 깨닫게 되었다. 이러한 수업들 역시도 공동체에 대한 그러한 호소가 공허하게 들릴 수밖에 없는 방식, 곧 학생들은 주로 노트 필기를 하고, 수업에 기여할 기회는 거의 주어지지 않는, 다른 수업들과 다를 것이 없는 방식으로 진행되었기 때문이다. 비전은 설교나 사명 선언문을 통해 전달되는 것만큼이나 참여의 패턴을 통해서도 전달되고 검증된다.

참여에 집중하는 것은 일상적인 작업의 의미에 주의를 기울이는 데 도움이 된다. 예를 들어, 독서 과제를 내주는 것과 같은 단순한 행위를 한번 생각해 보라. 어떻게 읽어야 하는지는 고려하지 않은 채 그저 페이지 범위만 정해 주고 학생들에게 읽으라고 지시하지 않는가? 그 책은 천천히, 반복해서, 신중하게 생각하며 읽는 것이 가장 좋은가, 아니면 필요한 답만 찾기 위해 빠르게 훑어보기에 적합한가? 학생들은 이 텍스트를 혼자 읽어야 하는가, 아니면 함께 읽어야 하는가? 조용히 읽어야 하는가, 아니면 소리 내어 읽어야 하는가? 그 본문에 대해 '학생들이' 어떻게 생각하는지 상담할 수 있는 다양한 경험을 가진 교사들이 있는가?

학생들은 그 본문을 한 번만 읽어야 하는가, 아니면 두 번 이상 읽어야 할 만큼 중요한 내용이 있는가? 한 번에 다 읽어야 하는가, 아니면 읽는 중간에 멈추고 곱씹어 볼 필요가 있는가? 읽으면서 목표로 삼아야 할 것은 무엇인가? 머릿속에 정보를 저장하는 일인가, 정서적으로나 심미적으로 반응해야 하는가, 아니면 텍스트에 대한 반응으로 어떤 행동을 취해야 하는가? 학생들은 읽기 전에 배경지식을 습득하기 위해 노력해야 하는가, 아니면 준비 없이 우선 읽고 봐야 하는가? 편안한 의자에 앉아 다리를 올리고 음악을 틀어 놓고 읽어도 되는가, 아니면 고도의 집중력을 요하는 글인가? 우리는 어떤 종류의 참여를 기대하는가? 우리가 활용한 과제, 제공하는 단서, 보상하는 결과를 고려할 때 가장 가능성이 높은 참여 방식은 무엇인가?

교사가 학생의 수업 외 학습 행동에 행사할 수 있는 영향력이 불완전하다는 점을 인정하더라도, 과제가 설계되고, 전달되는 방식과 학습에 대한 책임을 관리하는 방식은 어떤 종류의 독서가 이루어지는지, 읽기 방식에 영향을 미칠 것이다. 이는 결국 학생들이 효율적으로, 여유롭게, 인내심을 가지고, 정의롭게 혹은 겸손하게 읽는 법을 배울 가능성에 어느 정도 영향을 미친다.[96] 교사가 그저 "내일까지 이걸 읽어 와라"라고 말한다면 학습 과정을 의미 있게 만들 기회를 놓치는 것이다. 또한 깊이 있고 참여도가 높은 학습을 지향하지만, 숙제로 내준 텍스트의 양이 너무 많고 시간은 너무 빠듯하다면 학생들은 사실상 대충 읽을 수밖에 없는 상황이 되는, 교사들이 너무도 흔히 경험하는 상황에 빠질 위험도 있다.

독서는 단지 참여의 한 영역에 불과하다. 참여를 선택하는 것은 단순히 참여 여부를 선택하는 것이 아니라 '어떻게' 참여할지를 선택하는 것이다. 학습 과제를 설계하는 방식은 교사와 학생들, 학생 상호 간, 학생들과 주제, 학생들과 텍스트, 학생들과 더 넓은 세상 사이에 모습을 드러낼 참여의 종류에 영향을 미친다. 우리는 어떤 종류의 참여를 원하며, 그 이유는 무엇인가? 이에 대해서는 8장에서 자세히 살펴보겠다.

실천 재구성하기

비전과 참여 사이의 연결은 '실천의 재구성'에 의해 유지된다. 이 측면은 우리의 물질적 자원과 전략을 형성하는 데 중점을 둔다. '교수와 학습'은 체화된, 구체화된 일이다. 의미는 단어(그 단어들조차도 어조와 강조의 변화에 영향을 받는)를 통해서만 전달되는 것이 아니라, 제스처,

자세, 이미지, 자료, 리듬, 침묵, 일시 정지, 반복, 생략, 공간 배치 등을 통해서도 전달된다. 비전과 참여는 시간과 공간 내에서, 단어와 그림, 가구 사이에서 떠받쳐지고 유지된다. 실천의 재구성은 설계와 관련이 있고, 교수와 학습의 이러한 물질적인 측면을 어떻게 형성하고 배치할지와도 관련이 있다.

몇 년 전, 나와 이 주제를 논의하던 몇몇 기독교인 대학생들이 특정 종교 수업에 참여했던 경험을 털어놓았다. 그들의 설명에 따르면, 교수는 수업의 시작부터 끝까지 질문이나 토론을 위한 시간을 전혀 남겨 놓지 않고 강의를 했다. 높은 강단에서 강의안을 읽었고, 학생들과는 거의 눈을 마주치지 않았으며, 미소도 잘 짓지 않았다. 학생들은 이러한 수업 분위기를 '다소 위협적'이라고 묘사했다. 그들은 학기 초에는 읽어야 할 독서 분량을 다 읽었고 수업 외 시간에 서로 토론하며 나름의 질문을 가지고 수업에 들어갔다. 그렇지만 몇 주 후에는 그렇게 하지 않았다. "저는 그냥 포기했다고 할 수 있어요. 시험에 대비해 노트 필기만 했습니다." 학생들은 교수의 시간, 공간, 신체 언어의 사용 방식과 학생들 자신이 그 수업에 참여하는 방식 사이의 관계를 인식해 가기 시작했다. 나는 또한 학생들이 그 수업을 들으며 학문 분야로서의 종교에 대하여 얻은 생각은 수업에서 다룬 신학적 주제 이상이지 않을까 추측한다. 아마도 강의 내용은 학생들에게 성공적으로 전달되었고, 내용과 관련된 결과도 성공적으로 달성되었을 수 있지만, 그것이 전달된 메시지의 전부는 아니었을 것이다.

또 다른 그룹의 학생들은 교수가 토론이 지속될 수 있도록 반복적으로 시도하고 노력했지만 계속 실패하고 말았던 한 수업을 묘사해 주었다. 학생들은 되돌아보니 교실에 있던 의자의 수가 실패의 중요한 요인이었던 것 같다고 평가했다. 학생 수에 비해 의자가 두 배나 많아서 학생들은 종종 옆 사람과 두 개 이상의 빈 의자를 사이에 두고 앉았다. 빈 의자를 사이에 두고 토론하는 것은 어색하다. 나는 그 교수가 한 학기를 마치면서 비협조적인 학생들을 상대해야 했다고 한탄했을지 혹은 토론을 효과적으로 이끌지 못하는 자신의 무능력을 슬퍼했을지 궁금하다. 그 교수의 머릿속에 가구, 곧 학생들 사이에 있던 의자가 했던 역할이 떠올랐을지 궁금하다.

  교수-학습이 일어나는 물질적 환경에 그에 합당한 주의를 기울이는 것은 무엇을 가르쳐야 하는지, 왜 가르쳐야 하는지, 그리고 학생들이 어떻게 참여하기를 원하는지를 설정하는 것 외에도 세 번째 종류의 질문에 답해야 함을 의미한다. 학습 공간은 어떻게 조직할 것인가? 시간은 어떻게 관리할 것인가? 어떤 종류의 시각적 지원을 사용할 것인가? 어떤 단어, 구절, 은유를 사용할 것인가? 이는 단순한 실용적인 세부 사항이 아니다. 이는 우리가 가르치는 방식에 의해 전해지는 이야기의 일부이며, 우리가 그 안에서 성장하고 배우도록 학생들을 초대하는 '가르치고 배우는 집'pedagogical home의 일부다.

_____ **푸시 패스**

'새로운 시각으로 보고, 참여 방식을 선택하고, 실천을 재구성하는 것', 이 틀을 채택하여 교사들이 자신의 신앙이 가르치는 방식에 어떤 영향을 미치는지 생각해 본다면 무슨 일이 벌어질까? 'What If Learning'(만약에 학습)의 접근 방법에 대한 연구 보고서에서 트레버 쿨링[Trevor Cooling], 엘리자베스 그린[Elizabeth Green], 그리고 그 동료들은 한 영국 성공회 중등학교의 체육 교사 제임스[James]의 사례를 소개한다.

제임스는 기독교 정신과 가치를 표현하는 방식으로 학생들을 가르치는 데 헌신했다. 'What If Learning' 교육에 자극을 받아, 제임스는 열세 살 남학생들을 대상으로 필드 하키의 푸시 패스[push-pass]를 주제로 가르치려던 수업을 다시 생각하기 시작했다. 이 예시는 특히 흥미롭다. 왜냐하면 우리가 기독교 교육을 오직 전달되는 아이디어의 측면에서만 접근한다면 여기서는 할 말이 별로 없어 보이기 때문이다.

푸시 패스는 신체적 기술이자, 필드 하키의 표준화된 동작이다. 고유한 기독교적 패스 동작이나 특별한 기독교적 패스 전략 이론은 없다. 푸시 패스를 배우는 것은 주로 연습, 협응, 그리고 근육 훈련과 관련이 있다. 경험적 연구는 푸시 패스 실행 능력을 향상시키는 데 가장 효율적인 운동이 무엇인지를 알려 준다. 만약 우리가 행동을 그 자체로 어떤 의미가 있는 개별적이고 독립적인 일로 생각한다면, 그리고 신앙과 학습을 신앙에 대해서 이야기하고 기독교적 관점을 갖는 것으로만 생각한다면, 기독교적 페다고지의 측면에서는 더 이상 일어날 일이 거의 없어 보인다.

수업을 다시금 상상하고 새롭게 보는 작업에 착수하면서, 제임스는 영국 스포츠 문화에서 "어떤 대가를 치르더라도 무조건 승리해야 한다"는 사고방식이 퍼져 있음에 대해 고민했다.⁹⁷ 그는 유명한 운동선수와 관련된 스포츠 문화가 소년들에게 미치는 영향과 그 중심에 엘리트적 경기력과 개인의 성공을 최고의 가치로 여기는 현상을 특히 우려했다. 이러한 문화는 팀이나 선수가 원하는 대로 판정이 내려지지 않을 때 심판에게 공격적인 태도를 보이거나 축구에서 반칙을 유도하려고 일부러 넘어지는 것과 같은 행동으로 나타난다.

개인의 성공(승리, 득점, 체력 향상)에만 초점을 맞추어 경기를 하다 보면 다른 선수를 해치는 방식으로 행동할 수도 있다. 그래서 제임스는 학생들이 스포츠를 '팀 프레임워크 내에서의 사랑'이라는 렌즈로 대하기를 원했다.⁹⁸ 이는 스포츠 참여를 이웃 사랑으로 연결하여 다른 사람의 이익, 선에 집중하면서도 자신의 에너지를 다해 경기에 전념하는 것이다. 이러한 초점의 전환은 그의 부서와 학교의 더 큰 의도적 풍토의 일부였다. 존중과 우정과 같은 가치가 강조되었고 이는 전교생이 참여하는 예배에서 성경 본문과 연결되었으며, 엘리트 스포츠의 성공과 관련된 유명세를 대단하다고 여기지 않고 코칭에 집중하기로 한 체육부의 결정에 영향을 미쳤다.

제임스는 하키 레슨을 성경 수업으로 바꿔 버리거나 체육부의 목표 달성을 방해하여 '커리큘럼을 타협'할 가능성을 경계했다.⁹⁹ 그러나 학생들과 소통하는 방식과 일반적인 관행들을 검토하면서, 제임스는 자기가 학생들에게 개인 성과에 중점을 두고 푸시 패스를 가르친다는 사실을 깨달았다. 그래서 그는 수업 방식에 여러 가지 변화를 주기로 결정했다.

수업은 제임스가 학생들에게 푸시 패스를 시연하고, 손과 발, 몸이 어디에 위치해야 하는지와 같은 기술적 세부 사항을 짚어 주면서 시작되었다. 그런 다음 학생들은 두 명씩 짝을 지어 푸시 패스를 연습하되, 한 명은 선수 역할을, 다른 한 명은 코치 역할을 번갈아 가며 수행했다. 코치는 선수들을 보며 메모하고 푸시 패스 기술의 각 요소를 어떤 수준으로 해야 할지 격려해 주었다. 그리고 짝을 이루었던 학생들은 코치가 사용한 전략에 대해 서로 논의했다. 그 후에는 학급 전체가 참여해서 토론하며 각 조의 서로 다른 격려 방식에 주목했다.[100]

여기서 사용한 전략은 푸시 패스를 효과적으로 학습하는 초점에서 벗어나지도 않고, 왜 우리가 이웃을 사랑해야 하는지 성경을 공부하기 위해 하키 연습을 중단시키지도 않는다. 대신, 이 전략은 고백하는 가치에 부합하는 방식으로 그 활동의 틀을 구성한다. 학생들은 협력하여 활동한다. 다른 선수의 발전에 기여하는 데 분명하게 초점을 맞추고, 서로 다른 두 상황에서 다른 선수를 격려하려는 자신의 시도가 효과적이었는지 솔직하게 반성한다. 제임스가 시도한 변화에는 교사의 수사(rhetoric)에 내포된 비전, 학생들이 서로 상호 작용하는 구체적인 방식들(연습과 코칭), 그리고 구체적인 실천들(특정 과제, 질문 및 활용된 평가 도구)이 포함된다. 새로운 시각으로 보고, 참여 방식을 선택하며, 실천을 재구성하는 것이 모두 포함된 것이다.

동료 코칭 및 토론은 하키 게임으로 이어졌고, 연구진은 게임이 진행되는 동안 앞서 이루어졌던 코칭과 토론에서 나눈 내용과 일치하는 학생들의 행동을 주목했다.

수업의 끝에서 진행된 짧은 하키 게임은 아까의 연습이 상대를 보는 새로운 시각에 어떤 영향을 미쳤는지를 강력하게 보여 주었다. 학생들은 심판이 보든 보지 못했든 공이 자기 발에 닿거나 다른 반칙이 발생했을 때 그 사실을 심판에게 숨기지 않고 알렸던 것이다.[101]

연구진이 열세 살 학생들에게 이 수업에서 무엇을 배웠는지 묻자, 그들은 "다른 사람들을 격려하는 방법을 배웠다"고 답했다.[102] 학생들은 이 수업이 자신의 행동에 어떤 영향을 미쳤는지에 대해 다음과 같이 말했다.

> 학생 1   체육 수업에서 기독교적 가치의 일부는 … 어떤 가이드라인 같은 건데, 예를 들어 스포츠맨십을 갖추어야 하고, 그게 기독교와 연결되어서 상대방을 사랑해야 한다는 거죠. 설명하기 어렵지만 … 그들과 불화하지 말라는 건데….
>
> 학생 4   패배를 받아들이지 못해서 배 아파하지 말라는 거죠.
>
> 학생 2   네, 원통해하는 패배자가 되지 말고, 상대를 존중해야 한다는 거죠.
>
> 연구진   네, 그렇군요. 더 추가해서 말하고 싶은 사람 있나요?
>
> 학생 5   상대방을 사랑한다는 건, 지금 우리가 하키를 하고 있

으니까, 특정 규칙이 있잖아요. 예를 들어, 공이 내 발에 닿았을 때, 의도하지 않았더라도 그렇게 되고 말았다면, 상대방에게 솔직하게 "맞아, 공이 내 발에 닿았어"라고 말해야 한다는 거죠. 그래서 정말 조심해야 해요.[103]

의도적인 실천을 추구하는 이 도전은 학생들에게만 국한되지 않았다. 나중에 체육부의 다른 교사들과 대화해 보니, 그들은 클럽 수준의 경기에 참여할 때, 앞의 학생들과 동일한 기준을 지키고자 적극적으로 서로를 격려하고 있었다. 하키 수업은 체육부의 일관된 윤리와 가치를 깊이 실천하고 있었다.

이 에피소드는 기독교 교육이 무엇인지에 대한 중요한 요소들, 다른 연령대의 학생들을 가르치고 하키 이외의 과목을 가르치는 데도 관련이 있는 몇 가지 중요한 요소들을 예시로 보여 준다. 우리는 교사들이 협력하여 기독교적 헌신과 미덕에 비추어 자신의 페다고지적 작업을 새롭게 바라보려고 노력하는 모습을 본 것이다. 이러한 미덕들은 학교 공동체 어디서나, 부서 내에서, 특정 교수-학습 활동 내에서, 그리고 교사들이 학교 밖에서도 일관된 실천을 하고자 헌신하는 가운데 실행된다. 의도적인 선택들은 수업의 의미를 형성하고, 학생들이 채택된 비전에 공감하는 방식으로 '참여하도록' 돕는다.

가르치는 '실천'에 있어서의 구체적인 변화는 원하는 참여 형태와 채택된 비전을 뒷받침한다. 이러한 공동체의 헌신, 메시지, 상호 작용 및 실천의 네트워크 내에서, 우리는 학생들의 행동과 상상력에서 선언된 목표와 일치하는 결과들을 볼 수 있다. 나는 이것이 '기독교적 교수-학습'이라고 믿는다. 신학을 가르치는 데 초점을 둔 좁은 의미의 '기독교적 교수-학습'이 아니라, 기독교적 정체성에서 형성되고 표현되는 복합적인 실천의 형태인 '기독교적 교수-학습'이다.[104]

_____ 괴상해 보이는

페다고지적 설계의 각 측면을 더 깊이 살펴보기에 앞서, 약간은 더 복잡한 다른 예를 살펴보는 것이 도움이 될 수 있다. 같은 연구 프로젝트에 참여한 또 다른 교사는 수학을 가르치는 던(Dawn)이었다.[105] 스피어먼의 순위 상관 계수를 배울 때 던은 학생들에게 연속적인 데이터 집합을 기반으로 유명인들의 순위를 매기게 한 다음, 그 두 순위 간의 상관 계수를 계산해 보라고 했다.

자신의 수학 교수법을 어떻게 새로운 시각으로 바라볼 수 있을지 고민한 끝에 던은 두 가지 변화를 주었다. 유명인 목록에 말랄라 유사프자이(Malala Yousufzai)와 마더 테레사(Mother Teresa)를 추가했고, 수업 중간에 잠시 하나님께서 유명인뿐만 아니라 모든 사람을 어떻게 사랑하시는지를 강의했다. 이 두 가지 변화를 제외하고는 그 수업은 이전과 동일하게 진행되었다. 하지만 학생들은 이러한 개입이 수업의 목적에 방해가 된다고 느꼈다. 학생들과 교사 모두 수업 시퀀스가 이상했다고 보고했다. 그린과 쿨링은 이에 주목한다.

이 경우에는 새로운 시각으로 바라보기 단계만이 데이터 내 증거를 통해 발견할 수 있는 유일한 단계였고, 참여를 위한 전략은 재구성되지 않았으며, 나머지 수업의 내용은 원래의 방식으로 되돌아가면서 이상하게 보이게 되었다.[106]

여기서 우리는 너무 급하게, 그 괴상하다는 느낌이 수학 수업에서 신학을 언급했기 때문이라고 가정할지도 모른다. 하지만 그 느낌은 주로 자의적인 사회적 통념의 문제다. 쿨링과 그린은 'What If Learning' 방법을 사용하는 여러 교사들에 대한 다양한 연구를 바탕으로, 다른 결론에 도달했다. 일부 교사들의 수업이 이상해 보인 주요 원인은 가르침을 일련의 중립적인 기술의 집합으로 보는 시각에다가 종종 종교적 언어를 곁들이는 것을 결합하려는 시도를 했기 때문이었다.

자신의 교수법을 새로운 시각으로 바라보는 것은 어느 정도 수용했지만, 학생들의 참여 방식을 선택하고 실천을 재구성하는 데까지는 나아가지 않은 것이 그 요인이었다. 이런 일이 발생하면, 채택된 신앙 언어가 현재 일어나고 있는 일에 대해 실질적인 영향을 거의 발휘하지 못하고, 임의로 끼어든 방해물처럼 되어 버린다. 만약 교사가 가르치는 데 있어서 신앙의 역할을 탐구의 과정에 내재하는 어떤 것으로 이해하기보다 진리의 교리에 동의하도록 하는 것이라고 이해한다면 이 문제는 더욱 복잡해진다. 쿨링과 그린은 다음과 같이 결론을 내린다.

전달 모드에서, 참여 전략이나 학습 실천과 관련해서 거의 변한 것이 없는 수업에서는 '새로운 시각으로 보기'가 새로운 기독교 콘텐츠를 걸 수 있는 고리가 된다. 이는 교수-학습을 기본적이고 중립적인 사실을 전달하는 순전히 인지적 과정으로 가정하는 페다고지의 모드와 일치한다. 우리는 학문 주제 분야가 아니라 페다고지 곧 교수 모드가 'What If Learning'과 상호 작용하여 수업을 이상하게 만드는 주된 원인이라는 결론에 도달했다.[107]

이것이 강조하는 바는 새롭게 보기, 참여 방식 선택하기, 실천 재구성하기를 서로 분리된 단계로 이해하기보다는 각 단계가 다른 단계에 의존하는, 가르침의 동시적인 측면들로 이해해야 한다는 것이다. 심지어 기독교 학교에서도 참여의 형태와 물리적 실천의 형태가 언어적으로 표현된 비전과 조화롭게 일치하지 않는다면 신앙 언어가 그 상황과 분리되어 이상하게 들리기 시작한다. 그 결과는 마치 텔레비전으로 테니스 경기를 보는데 오디오 채널은 축구 경기로 되어 있어서, 축구 경기의 용어가 테니스의 동작을 설명해 주는 것과 비슷할 수 있다. 그러니 이상하게 들릴 수도 있고, 혹은 우리가 축구 용어와 테니스 동작 사이의 미미한 연관성을 찾는 데 익숙해져서 테니스에 대해 아주 이상하게 이야기하는 사람들이 될 수도 있다.

세속화된 문화적 상황에서는 신앙 언어의 도입이 남들에게 이상함을 줄 수 있는 상황이 항상 존재하겠지만, 그 타당성을 높이고 어색함을 줄이는 방법 중 하나는 언어와 실천 사이의 간극을 주의 깊게 살펴보는 것이다. 이를 통해 우리가 사용하는 신앙 언어가 우리가 하는 일을 묘사하고, 우리가 하는 일이 우리가 사용하는 언어에 그럴듯한 무게를 실어 주는 상황으로 나아갈 수 있다.

    신앙 고백과 교실에서의 실천 사이의 이러한 일치감을 촉진하는 것이 'What If Learning' 모델이 목표하는 바다. 복잡하고 타락한 세상에서는 이러저러한 다양한 종류의 간극이 항상 존재하겠지만, 그렇다고 해서 이 사실이 우리가 더 상상력이 풍부한 참여와 실천에 있어서의 더 큰 통전성을 향해 나아갈 수 없음을 의미하지는 않는다. 지금까지는 모델을 요약하고 그 모델이 작동하는 방식을 어느 정도 설명했으니 이제 속도를 늦추고 모델의 각 측면을 자세히 살펴보도록 하겠다.

성찰과 토론을 위한 질문

● 당신이 학생들에게 분명하게 설명하고, 구체적인 학습 실천들을 통해 지원하며, 가르치는 상황 밖에서도 당신 스스로에게 책임을 묻는 그러한 주요 가치의 예시에는 무엇이 있을까?

● 학생들에게 "내가 하는 대로 하지 말고 내가 말하는 대로 하라"는 암묵적인 경고와 함께 제공하는 권면이 있는가? 실천하는 교수법 중 당신의 비전 진술이 공허해지도록 만들 수 있는 부분이 있는가?

● 제임스의 하키 수업에 대한 분석은 당신이 일반적으로 기독교 교육에 대해서 생각하는 방식과 어떤 면에서 공명하고, 어떤 면에서 도전을 제시하는가?

● 새로운 시각으로 보고, 참여를 선택하고, 실천을 재구성하는 이 세 가지 측면 중 어떤 것이 당신의 관심을 끄는가? 당신의 실천에서 주목받지 못할 가능성이 가장 높은 측면은 무엇인가?

● 어떤 구체적인 방법으로 다른 사람들과 협력하여 기독교적 상상력을 육성하고 그것을 떠올리게 하고 공감하게 되는 실천을 개발할 수 있을 것인가?

실천 과제

서두르지 않고 생각할 수 있는 시간과 장소를 찾으라. 당신이 가르치고 있는 활동 한 가지를 선택하여 이 장에서 설명한 세 가지 각도에서 생각해 보라. 기독교적 상상력이라면 이 활동의 요점이나 의미를 어떻게 볼 수 있을까? 서로가 서로에게 그리고 주제에 대해 어떤 방식으로 상호 작용하고 참여하는 것이 이 비전에 맞을까? 이것이 당신의 물리적 실천들과 교수 환경을 통해 어떻게 지원될 수 있을까? 이 과정이 당신이 이 활동을 가르치는 방식에 어떤 변화를 일으킬 수 있을까?

7장

상상력 작업

'What If Learning'(만약에 학습) 모델을 더 깊이 살펴보고자 할 때, 우리는 먼저 새로운 시각으로 보는 것부터 시작해야 한다. 여기서 초점은 상상력에 있다. 우리가 매우 평범하여 상상력이 별로 없고 창의적이지 않을지라도 우리는 여전히 말과 행동으로 세상이 어떠해야 하는지, 바람직한 세상에 대한 근원적인 이야기를 증언하고 있는 중이다. 기독교적 상상력을 키우는 것은 신앙이 페다고지에 영향을 미치는 과정에서 중요한 역할을 한다. 하지만 우리가 상상력을 발휘하고 있든 아니든 상관없이 어떻게 상상력이 교실에 내주하는지 살펴보자.

＿＿＿＿ 손 들기

당신이 교실 뒤에 서서 학생들과 선생님을 관찰하고 있다고 상상해 보라. 교실 앞쪽의 한 학생이 손을 든다. 이를 본 교사가 학생 곁으로 다가간다. 교사가 학생의 책상 옆에 이르자, 학생이 (질문하는 어조로) 말하고 교사가 (선언적인 어조로) 대답한다. 두 차례에 걸쳐 문답이 오간 후 교사가 다른 쪽으로 이동한다.

나는 의도적으로 이 작은 사건을 중립적인 언어로 설명했다. 방금 무슨 일이 있었는가? 사건에 관련된 각 사람이 자신이 무엇을 하고 있다고 생각했는지를 우리가 더 명확하게 파악할 수 있도록 당신은 어떻게 그 사건을 다시 이야기할 수 있는가? 그들은 어떤 종류의 행동에 참여했는가? 잠시 멈추고 몇 가지 아이디어를 적어 보라.

어느 교실이든 주시해서 관찰해 보라. 그러면 사람들이 서거나 앉고, 팔을 올리고, 하품을 하며, 물체와 기기들을 조작하고, 가리키고, 토론하거나 화면을 보는 등의 여러 모습을 볼 수 있을 것이다. 하지만 이러한 행동을 나열하는 것은 무슨 일이 일어나고 있는지를 이해하는 데 그저 제한적인 방편만을 제공할 뿐이다. 참여자들이 무슨 일이 일어나고 있다고 상상하는지가 중요하다.[108]

학생이 손을 왜 들었는지 그 이유를 몇 가지 생각해 보자. 아마도 그 학생은 과제를 하다가 어렵거나 모호한 내용을 읽었을지도 모른다. 그래서 잘못 판단할까 봐 두려워서, 다음에 무엇을 해야 할지 더 자세히 알고 싶어서 선생님에게 명료한 설명을 요청했을 수 있다. 어쩌면 너무 쉬운 과제였지만 지적인 호기심이 강한 학생이었기에, 교사가 다룰 생각을 못 했던 어떤 부분을 질문했을 수도 있다. 혹은 옆자리 친구를 대신해서 도움을 청했을지도 모른다. 그도 아니면, 수업 종료 5분 전에 흥미로운 질문을 하면 선생님이 숙제 내주는 것을 잊어버릴 가능성이 높다는 것을 알아차렸을 수 있다.

또 다른 이유로, 실제로 있었던 일인데, 한 학생이 여러 번 숙제를 해오지 않아서 선생님에게 심한 꾸중을 들었는데 이번에도 이 학생이 숙제를 안 했다는 것을 수업 직전에 반 친구들이 알게 되었을지도 모른다. 그 학생은 너무나 불안했지만 수업을 빼먹을 수는 없었다. 교실 밖에서 잡힐지도 모를 일이었다. 그래서 반 친구들은 이 학생을 교실 뒤쪽 구석에 있는 캐비닛 뒤로 숨기기로 결정했다. 교사가 교실 안을 돌아다니다가 캐비닛 쪽으로 갈라치면 앞줄에 앉은 학생들이 전략적으로 손을 들어 교사를 다시 앞쪽으로 오도록 유도했다.

이러한 각각의 이야기는 손을 드는 것과 학습과의 관련성을 변화시킨다. 우리는 손을 드는 것처럼 단순한 행동의 의미도 학생들이 상상하는 바에 대해 어느 정도 알기 전까지는 잘 이해할 수 없다. 학습에 참여하고 있는 사람들이 일어나고 있다고 상상하는 바는 실제로 일어나고 있는 일의 일부다.

이 단순한 행동의 경우에도 이러하다면, '언어 학습', '과학 학습' 또는 '현실 세계를 위한 준비와 대응'과 같은 훨씬 더 복잡한 내용은 더욱 그러할 것이다. 겉으로는 같은 공간에서 동일한 행동을 하고 있지만, 지금 여기에서 무슨 일이 일어나고 있는지에 대해서는 각자 다른 이야기를 할 가능성이 있다는 것이다. 이러한 이야기들이 너무 극명하게 갈리면, 학습, 소통, 존중이 무너질 수밖에 없다. 대학에서 과학을 포기하고 다른 과목을 선택하는 학생들을 대상으로 진행한 쉴라 토비아스$^{Sheila\ Tobias}$의 대단히 흥미로운 연구는 교수의 페다고지에 의해 제공되는 상상된 세계와 수업이 어떻게 진행되어야 한다고 학생들 자신이 생각하는 그림 사이의 불일치와 관련된 수많은 사례를 보여 준다. 한 학생의 말을 들어보자.

> 제가 화학에서 무엇을 배워야 했나요? 그 교과를 바라보는 방식인가요? 문제를 정확하게 푸는 건가요? 분석력을 키우는 것인가요? 그리고 교수님의 목표는 무엇이었을까요? 우리가 성공하기를 바라셨을까요? 저는 광대하고 다면적인 과학의 계승자가 되어야 했나요? 아니면 그냥 기술자? … 인문학이나 사회과학에서는 '왜'라는 질문을 하도록 배웁니다. 화학에서 저는 '어떻게'라는 질문만을 하도록 배우는 것 같았습니다. 특정 화학 물질이 혼합되었을 때 어떻게 작용하는지, 반응에서 제한 시약을 어떻게 찾는지, '아무'^{amu}에서 분자 질량을 어떻게 도출하는지, '어떻게'를 알지 못하면 시험을 치를 수 없었습니다. 저는 '왜'라는 질문을 선호하는 저와 같은 학생들은 이 수

업에서 살아남을 수 없다고 느꼈습니다. 이 수업은 우리에게 아무런 도움이 되지 않으며, 우리를 기다려 주지도 않고, 우리는 밀어젖혀지고 말았습니다.[109]

또 다른 학생은 물리학 수업에서 '로드맵의 부재', 그리고 수업 토론에서 '호기심 가득한 질문이 설 자리가 없다는 느낌'에 대해 썼다.[110] 이 특정 학생들에게는, 그들이 학습의 과정과 목적을 상상했던 방식과 수업 관행이 제공하는 세계 사이에 간극이 존재했던 것이다. 학생들은 거시적인 아이디어들과 호기심 충족을 기대하며 과학 수업에 들어왔지만, 구체적인 문제 해결과 정답 찾기에 집중하는 수업과 만나게 되었다. 교수와 학생들 간의 공유된 상상의 부재는 학생들의 몰입과 참여를 떨어뜨렸고, 과학을 계속 배울 수 없도록 과학으로부터 멀어지게 했다.

여기서 중요한 의미에서의 상상력은 단순히 교사와 학생의 내면세계에서 자연스럽게 우러나오는 그 무엇이 아니다. 상상력은 사회적 실천 혹은 관행이라는 지속적인 배경을 통해 육성되고 유지된다.[111] 묻거나 묻지 않은 질문들, 제공되는 예시, 사용되는 이미지, 과제, 교실 배치, 채점 기준, 이 모든 것이 에티엔 웽거Etienne Wenger가 '상상력의 인프라'infrastructure of imagination라고 부르는 것을 제공한다. 상상력의 인프라는 우리가 하는 일의 본질과 목적을 상상하는 특정 방식을 지원하거나 혹은 지원하는 데 실패한 관행들이 제공하는 일종의 상징적인 비계이며, 이 인프라 내에서 우리는 '참여의 정체성'을 형성하고, 이 상황에서 우리가 어떤 사람이어야 하는지에 대한

감각을 계발한다.[112]

두 교사 이야기

어떤 교사든 상상력을 구축하는 과제에 임할 때면 이미 특정 방향으로 향하는 상상력을 가지고 있다. 내 아이들이 고등학교에 다닐 때, 학부모 회의에 참석한 적이 있었다.[113] 과학 교사 두 분이 체육관에 자리를 만들어 놓고 상담을 하고 있었다. 아내와 나는 그 두 선생님과 연달아 대화를 나누었다. 첫 번째 선생님은 내 기억에 화학 선생님이었다. 그는 우리와 악수를 한 후 자신을 짧게 소개하고는 내 아이의 이름을 물었다. 그리고 학생들의 성적이 기록된 노트를 집어 들어 거기서 내 아이의 이름을 찾더니 한 학기 동안 내 아이가 받은 각 과제의 성적을 하나씩 읽어 주었다. 아이가 학업을 성공적으로 잘 해냈다고 언급한 후 우리의 질문을 기다렸다.

우리는 오른쪽으로 약 3미터 정도 이동하여 물리 선생님도 만났다. 그 선생님 역시 우리와 악수를 나누고 자기 소개를 한 후 어떤 학생이 내 아이인지 파악했다. 그리고 잠시 행동을 멈추었다. 잠깐 동안 생각에 잠겼던 선생님은 다음과 같은 이야기를 들려주었다. 내 아이의 뒷줄에 앉은 학생은 학습에 어려움이 있고, 긴 과학 수업 시간을 종종 버거워한다고 했다. 선생님은 내 아이가 재치 있게 적절한 순간에 몸을 돌려 이 학습자가 수업을 잘 따라오고 있는지 확인하는 것을 눈여겨보았다고 했다. 선생님은 이 점을 특히 높이 평가했다. 왜냐하면 자신이 학기 내내 학급은 기독교적 학습 공동체로 기능해야 하며, 이는 모든 학생이 참여해서 학습을 할 수 있도록 돕는 데 모두가 집중해야 한다는 의미라고 강조해 왔기 때문이라고 말해 주었다. 선생님은 다른 학생을 돕기 위해 뒤를 돌아보는 순간을 내 아이가 수업에 중요한 기여를 하는 것으로 보았고, 그 가치 평가를 명확히 알려 주었다. 마지막으로 선생님은 수업에 대해 몇 가지 더 언급한 후 우리에게 질문할 시간을 주었다.

이 두 버전의 대화에서 나는 얼마나 많은 물리 교사들이 학생들에게 기독교 공동체에 어떻게 참여하는지를 가르치는 것이 그들이 가진 페다고지적 책임의 일부라고 생각하고 있을지 궁금해졌다. 과학 교사의 역할을 상상해 보자. 거기에는 무엇이 포함될까? 두 선생님 모두 같은 기독교 학교에서 과학을 가르쳤다. 두 사람 모두 학문적으로 존경할 만한 성과를 거두었다. 내가 아는 한 이 두 선생님은 모두 과학 교사로서 유능했고, 학생들이 과학의 본질, 과정, 그리고 결과들을 이해하도록 효과적으로 가르쳤다. 그러나 그들은 각자의 역할을 다르게 상상하는 것 같았다. 그들은 분명히 부모를 그리고 부모와 소통하는 일을 다르게 상상했다.

한 교사는 그 상호 작용의 기회를 다른 전달 채널을 통해 이미 제공된 성적 정보를 반복하는 데 사용했고, 다른 교사는 기독교 교육을 위한 더 넓은 비전을 소통하는 시간으로 사용했다. 또한 그들은 아마도 과학을 가르치는 과업도 다르게 상상했던 것 같다. 두 사람 모두 과학 수업이 과학을 학습하는 일에 집중해야 함을 부인하지 않았지만, 한 교사만이 과학 학습을 기독교적 미덕의 실천과 관련지었다. 마치 한 명은 벽돌을 완벽한 정사각형 모양으로 자르는 데 집중하는 반면, 다른 한 명은 이 벽돌이 성당을 건축하는 데 도움을 된다는 것을 알고 있는 듯했다.[114]

광합성 설명하기

내가 한 기독교 중고등학교에서 '전문성 개발의 날'professional development day을 인도할 때 과학 교사들과 대화를 나눈 적이 있다. 나는 각 부서와 시간을 보내며 기독교 교육에 대한 교사들의 기여도를 논의해야 했다. 과학 부서와 대화를 시작하려고 자리에 앉았을 때, 연륜과 경험이 풍부해 보이는 한 생물 선생님이 말을 꺼냈다. 그는 내가 그에게 기독교 세계관을 가져야 하고, 그것을 자신의 업무에 적용해야 한다고 설득하지 말라고 했다. 그런 식의 강의는 여러 번 들었고, 이미 그렇게 실천하고 있다고 했다. 그 선생님은 기독 교사로서의 정체성을 확립하고자 애쓰고 있고, 자신의 신앙을 신실하게 적용하여 학생들을 가르치고 있었다. 그는 한 번 더 그러한 권면을 받고 싶지 않다고 밝혔다. 그런데 '문제'가 있다고 했다. "대부분의 시간에 내가 그저 광합성에 대해 설명하고 있다는 겁니다."

그의 발언에서 세 가지가 내 마음에 걸렸다.

첫째, 기독교 학습에 대해 이야기하고자 기독교 고등교육 기관으로 누군가가 초청된다면, 가르침이라는 과업을 위한 실제적인 안내 지침은 거의 없이 그저 철학적인 권면만 듣게 되리라고 예상한 것이다. 이런 경험을 여러 번 했기 때문에 그는 처음부터 그런 일이 일어나려는 것을 막으려고 했다.

둘째, 신앙이 가르침과 어떻게 연계되는지에 대해서 그가 기독교 학교에서 가르치면서 얻은 견해는 주로 논란의 여지가 있는 수업 내용을 다루는 데 집중되어 있었다. 그렇기에 기독 교사가 된다는 것이 신자들 사이에서 논쟁이 되는 문제들(기원, 기후 변화, 유전 공학 등)에 대해 기독교적 견해를 밝히는 것을 뜻한다면, 다른 모든 과학 교사들과 동일한 사실을 사용하여 그저 광합성이 어떻게 작동하는지 설명하는 일은 기독 교사로서의 정체성과 크게 관련이 있을 것처럼 보이지 않았다. 만약 명시적으로 논의할 만한 기독교적인 내용이 없다면, 남은 것은 그냥 가르치는 것이라고 생각하는 것 같았다.

셋째, 결과적으로 그는 신앙이 자신이 하는 대부분의 업무에 얼마나 관련이 있는지 확신이 없었던 것 같다. 왜냐하면 대부분의 시간 동안 일어나고 있는 일이라고는 그저 과학을 가르치는 일뿐이었기 때문이다. 그가 신앙과 학습의 관계를 상상했던 방식은 신앙과 관련된 모든 차량을 건너게 할 단 하나의 좁은 다리만을 그에게 남겨 놓았고, 일상적인 행동은 신앙과는 거의 관련이 없다는 느낌을 주었다.

우리는 한 시간 동안 신앙과 과학과 가르침이 상호 작용할 수 있는 다양한 방법을 논의했다.[115] 실험실 작업이라든지 혹은 동료와의 협력에 있어서 좋은 과학자가 되기 위해 필요한 미덕들은 무엇일까? 그중 기독교적 미덕과 겹치는 것이 있는가? 교실에서의 어떤 행동들이 이러한 미덕을 기르는 데 도움이 될 수 있을까? 학생들은 과학과 미덕 간의 연결을 어떻게 상상하는가? 그들은 신앙과 과학이 필연적으로 충돌할 수밖에 없는 관계라고 상상하는가? 교실에서의 어떤 행동들이 이 상상에 도전할 수 있을까?

과학 교실의 미학은 어떨까? 교실이나 학습 활동의 설계가 경이로움이나 감사를 불러일으키는가, 아니면 숙달과 성취에만 집중하게 하는가? 학습 활동의 패턴은 학생들이 자신 외에 다른 사람들의 학습 요구에도 관심을 갖게 하거나, 자신들의 학습이 어떻게 봉사로 이어질 수 있는지를 생각하게 하거나, 또는 배운 바를 어떻게 남들과 은혜롭게 소통할 수 있는지를 고려하는 데 도움이 되는가? 학생들이 과학과 과학자의 권위를 지나치게 신뢰하는가, 아니면 거의 신뢰하지 않는가? 학습 활동의 설계가 학생들이 과학, 기술, 사회 사이의 연관성을 추적하고 정의와 사회적 안녕에 관한 질문을 하는 데 도움이 되는가?

우리는 질문과 논의를 계속 이어 갔다. 마지막에 그 생물 선생님은 다음과 같이 말했다. "아, 전에는 이런 식으로 생각해 본 적이 없었네요." 우리가 그리스도인인 것에 무엇이 포함되는지를 상상하는 방식, 신앙을 상상하는 방식, 증언하는 것을 상상하는 방식 등 우리의 상상력의 이런저런 측면들이 가르침이라는 과제를 생각할 때 우리가 보는 여러 가능성을 제약한다. 페다고지는 상상력에 깊이 뿌리를 두고 있으며, 하나를 개선하기 위한 작업은 다른 하나를 개선하기 위한 작업을 수반한다.

_____ '쓰나미' 사진

공유된 상상은 질문, 단어, 장 제목 또는 그림의 선택과 같은 단순하고 구체적인 것에서 양분을 공급받고 그것들에 의해 형성된다. 이것이 바로 상상력을 참여 및 실천과 밀접하게 연관시켜 생각해야 하는 이유다. 나는 지난 몇 년 동안 여러 나라의 많은 교사와 함께 다음과 같은 간단한 연습을 해보았다. 당신도 지금 대답해 보라. 아래에 있는, 교과서에 실린 사진을 자세히 살펴보고 학교 교과목 중 어떤 과목을 가르치려고 의도한 것일지 상상해 보라.

쓰나미란 무엇인가? 쓰나미란 해저의 갑작스러운 변위로 인해 발생하는 강력한 해양 파도다. 이러한 변동은 주로 해저 지진으로 인해 발생한다. '쓰나미'는 일본어로 '항구의 파도'라는 뜻이다. 2004년 12월 26일 인도양에서 발생했던 해양 쓰나미는 상상할 수 없는 슬픔을 초래했던 자연재해였다.

다양한 환경, 학교 시스템, 심지어 여러 대륙에서 이 질문을 던져 보았는데, 답변이 상당히 일관되게 나왔다. 사람들은 대부분 저 페이지가 역사, 지리 또는 자연과학 교과서에 속했으리라고 추측한다. 사실은 고등학교 수학 교과서인데 말이다.

내가 교사들에게 던진 다음 질문은 왜 역사나 지리 혹은 자연과학 교과서라고 답했는지가 아니다. 그러한 연결을 짐작하게 할 만한 단서들은 상당히 많기 때문이다. 나는 왜 수학 교과서가 아닐 것이라고 생각했는지 묻는다. 여러 교사 그룹에 물어보았지만 이 대답 역시 대체로 일관되며, 일반적으로 다음과 같은 내용을 포함한다.

첫째로, 교사들은 저 페이지에 숫자가 없다는 의견을 제시한다. 이 대답이 흥미로운 것은 그것은 사실이 아니기 때문이다. 상단 제목에 숫자가 눈에 잘 띈다. 이 숫자들을 숫자로 고려하지 않는 이유는 무엇인가? 그 숫자들은 조작할 수 있는 추상적인 수치가 아닌 역사 속의 어떤 날짜이고, 특정 수학 연산과는 전혀 관련이 없어 보이기 때문이다.

둘째로, 또 교사들이 자주 하는 말은 그 사진에 사람이 있다는 것이다. 많은 교사는 수학 교과서에서 사람의 이미지를 볼 것을 기대하지 않는다. 앞의 숫자와 관련된 진술과 마찬가지로 이는 과장된 진술이다. 나는 수학 교과서에서 사람의 사진을 본 적이 있다. 이 불협화음은 단순히 수학 교과서에 사람이 등장하는지 그렇지 않은지에 의해 발생되었는가, 아니면 사람 이미지의 등장뿐 아니라 우리의 공감을 불러일으키는 사람의 이미지가 수학 교과서에 들어

간 것으로 인한 것인가? 사진 속 사람들은 수학적 기술을 필요로 하는 직업이나 테크놀로지를 사례로 보여 주고 있지 않다. 도리어 자연스러운 배경에 있는, 그리고 무서운 역사적 사건의 한가운데에 있는 사람들을 보여 주고 있다. 이는 대부분의 사람이 본능적으로 수학과는 관련짓지 않는 연상을 만들어 내게 한다. 수학은 영향으로부터 자유롭고 특정 역사적 상황이나 다른 사람들의 필요로 인해 우리에게 부여된 소명에 강력하게 결합되어 있지 않는다고 가정하는 것이다. 그러므로 저 사진은 어울리지 않는 사진이다.

셋째로, 교사들은 챕터 제목과 저 사진 밑에 달린 서술적 문구가 잘못되었다고 말한다. 예상되는 수학 교과서의 챕터 제목은 사건이나 날짜가 아닌 수학 연산의 이름이다. 사진 아래, '쓰나미'는 수학 교과서에 적합한 종류의 개념이 아니다. 저 교과서에 나오는 첫 단락은 수학적 개념을 소개하지도, 수학 연산을 수행에 하는 것에 대한 방향을 제시하지도 않는다(사실 나는 이 연습을 위해 의도적으로 텍스트의 일부만 보여 주었고, 원래는 사진 아래에 내용이 더 있다고 고백하는 바다).

분명한 것은 수학 교사든 아니든, 그리고 어느 학교에서 가르치는지에 상관없이, 우리는 수학 교과서가 어떤 모습이어야 하는지에 대해 상당히 안정적인 개념을 공유하고 있다는 것이다. 우리 모두는 수학 교과서를 한 번쯤은 본 적이 있고, 야외에서도 수학 교과서를 알아볼 수 있다. 수학 교과서는 최소한의 흥미만 유발하는 시각 자료들을 사용하고, 수학 연산들의 이름으로 각 장의 제목을 붙이며, 사회적 상황과는 동떨어진 추상화된 숫자들을 나열하고, 제한된 범위의 경험에서 나온 연습 예제를 제공해야 한다는 것이 우리의 인식이다. 우리 대부분은 수학 교과서가 어떤 모습이어야 하는지 의식적으로 생각해 본 적은 없지만, 그럼에도 불구하고 대체로 이와 같은 일관된 개념을 공유하고 있다. 이 개념은 찰스 테일러 Charles Taylor가 사회적 상상으로 언급한 것의 일부다.[116]

사회적 상상

많은 개신교 기독교 교육 맥락에서는 '세계관'이라는 언어를 사용하여 배경이 되는 가정 background assumptions의 역할을 이야기하는 것이 일반적이다. 사회적 상상에 대한 이야기는 그것과 관련이 있지만 몇 가지 차이점이 있다. 많은 기독교 교육 맥락에서 '세계관'은 매우 넓은 범위의 신념을 나타내는 용어, 특히 근본적이면서 철학이 형성하는 종류의 신념을 포함하는 용어로 기능한다. 우리는 왜 여기에 있는가? 세상은 본질적으로 선한가, 전적으로 타락했는가, 아니면 그저 움직이는 물질일 뿐인가? 구원이나 진보의 원천은 무엇인가? 우리는 어디로 향하고 있으며 모든 것은 어떻게 끝날 것인가?

우리가 살고 있는 실재의 성격에 대한 이러한 기본적 신념들은 세상에 대한 오리엔테이션을 제공한다. 기독교 세계관은 이러한 기본적인 질문에 기독교적인 답을 제시하는 세계관이라고 할 수 있다. 하나님께서 세상을 창조하셨고, 그 세상은 하나님이 보시기에 좋았다. 불순종은 죄를 가져왔으며, 이제 우리는 타락한 현실에서 살고 있다. 모든 것의 구속은 그리스도의 삶과 죽음, 하나님의 평화와 사랑, 정의의 통치를 완성하기 위해 다시 오실 주님의 삶과 죽음에 초점이 맞추어진다.[117] '세계관'이라는 용어를 사용하는 다른 방식들도 (그리고 기독교 세계관을 이야기하는 다른 방식들도) 있지만, 이 용어는 종종 세상에 대한 우리의 기본적이면서, 우리의 위치를 파악하여 방향을 정렬하게 하는 신념들을 명확히 하는 문제를 가리킨다.

이러한 신념들은 확실히 우리의 사회적 상상의 구성 요소일 수 있지만, "수학 교과서 안에 어떤 종류의 사진이 들어가야 하는가?"와 같은 질문을 기독교 세계관에 관련된 논의에서 다룰 가능성은 그다지 높지 않다는 데 주목해야 한다. 또한 이 질문이 성경적인 답이 있을 것 같은 질문처럼 보이지 않는다는 점도 주목해야 한다. 만일 그 질문이 우리의 세계관의 일부라면 오직 훨씬 폭넓은 의미의 세계관, 곧 우리가 사회적 맥락에서 흡수한 무수한 직감과 습관들을 포함하는 의미에서 그럴 것이다. 우리 대부분은 그 문제에 어떤 의식적인 신념도 가지고 있지 않으며, 신학에 기반한 믿음은 더욱더 그렇다. 그러한 질문에 답을 가능하게 할 믿음이나 신념을 명확하게 표현해 보라는 강한 요구에 밀려, 우리 자신도 수학 교육이 무엇인지를 현 세대가 상상하는 그 공유된 방식에 이미 실제 무의식적으로 참여하고 있다는 사실을 발견하기 전까지는 말이다. 상상력의 관점에서 이에 대해서 이 문제를 논의하는 것은 고백하는 신앙의 교리의 관점에서 말하는 것과 구별된다.

테일러는 사회적 상상을 다음과 같이 설명한다.

사회적 상상이라는 용어를 통해 내가 말하고자 하는 바는, 사람들이 흔히 사회적 현실에 관해 자유롭게 생각할 때 떠올리는 그런 지적 도식보다는 훨씬 폭넓고 심층적인 것이다. 내가 염두에 두고 있는 것은 사람들이 자신의 사회적 실존에 대해 상상하는 방식, 남들과 조화를 이루어 가는 방식, 사람들 사이에서 일이 돌아가는 방식, 통상 충족되곤 하는 기대들, 그리고 그러한 기대들의 아래에 놓인 심층의 규범적 개념과 이미지들이다… 내 논의의 초점은 평범한 사람들이 자신의 사회적 환경을 '상상하는' 방식에 맞추어져 있고, 이는 이론적인 용어로 표현되지 않는 경우가 많지만 이미지와 이야기, 그리고 전설 속에 담겨 있다… 사회적 상상이란 공통의 실천을 가능하게 하고 정당성에 대한 감각을 공유하도록 만드는 공통의 이해라는 점이다.[118]

사회적 상상은 이론이나 신학, 또는 명료하게 설명되는 신념의 집합이 아니라 세상이 어떻게 돌아가야 하는지에 대한 비언어적 감각을 의미한다. 사회적 상상은 특정한 사회적 상황의 이야기와 관행에 참여한 결과로 얻게 된 우리가 세상을 상상하는 방식에 초점을 맞춘다. 예를 들어, 적절한 사회적 분위기에서 내가 당신에게 차 한잔을 권한다면, 당신이 받아들이리라는 영국인으로서의 나의 본능(미국 중서부에서는 종종 실망하기도 하지만), 또는 해안가에서 바닷새를 보면서 잠재적인 음식으로 생각하지 않는 것(이것 역시 보편적인 문화는 아니다)을 포함한다.

이 기본적인 상상은 우리가 세상을 탐색하고 항해해 나가는 데 도움을 준다. 예를 들어, 누군가의 행동이 우리에게 무언가를 팔려고 하는지, 어떤 주장을 증명하려고 하는지, 청혼하려는지 판단할 수 있게 해 준다. 슈퍼마켓 계산대에서 기다리는 동안 인내심을 갖고 서 있을지, 크게 노래를 부를지, 아니면 제자리 뛰기를 할지 (고민하지 않고도) 결정을 내릴 수 있도록 도와준다. 이 기본적 상상은 우리가 학교에서 어떻게 행동해야 할지, 수학 시간에 가방에서 어떤 종류의 책을 꺼내야 하는지, 대략적으로 그 책이 어떤 모양일지, 책을 펼쳤을 때 무엇을 해야 할지 알려 준다. 사회적 상상은 일이 어떻게 돌아가는지에 대한 암묵적인 설명이며, 우리가 한 사회의 구성원으로서 참여해 온 이야기, 이미지, 관행으로부터 비롯된다.

테일러는 다음과 같이 말한다.

> 그러므로 실천과 그 이면에 있는 배경의 이해 사이의 관계는 일방적이지 않다. 이해가 실천을 가능하게 한다면, 실천 또한 이해에 크게 영향을 미친다는 것도 사실이다. 특정 시점에서 우리는 사회 내 특정 집단이 자유롭게 사용할 수 있는 집단적인 행동의 '레퍼토리'에 대해 이야기할 수 있다.[119]

실천은 (내 부모님의 차 마시는 습관과 같은) 사회적 상상을 형성하고 전달한다. 우리가 공유하는 사회적 상상은 실천을 가능하게 하고 계속 유지하게 한다. 우리가 따라야 할 암묵적인 각본을 제공하기 때문이다. 우리가 수학 수업에서 무엇을 보아야 할지, 무엇을 이야기해야 할지에 대한 널리 공유된 감각은 수학 교육의 본질이 직접적으로 반영된 상이 아니다. 이는 우리의 사회적 상상으로부터, 공유되고 계승된 실천과 그것들이 내포하는 우리가 누구인지에 관한 이야기로부터 끌어온 것이다.

다시 '쓰나미' 사진으로

앞에서 언급한 내용 중 어느 것도 쓰나미 사진을 포함하거나 빼놓는다면 수학 교과서가 저절로 더 좋아진다거나 더 기독교적이 된다는 의미는 아니다. 하지만 그런 사진이 포함되면 어떤 일이 일어날 수 있을까? 이에 대한 답은 맥락과 목적에 따라 달라질 것이다. '쓰나미' 사진 밑에 붙어 있는 텍스트인 그 특정 수학 자료를 다시 살펴보자.[120]

그 교과에서는 '쓰나미'라는 개념을 소개하고 2004년에 있었던 사건을 주목하게 한 후, 사진 아래에 이러한 내용을 덧붙인다.

> 로그 스케일 수학은 지진이 어떻게 측정되는지 이해하는 데 도움이 될 것이다. 삼각 함수를 그래프로 표시함으로써 파동을 정의하는 매개 변수를 공부할 것이고, 이차 함수를 공부함으로써 고립된 사람들에게 어떻게 구호품을 전달할 수 있는지 이해할 수 있을 것이다.

다소 흔하지 않은 사례를 선택하면서 시작했지만, 위의 글을 읽으면 이제 비로소 수학 교과서처럼 보인다. 이 단원의 가르침이 전개됨에 따라, 삼각 함수가 어떻게 물결 모양과 움직임을 모형화할 수 있는지에 대한 작업이 진행된다. 그다음에는 쓰나미를 촉발한 것과 같은 대지진에서 방출되는 에너지를 측정하기 위해 로그 지진 규모 척도를 사용하는 방법과, 거기에서 생성된 소리를 다른 로그 눈금을 사용하여 측정하는 방법을 고려하는 데로 나아간다. 이러한 수학적 연산은 어떻게 해서 지진 발생 후 쓰나미의 도착을 예측하는 조기 경보 시스템을 운영할 수 있도록 할까? 이 시스템은 왜 그 인도양의 재난을 예방하지 못했는지를 돌아보고, 정의^{justice}(개발도상국은 선진국보다 덜 보호받고 있는가?)와 봉사(수학이 안전 증진에 어떤 역할을 할 수 있는가?)라는 문제를 성찰해야 할 여지가 있음을 알려 준다.

    이제 교과서의 설명은 쓰나미 후에 일어난 구호 활동에서의 실제적인 어려움으로 관심을 돌린다. 불규칙한 해안선에 흩어져 있는 사람들에게 음식 상자와 담요를 떨어뜨리는 데는 어떤 수학이 관련되어 있을까? 이차 함수와 낙하하는 물체의 가속도 및 충돌 속도를 계산하는 작업이 필요할 것이다. 산재된 이러한 과업들 사이에 이것이 기독교적 교수 자료라고 하는 명시적인 언급이 여러 번 나온다. 수학적 연습과 함께 학생들은 고통, 자연재해, 글로벌 불평등에 대한 기독교적 반응을 생각해 볼 기회를 얻게 된다.

    여기서 내 목표는 이 단원이 수학 교육 모델로서 적합하다고 옹호하고자 함이 아니다. 교사들과 이 단원을 논의해 본 결과, 교사들이 흥미를 가질 만한 점들과 개선하거나 생략하거나 다르게 하고 싶은 부분도 발견했다. 또한 나는 수학 단원이 기독교적이기 위해서는, 필요나 봉사 혹은 고통에 집중해야 한다고 제안하는 것도 아닙니다. 이 단원의 출처가 된 자료는 수학을 수학 외적 영역의 필요에 적용하는 방법 외에도 여러 다른 접근 방식을 취하고 있다.[121] 나는 그저 어떻게 고등학교 수학 교육 단원처럼 겉보기에는 명백히 평범하고, 이데올로기 논쟁과는 거리가 먼 것조차도 세상을 상상하는 특정한 방식에 의해 지탱되고, 또 그 상상을 유지하는 데 기여한다는 점을 보여 주고자 했다. 새롭게 보는 것은 수업을 다르게 디자인하는 계기가 될 수 있다.

대부분의 수학 교과서가 고통, 원조, 봉사 또는 신앙에 관련된 질문에 주목하지 않는다는 사실은 이러한 주제를 수학을 가르치는 자연스러운 방법에 덧붙여지는 어떤 것으로, 이전에는 없었던 이데올로기적 요소를 도입한 것으로 생각하기 쉽다. 그러나 자연스러워 보이는 방식은 우리에게 익숙한 방식이고, 우리의 사회적 상상에 의해 유지되는 방식일 뿐, 수학 교육이라면 필연적으로 반드시 그래야만 하는 방식은 아니다.[122]

한 수학 교수 단원에서는 더 넓은 세계나 인간의 관심사라고 하는 포괄적인 지도와 수학이 어떻게 연결될 수 있는지를 성찰해 볼 틈이 없다. 다른 단원에서는 수학이 삶과 연결되지만 대부분 경제 및 소비 활동과 관련된다. 세 번째 단원에서는 학생들이 봉사와 긍휼을 연결하게끔 한다. 네 번째 단원에서는 유용성에 관계없이 수학적 질서의 아름다움에 주목한다. 이 네 단원은 원칙적으로는 수학적 연산을 익힐 수 있는 기회를 제공하는 데 똑같이 효과적일 수 있다. 동시에 네 단원 모두 수학 학습자라는 것이 무엇을 의미하는지, 수학의 최종 사용자가 된다는 것이 무엇인지, 그리고 더 광범위하게는 교육을 받는다는 것과 현재 자신이 교육을 받고 있는 공동체에 완전히 참여한다는 것이 무슨 의미인지 그 이야기를 들려줄 수 있다.

각 단원은 더 넓은 사회의 사회적 상상이나 또는 사회 내 하위 그룹의 사회적 상상에서 도출된 어떤 상상된 세계, 스토리가 있는 가르치고 배우는 집ª storied pedagogical home을 제공한다. 기독교적 성격의 이러한 이야기를 전달하는 방법이 한 가지만 있는 게 아니다. 페다고지에 대한 사려 깊은 기독교적 접근 방식은 우리의 자료와 실천에 투영되는 상상된 세계들과 그 안에서 살아가는 방식들을 향한 의도적인 성찰을 포함한다.

_____ 떡, 정원, 집

우리가 공유하는 사회적 상상은 우리에게 무엇이 정상인지, 일이 어떻게 돌아가야 하는지에 대한 거의 의심의 여지가 없는 감각을 제공한다. 성경과 우리 자신의 사회적·역사적 맥락의 경계를 넘어 확장되는 성도의 교제에 뿌리를 둔 기독교적 상상력의 함양은 우리의 업무와 상황을 새롭게 볼 수 있도록 도와줄 수 있다. 기독교 역사 전반에 걸쳐 살펴보면 자신의 페다고지에 대한 비전이 성경의 이미지와 교회의 실천을 통해 틀이 잡히고 모양이 갖추어지도록 했던 사상가들이 있었다. 그들은 우리가 다르게 상상하도록 도움을 준다.

살펴볼 예들이 많지만, 여기서는 한 가지 예만 설명하겠다.[123]

12세기 시토 수도회의 수도원장이자 개혁가인 클레르보의 베르나르$^{Bernard\ of\ Clairvaux}$는 아주 방대한 분량의 아가서 설교 시리즈를 저술했다. 첫 설교에서 그는 아가서 설교에서 그의 접근 방식의 틀이 될, 바울이 제시한 대조적 개념 두 가지를 언급한다. 그는 '철학이 가르치는 방식이 아니라 성령께서 우리를 가르치는 방식'으로 가르치겠다고 말한다.[124] 그분은 우유를 제공하는 것이 아니라 영적으로 성숙한 사람에게 적합한 단단한 음식을 제공할 것이다. 이는 자주 반복하여 등장하는 한 이미지로 소개된다. 그 이미지에 따르면 가르치는 것은 학습자들이 함께하는 친교에서 떡을 떼는 행위가 된다. 베르나르가 이 이미지를 가지고 놀면서, 그 이미지의 다양한 측면이 아래와 같이 가르침과 관련해 펼쳐지기 시작한다.

떡은 맛이 있고 영양이 풍부하기에 그는 자신이 가르쳐야 하는 내용이 그것을 받는 사람들에게 진정으로 영양분을 공급할 것이라고 주장한다. 떡은 친교 중에 나누게 되는데, 어떤 사람은 실컷 배부르게 먹은 반면 다른 사람은 주린 채로 있다면 그 만찬은 실패한 것이다. 이와 동일하게 학습자들은 서로에게 책임이 있다. 그 책임은 학급의 경계를 넘어 확장된다. 그 공동체에 방문한 사람들, 떡을 구하는 나그네들도 환영하고 포용해야 한다. 배우는 모든 사람은 그 가르침이 '친구의 찬장에서 나온 것'이라는 확신을 가질 수 있어야 하듯, 교사가 그들의 유익을 위해 헌신하고 있다는 것을 확신할 수 있어야 한다.[125]

그리스도의 성품은 교수와 학습에서 분명하게 드러나야 한다. "당신이 떡을 뗄 때 바라보아야 할 분은 바로 주님이다."[126] 떼어진 떡은 그것을 떼는 제사장보다 더 큰 분을 가리키기에, 베르나르는 다른 사람을 섬기는 수단으로 자신의 손을 내미는 때조차도 자신을 '당신이 그로부터 아무것도 기대하거나 찾지 않는 사람, 그저 구도자 가운데 한 사람'으로 겸손하게 자리매김한다.[127] 오천 명을 먹이고 남은 떡 조각은 바구니에 거두어들였듯이, 미사에서 떡 조각은 너무나 소중해서 바닥에 떨어뜨리면 안 되듯이, 교사는 학습자들에게 모든 세부 사항에도 주의를 기울이라고 촉구한다. 왜냐하면 "그것들을 잃어버리지 않도록 가장 작은 조각까지도 거두라는 명령을 받았기 때문에, 한 획도 생략할 수 없다."[128]

신학과 이미지 그리고 페다고지의 이러한 혼합은 감정과 의지 그리고 영을 사로잡는 참여에 중점을 둔 수도원적 초점에서 자양분을 얻는다. 베르나르의 페다고지는 거리를 둔, 관여됨이 없는 이해를 목표로 하지 않고, "마음을 깨우치고, 감정과 행동으로 기꺼이 자발적으로 반응하게 하는 통찰력을 추구한다."[129] 베르나르에게 있어서, 잘 활용된 이미지는 감각을 사로잡고, 사랑을 일깨우며, 우리를 자신과 이웃의 번영을 지향하는 지혜로운 행동으로 나아가도록 이끈다.

베르나르의 설교에 사용된 다른 많은 이미지 중에서도 환대하는 친교의 자리에서 떡을 떼는 것과 같은 가르침의 이미지는 가르치고 배우는 것이 무엇인지에 대한 감각을 형성하고 전달하는 데 도움이 된다.[130] 가르치는 것을 떡을 떼는 것으로 상상한다면, 그 상상은 우리의 가르침에 대해서 그것이 진정한 영양을 제공하는지,

모든 이가 진정으로 포함되고 있는지, 학생들을 위해 준비한 것에 향기나 맛이 있는지, 우리가 다스리는지 섬기고 있는지, 얼마나 세세한 부분까지 신경을 쓰는지, 그리고 우리의 학습 공통체의 성격이 어떠한지에 주의를 기울이는 질문을 하도록 초대한다.

베르나르의 글과 함께 시간을 보낸 후, 나는 가끔 수업에 들어가면서 스스로에게 "내가 오늘 준비한 것이 정말 떡인가? 학생들에게 정말 도움이 될까?"라고 물어보는 나 자신을 발견한다. 다른 때는 "이 수업에서 굶을 위험에 처한 사람은 누구일까? 어떻게 하면 그걸 변화시킬 수 있을까?" 하는 고민을 해본다. 이 이미지는 우리에게 우리가 정확히 무엇을 해야 하는지를 알려 주지는 않지만, 사회적 상상의 경계를 확장할 수 있는 페다고지적 상상력의 틀을 제시한다.

지난 몇 년 동안 몇몇 기독교 학자들은 베르나르의 떡을 떼는 그림의 더 넓은 의미를 탐구해 왔다. 우리가 가르치는 것을 환대하는 행위로, 교실을 환대하는 공간으로 생각한다면 어떨까? 이것이 어떻게 학생들의 이름을 익히는 우리의 접근 방식에 영향을 미칠까? 학습 공동체를 세워 가는 일환으로 문자 그대로 식사를 나눌 수 있을까? 그것의 역할은 무엇일까? 이러한 교실 이미지는 대하기 어려운 학생들과 몰지각한 행동들을 직면하는 데 있어서 어떤 자원을 제공할 수 있을까? 그것이 어떻게 우리가 모델링하는 지식과의 관계를 구성하고, 학생들이 목소리를 내고 기여하도록 시간을 할애하는 데 영향을 미칠 수 있을까? 어떤 종류의 학습이 학생들이 다른 사람을 더 환대하는 사람이 되는 데 도움이 될 수 있을까?[131]

떡을 떼는 것과 마찬가지로, 환대의 이미지도 성경에 근거할 수 있으며(5장에서 살펴본 것처럼), 우리의 교육적 상상력을 발전시키는 데 기여한다. 기독교적 페다고지의 일부는 풍부한 기독교적 상상력을 길러 내는 것으로, 이를 통해 가르치고 배우는 실천을 새로운 빛 아래 던져보고, 그것이 어떻게 보다 신실하면서도 풍성한 결실을 거두는 방식으로 조화를 이룰 수 있을지 탐구하는 것이다. 우리는 성경의 말씀과 이미지를 듣고 또다시 듣는 일에 몰두하고, 기독교 공동체의 체화된 리듬에 참여하며, 교실에 은혜가 임했을 때에 대한 서로의 이야기(학생들의 이야기를 포함해서)를 경청하며, 기독교 역사를 통틀어 교육적 실천에 대해 신학적으로 성찰해 온 과거의 실천가들로부터 들을 필요가 있다.

기독교적 상상력을 육성한다고 해서 그 결과로 얻어지는 페다고지를 정당화하지는 않는다. 기독교인은 비뚤어진 상상을 할 수 있으며, 상상을 잘하고도 못 가르칠 수 있다. 또한, 기독교적 상상력을 기르는 것이 경험적 관찰을 통해 가르침의 효과가 무엇이었는지를 파악하는 일을 대체하지도 않는다. 그러나 기독교적 상상력은 우리의 주의를 어디로 돌려야 할지 제시할 수 있다. 그것은 우리가 어떤 종류의 사안들을 경험적으로 조사해 볼 필요가 있을지, 그리고 우리가 가르칠 때 어떤 사람이 되기를 원해야 하는지 제안할 수 있다. 그런 다음 이것은 우리의 실천을 구체적으로 설계하는 과정에서 풀어져 나와야 한다. 그래서 우리는 이제 상상력의 역할에서 벗어나, 그 결과로 얻을 수 있는 참여의 유형들, 곧 서로와 학습할 내용과 어떻게 상호 작용할지에 대해 논의하고자 관심을 돌린다.

성찰과 토론을 위한 질문

- 이 장의 첫 번째 부분에서 설명한 두 명의 과학 교사를 떠올려 보라. 만일 당신의 수업에서 학생들이 무엇을 배우고 있는지 묘사할 수 있는 시간이 5분 주어진다면, 무엇을 강조하겠는가? 그 이유는 무엇인가?

- 학생들이 공부할 때, 당신의 교과 영역의 학습의 목적과 과정을 어떻게 상상한다고 생각하는가? 이것이 어떤 방식으로 변화되기를 바라는가?

- 교실에서 가르치고 배우는 것은 떡을 떼는 것과 같다고 생각하는가? 당신이 가르치는 접근 방식은 어떤 면에서 떡을 떼는 것과 같은가?

○ 가르침에 대한 당신의 접근 방식을 묘사하고자 하면 어떤 비유가 떠오르는가? 그런 비유들이 기독교적 상상력과 연결되는 것 같은가?

○ 학습의 목표와 상호 작용을 위한 규범과 관련해서 당신의 수업에서 공유된 상상을 구축하기 위해 어떤 전략을 사용할 수 있을까?

> 실천 과제

서두르지 않고 생각할 수 있는 시간과 장소를 찾아보라. 가르치고 있는 특정 단원이나 주제를 생각해 보라. 그것이 더 넓은 세계 또는 인간 경험의 어떤 측면과 연결될 수 있을까? 이 주제에 접근하는 가장 일반적인 방법에서는 아직 탐색되지 않은 채로 남아 있는 어떤 잠재적 연결 고리가 있을까? 이 주제가 중요한 이유는 무엇인가? 기독교적 상상력에서 출발하면 이 주제를 새로운 빛 아래 던져 어떻게 새롭게 볼 수 있을까?

8장

함께 사는 삶

'What If Learning'(만약에 학습) 틀의 두 번째 측면은 '참여 방식 선택하기'에 관한 것이다. 여기서는 학생들이 학습 과정에 참여하면서 무엇을 할지에 초점을 맞춘다. 이는 부분적으로는 학생들이 선택할 문제다. 충분한 결의만 있다면 학생들은 가장 창의적인 학습 활동들의 시퀀스 내내 멍하니 넋을 놓고 있을 수도 있고, 가장 지루한 학습 활동을 적극적이고 생산적인 학습 경험으로 바꿀 수도 있다. 그러나 모든 교수 설계$^{teaching\ design}$에는 학생들이 누구이고, 그들이 어떻게 학습에 참여할지(또는 참여하지 않을지)에 대한 일련의 암묵적인 기대가 내포되어 있다. 교수 계획을 세울 때, 우리는 학생들이 어떻게 학습에 참여할지 암묵적 대본을 작성하고 있다. '참여 방식 선택하기'에 초점을 맞추면 우리가 원하는 참여의 형태를 생각해 볼 수 있다.

　　　이 장에서는 참여의 한 예로서 읽기 작업을 더 자세히 다룰 것이다. 학교에서 가장 흔하게 학생들에게 요구하는 참여 형태 중 하나는 무언가를 읽는 것이다. 더 읽어 내려가기 전에 잠시 멈추고 이 질문에 답해 보라: 당신이 읽기를 배운 나이는 몇 살이었는가?

_____

_____

_____

_____

우리 대부분은 읽기를 배운 시점에 관한 질문을 기본적인 독해 능력의 습득과 연관 지어 생각한다. 우리가 일반적으로 읽는 법을 배우는 것을 이야기하는 방식은 그것을 마치 어린 시절에 병뚜껑 따는 법을 배우는 것처럼 그것이 일회성으로 한 번에 습득될 수 있는 것처럼 들리게 한다. 워크숍에서 내가, "아직도 읽기를 배우고 있는 사람이 있나요"라고 물으면 어떤 사람들은 약간 혼란스러워한다. 신기한 일이다. 수년간의 학교 교육을 받았음에도 불구하고 어쨌든 대학은 글쓰기가 학생들이 여전히 숙달해야 할 무언가라고 가정하고 글쓰기 교육을 진행하는 경우가 많다. 그러나 일정 단계의 학교 교육을 받고 나면 우리는 학생들에게 다양한 읽기 과제를 부여하면서도 읽는 방법에 대한 명확한 안내를 제공하지 않는 경향이 있다.

기독교 사상가들은 오랫동안 겸손, 자애, 인내, 정의와 같은 미덕과 읽기 행위와의 관계를 탐구해 왔으며, 읽기가 어떻게 이러한 미덕을 촉진하고 구현할 수 있는지를 고민해 왔다. 그들은 텍스트를 소모적인 대상으로 취급하여 효율적으로 자원을 채굴하고는 다음 단계로 넘어가는 그러한 종류의 읽기와, 지혜와 개인적인 변화를 추구하기 위해 인내하며 자신을 본문에 복종시키는 종류의 읽기를 구별했다. 성도는 무엇을 읽고, 무엇을 읽지 말아야 하는지, 책을 '어떻게' 읽어야 하는지, 그리고 텍스트와 씨름하며 상호 작용하는 방식이 우리가 누구이며 어떤 사람이 되고 싶은지에 대해 암시하는 바가 무엇인지를 성찰해 왔다.[132]

나는 이 장을 특별히 긴 한 가지 예시, 한 학기의 강의를 통해 접근하기로 했다.[133] 여기서는 수업 디자인에 대해서, 그리고 시간이 지남에 따라 참여 방식이 어떻게 전개되는지를 살펴볼 수 있을 것이다. 사례로 다룰 수업은 독일의 유명한 루터교 신학자이자 목회자이며 순교자인 디트리히 본회퍼^{Dietrich Bonhoeffer}에 대한 강좌다.

이 강좌의 내용을 선택하는 것은 비교적 쉬웠다. 내가 어떤 텍스트를 가르치고 싶은지 처음부터 알고 있었기 때문이다. 훨씬 더 몰두했던 흥미로운 부분은 그 본문들과 어떻게 관계를 맺을지였다. 특히 본회퍼가 그의 저서 《성도의 공동생활》^{Life Together}에서 기독교적 학습의 필수적인 요소로서 기독교적 실천에 참여한 것에 중점을 두고자 했다. 학생들에게 그런 텍스트를 어떻게 읽으라고 해야 할까?

_____ 본회퍼에 대한 배경

먼저 배경 설명을 간략히 하겠다. 본회퍼에 대해서는 특히 그의 삶,

신학, 윤리, 정치적 원칙과 행동에 주목하는 연구가 광범위하게 이루어졌지만, 그가 한 대표적인 활동 중 하나가 독특한 교육 기관을 만든 것임에도 불구하고 교육자로서의 측면은 상대적으로 연구가 덜 되었다.[134] 1935년, 본회퍼는 현재 폴란드에 위치한 핀켄발데에 있는 작은 신학교의 책임자가 되었다. 이 신학교는 모든 사회 기관을 나치 이념과 일치시키려는 프로그램에 교회도 발맞추게 하려는 정부의 노력에 저항했던 독일의 소수 개신교 교단인 고백교회 소속이었다. 본회퍼는 몇 년 전 에르빈 수츠Erwin Sutz에게 보낸 편지에서 더 이상 대학을 믿지 않는다고 썼는데, 이는 대학이 제대로 된 신학 교육을 할 수 있는지의 여부를 겨냥한 발언이었던 것 같다.[135]

그는 베를린 대학에서 강사로 일하면서 아무도 관심을 갖지 않는 기도회와 토론 모임을 주선했고, 공개 게시판에서 그의 행사 공지를 삭제해 버리는 학생들과 끊임없이 기싸움을 하는 등 그를 의기소침하게 하는 여러 사건을 겪었다.[136] 그는 목회자를 제대로 훈련시키기 위해서는 '교회-수도원 학교'가 필요하다고 생각했다.[137] 그래서 미래의 고백교회 목회자가 될 소그룹의 학습 환경을 책임질 기회가 주어지자 본회퍼는 학생들이 일반적으로 아는 학습 관행의 경계를 의도적으로 확장했다.

그 준비 과정에는 본회퍼가 성공회 수도원과 신학교를 방문하여 그들의 공동생활 방식을 살펴보고, 전례 이론가들과 상담하며, 에버하르트 아놀드Eberhard Arnold가 설립한 브루더호프Bruderhof 공동체와 교류하며 보냈던 시간이 포함되었다.[138] 그의 형에게 쓴 편지에 언급했던 '옛 수도원주의와의 유일한 공통점이라고는 산상수훈에 따라 그리스도를 따르는 삶의 타협 없는 태도라 할 수 있는 일종의 새로운 수도원주의'를 목표로 지향하면서, 이러한 의도적인 공동의 실천 모델을 가지고 핀켄발데에 접근했다.[139]

그는 믿음을 통해 은혜로 받는 구원을 확언하면서도 은혜는 값비싼 것이며 제자도의 순종으로 가시화되어야 하고, 그러한 순종은 결국 하나님께서 우리를 형성하시는 통로가 된다고 강조했다.[140] 개인적 훈련과 공동체적 훈련은 의를 이루기 위한 기술이 아니라 그리스도의 몸인 공동체 안에서 우리가 '예수 그리스도의 형상을 닮게 되는' 순종의 형태들이었다.[141] "그리스도의 의를 단지 가르치는 것만이 아니라 실천해야 한다"는 본회퍼의 주장은 핀켄발데에서 나온 신학뿐 아니라 그곳에서 실천되는 학습의 형태에도 틀을 제공했다.[142] 이는 좋은 신학적 정보를 전달하는 것을 넘어 학생들을 참여시키는 방법들로 이어졌다.

매일 예정되어 있는 주제에 대한 강의가 있었지만, 본회퍼는 또한 아침과 저녁으로 긴 공동의 경건 시간, 개인 기도와 묵상을 위한 추가 시간, 정오 식사 시간 동안 낭독과 같은 공동체 간 상호 작용의 시간들도 배정했다.[143] 그는 학생들이 더 돈독한 관계를 맺도록, 모든 학생이 수업 기간 동안 적어도 한 번씩은 다른 모든 학생과 각각 긴 산책을 하게끔 시켰다.[144] 친목 게임과 공동체 산책 프로그램도 있었다.

본회퍼는 (브루더호프 공동체에서 차용한) 한 규칙을 제정했다. 누군가가 부재했을 때 아무도 그 사람에 대해 이야기해서는 안 되며, 만일 그렇게 했을 경우, 자신이 한 말을 그 사람에게 알려야 한다는 내용이었다.¹⁴⁵ 본회퍼의 친구이자 전기 작가이고 당시 학생이었던 에버하르트 베트게Eberhard Bethge는 나중에 학생들이 "이 간단한 규칙을 지키지 못한 실패와 이를 다시 지키겠다는 결심을 새롭게 하면서, 설교와 주해를 통해 배운 것만큼이나 많은 것을 배웠다"고 회고했다.¹⁴⁶

핀켄발데에서의 학습은 강의뿐 아니라 자기 성찰과 공동체적 화해를 위한 공간을 마련하려는 의도적인 실천을 통해서도 이루어졌다. 신학교 안팎에서 불평도 있었지만 본회퍼에게 이러한 실천은 학습되어야 할 바의 본질적인 부분이었다.¹⁴⁷ 이 기간 동안 본회퍼의 상상력을 사로잡았던 제자도에 대한 성찰은 특정한 형태의 학생 참여 계획으로 표현되었다.

1937년 8월 힘러Himmler가 고백교회 목회자들의 교육을 불법으로 선언할 때까지 본회퍼는 2년 동안 신학교를 이끌었다. 한 달 후, 당국은 신학교를 폐쇄하고 27명의 목회자와 학생들을 체포했다. 그 후에도 본회퍼는 몇 년 동안 여러 곳에서 불법적으로 신학교 강의를 계속했다. 그의 유명한 저서 《제자도》Discipleship는 핀켄발데 시절에 나왔으며, 1938년 말 4주 동안 집필하여 1939년에 출간한 짧은 책 《성도의 공동생활》Life Together도 마찬가지다.¹⁴⁸

_____ **함께 사는 삶 가르치기**

《성도의 공동생활》은 신학교의 일상적인 실천 중 많은 부분을 설명하고 그에 대한 신학적 근거를 제시한다. 나는 대학 학부의 독일어 수업에서 1학점짜리 특별 주제 선택 과목에서 이 교재를 가르치기로 했다. 이 책은 독일어를 배우는 학생들에게 언어적으로 쉽게 접근할 수 있고 길이도 적당하며 독일 역사에서 늘 관심을 받는 시기에 쓰인 중요한 독일 신학 저작을 접하게 한다. 또한 독일어로 학술적 읽기를 연습하고, 어휘력과 역사적 이해를 증진하며, 기독교적 실천과 형성 및 기독교인 학습자로서 함께 사는 삶의 본질에 관한 질문들을 깊이 탐구할 수 있는 기회를 제공한다. 그렇다면 이 책은 어떻게 읽어야 할까?

강의를 준비하면서 이 책을 가르치는 다른 사람들의 사례를 찾아보았다. 짐 벨처Jim Belcher는 핀켄발데를 다루는 에세이에서, 그가 처음 이 책을 읽은 것은 중국에서 영어를 가르쳤을 때 그 기관에서 이 책을 읽도록 했을 때였다고 한다.[149] 그 기관은 교사들이 공동체를 이루는 데 도움을 주려고 했다. 벨처는 나중에 한 교회에서 이 책에 나온 주제를 가르친 적이 있었다. 하지만 그는 그동안 교회에서 해 왔던 익숙한 방식, 즉 자신은 본회퍼의 책에 있는 견해와 신념을 설교하고 회중은 듣는 데 집중하는 방식을 취했다. 그의 말을 들어보자.

> 수년간 교회 공동체를 활성화시키기 위해 고군분투했던 교회 개척자이자 목회자로서 나는 복음의 거대 내러티브를 통해 공동체의 비전을 고취시키고자 반복적으로 노력해 왔다. 이것은 중요한 첫걸음이다. 그러나 이는 공동체의 귀에 들려지

지 않았고 자주 묵살되었다. 내가 이해하지 못했던 것은 그 첫 번째 걸음이 공동체 전체를 아우르는 새로운 의식, 대항하는 전례로 강화되어야 할 필요가 있었다는 점이다.150

벨처는 본회퍼의 책을 오랫동안 묵상했음에도 불구하고 그 책에 묘사된 실천들 자체가 참여 방식이며, 참여 방식 안에 교훈이 있다는 사실을 깨닫지 못했다고 고백한다. 그는 회중의 변화를 추구했지만, 새로운 실천들을 도입하지 않고 권고를 통해 하려고 했다. "그것이 《성도의 공동생활》을 수십 번 읽었음에도 불구하고 내가 놓쳤던 통찰이다."151 《성도의 공동생활》의 아이디어들은 기존의 교육적 관행에 길들여져 흡수되어 버렸고, 그러한 참여 형태는 배워질 수 있는 바를 제한했다.

두 번째 사례는 제프리 켈리Geffrey Kelly의 책 《본회퍼 읽기: 평화에 관한 그의 영적 고전과 엄선된 글에 대한 안내서》Reading Bonhoeffer: A Guide to His Spiritual Classics and Selected Writings on Peace이다. 이 책은 교구와 신학대학원 및 대학 강의실에서 본회퍼를 공부하는 데 도움을 준다.152 서문에서 켈리는 대학에서 본회퍼의 작품을 가르치면서 학생들과 나눈 상호 작용으로 이 책을 발전시켰다고 밝힌다.153 《성도의 공동생활》을 다루는 부분은 본회퍼의 작품을 소개하는 유용한 에세이를 제공하고, 마지막 부분에서는 본회퍼가 그러한 특정 주장을 한 이유와 그 주장들의 의미, 그리고 어떻게 그 주장과 의미가 여전히 시의적절한지에 주목하는 여섯 가지 토의 질문이 이어진다. 참여 형태는 읽기와 요약 그리고 토의로 한정된다. 《성도의 공동생활》

은 다시 한 번 기존의 관행, 이번에는 대다수의 대학 강의실에서 일어나는 그 특유의 관행에 길들여지고 만다.

여기에 문제가 있다는 사실이 그리 명백하지 않을 수 있다. 어떤 책을 반드시 그 책의 우선순위를 반영하는 방식으로 가르칠 필요는 없다. 예를 들면, 폭력적인 본문을 폭력적으로 가르칠 필요가 없는 것처럼 말이다. 실천에 관한 본문을 비판적 성찰이나 토론 혹은 강단에서의 권면의 대상으로 삼는 것도 본질적으로는 잘못된 것이 아니다. 그럼에도 불구하고 본회퍼가 《성도의 공동생활》 안에 농축해서 담고자 했던 교훈들이 그 교훈들이 증류되어 나온 본래의 실천에 참여하지 않고서도 배울 수 있는지 의문이 드는 것은 당연하다. 본회퍼의 책은 신앙을 분석하기보다는 실천하는 것에 관한 책이다.[154] 그렇다면 《성도의 공동생활》을 어떻게 읽어야 할까?

주변적 실천

여기서 몇 가지 문제가 발생한다. 《성도의 공동생활》에 제시된 비전은 1학점(일주일에 한 시간)짜리 한 학기 대학 수업 과정에는 적합하지 않은 것 같다. 나는 신학대학원에서 가르치는 것도 아니고, 목회자를 훈련시키는 것도 아니며, 시골에서 학생들과 함께 살지도 않았다. 본회퍼는 학생들이 친밀한 교제를 나누며 살았던 작은 기숙사형 시설에서 가르쳤지만 나는 약 4천 명의 학생들이 캠퍼스 내외의 다양한 장소에서 생활하는 인문대학에서 가르쳤다. 본회퍼의 학생들은 매일 아침 45분 동안 경건의 시간을 보냈고, 아침 식사 후 30분 동안 개인 묵상, 온종일 캠퍼스 안팎에서 다양한 학문적인 활동과 비학문적인 활동을 함께했으며, 그리고 저녁마다 공동 전례 시간을 가졌다. 내 학생들은 이 수업이 진행되는 월요일 오후 단 한 시간만 일정이 겹쳤다. 일주일에 14시간을 경건의 시간으로 보내라는 과제를 낸다면 아마도 학생들이 항의할지도 모른다. 본회퍼의 학생들은 훈련 중인 목회자들이었고 위험한 시기에 위태로운 기관에 다닐 만큼 헌신적이었다. 내 학생들은 모두 기독교인이라고 밝혔지만 그저 한 주에 한 시간 진행되는 독일어 수업에 등록했을 뿐이었고, 다양한 학위 프로그램에 참여하고 있었으며, 경력을 위한 계획도 기독교적 배경도 다양했다. 본회퍼의 프로그램에서는 기독교적 형성이 중심 목표였다. 나도 그것에 관심이 있었지만, 주요 초점은 학생들의 독일어 읽기 능력을 향상시키고 중요한 독일 사상가와 그의 시대를 소개하는 데 있었다. 본회퍼는 교회를 세우고 있었고, 아카데미에서 일하고 있었다. 그렇다면 우리는 《성도의 공동생활》을 어떻게 읽어야 할까?

이 시점에서 장 라브Jean Lave와 에티엔 웽거Etienne Wenger의 도제식 학습에 대한 연구가 시사하는 바가 컸다.[155] 라브와 웽거는 길드 또는 직업 견습생이 어떻게 완전한 참여로 나아가는지, 그 과정을 설명하는 맥락에서 '정당하고 주변적인 참여'legitimate peripheral participation라는 용어를 만들었다. '참여' 없이는 그 신참 견습생은 외부인, 관찰자로 남게 된다(직조에 관한 책은 읽지만 직조를 해 본 적이 없는 카펫 방직공의 견습생을 상상해 보라). 그러나 완전한 참여는 오직 완전한 내부자에게만 가능하다(초보자는 직조하는 일을 즉시 이어받을 수 없다).

외부인이 발전해 가기 위해서는 완전한 참여 자체가 아니라, 완전한 참여를 향한 부분적인 단계를 제공하는 '주변적인' 참여가 더 필요하다. 이런 방식은 힘든 일에 내몰고 성과를 내도록 기대하는 것보다 더 건설적이다(견습생에게 도구만 달랑 주고 카펫을 짜도록 내버려두지 않는 것). 하지만 참여는 '정당'해야 한다. 그 전문직의 목표를 진정으로 지향하는 활동들을 수반해야 한다(계속 바닥 청소만 하는 견습생을 상상해 보라). 이러한 정당하고 주변적인 참여의 공간에는 적극적인 참여와 비판적 성찰도 모두 각자의 위치가 있다.

이는 내가 설계한 과정과 완전히 유사하지는 않았다. 내 학생들은 본회퍼 길드에서 훈련을 받는 것이 아니었다. 사실 약간의 주의가 필요하다. 예를 들어, 학생이 본회퍼의 경건의 실천이나 공동의 실천에 주변적으로 참여하면서도, 이러한 실천들이 연결된 그리스도의 몸 안에 있는 하나님의 형성적 사역에 완전히 참여하는 것이 가능하다. 여기서 주변적이라는 말은 주변적인 기독교인이라는 뜻이 아니다. 그럼에도 불구하고 내 핵심 질문은 숲으로 이동하여 모든 시간을 보내지 않고서도 본회퍼의 실천으로부터 학생들이 배우는 데 도움이 될 수 있는 참여 방식이 무엇이냐는 것이었다. 라브와 웽거의 이야기는 정당하고 주변적인 실천을 통해 '부분적'인 실천, 완전한 참여보다는 덜하지만 멀리 떨어져서 관찰하는 것보다는 더 많은 실천이라 할 수 있는 부분적 실천의 가치를 알려 주었다. 내가 찾던 참여가 바로 이런 종류의 참여였음을 깨달았다. 나는 《성도의 공동생활》을 공유된 실천 혹은 관행을 통해 접근하기 원했다. 그 공동의 실천들은 기독교 공동체에 대한 본회퍼의 비전을 대학 교실에 완연히 꽃피운 상태로 이식하지는 못하겠지만 우리가 본회퍼의 프로젝트에 대한 실제적이고 구체화된 감각을 얻기 위해 참여할 수 있는 충분히 정당한 방식을 제공할 것이다.[156] 나는 활발한 토론과 잘 쓰인 에세이를 통해서 참여하는 것 이상으로 본회퍼의 제자도에 대한 비전에 참여할 방식을 찾고 있었다.

수업 디자인하기

따라서 나는 여러 가지 목표를 염두에 두고 강의를 설계했다.

첫째, 학생들의 목표 언어 읽기 능력을 확장하는 것을 목표로 했고, 그래서 독일어로 된 《성도의 공동생활》과 레나테 빈드Renate Wind가 이해하기 쉽게 저술한 본회퍼의 전기를 매주 읽게 하되, 새로운 어휘를 익히는 데 도움이 되는 자료도 나누어 주었다.[157]

둘째, 본회퍼가 강조한 역사적·사회적·문화적 상황에 대한 이해도를 높이게 해 주려고, 학생들에게 다큐멘터리 영화에서 간략하게 발췌한 부분을 매주 시청하게 했다.

셋째, 학술적인 텍스트를 주의 깊게 읽을 수 있는 독자가 되도록 학생들의 지적 발전에 기여하기를 원했고, 그래서 수업 중에 우리는 본회퍼 사상의 주요 아이디어들과 영향에 대한 짧은 강의와 비판적 토론을 병행하며 면밀한 본문 읽기에 참여했다.

넷째, 학생들이 본회퍼가 다룬 기독교적 실천에 실질적이고 성찰적으로 참여하고 그들 자신이 어떻게 형성되어 가고 있는지에 관한 질문에 깊이 몰두하기를 원했고, 그래서 우리는 의도적으로 공유된 관행들에 참여하고 그것을 성찰하는 시간을 가졌다.

여기서는 위의 목표들 중 마지막 목표에만 집중하겠다. 처음부터 나는 본회퍼의 텍스트에 나오는 매일의 실천들이 과제에 포함되어 있고, 이러한 실천들은 그저 경건을 위한 부수적인 내용이 아니라 학습의 일부분으로 간주해야 한다고 공지했다. 성찰을 촉진하기 위해 학생들에게 주어진 질문이나 요구에 따라 매주 일기를 쓰는 실천 과제를 주었다. 학생들은 읽기와 실천을 통해 배운 것을 적었고, 수업 중에 우리는 그 두 가지 모두를 논의했다. 나 역시도 내가 부여한 그 실천들에 참여하며 수업 중 토론 시간에 내가 경험한 것들도 보고하고자 노력했다. 일기는 완료 여부만을 기준으로 채점했다.

초기에 일부 학생 중에는 뿌리 깊은 학문적 습관에 의존하여, 본회퍼가 쓴 내용을 요약하여 일기에 적어 제출하기도 했지만, 많은 학생은 사려 깊고 놀라울 정도로 솔직하게 일기를 작성했다(어떤 학생은 한 가지 실천을 시도한 후 "마지막 삶의 적용 포인트는 실천하기가 전적으로 불가능해 보였다. 정말 부끄러운 일이다"라고 썼다[158]). 다음의 내용은 학생들의 허락을 받아 일기에서 가져왔다. 이는 개별 학생들의 반성일 뿐, 우리가 했던 실천을 따라 한다면 이와 같은 학습 결과가 반복되리라고 일반화할 만한 증거는 아니다. 그러나 학생들이 그 과정에 어떻게 참여하고 상상했는지를 볼 수 있는 창을 제공한다.

_____ 공동체

첫 주에는 본회퍼가 동료 성도의 존재가 은혜의 선물이자 하나님의 임재를 나타내는 은혜로운 표징이라고 주장하는 《성도의 공동생활》의 처음 몇 페이지에 집중했다. 하나님께서 우리에 대해 말씀하신 것을 통해 우리는 다른 사람들을 그리스도 안에서 우리와 영원히 연합된 자로 바라보아야 한다. 하나님께서는 그 밖에 또 누가 기독교 공동체에서 태어나야 하는지 우리에게 묻지 않으셨다. 기독교 공동체는 우리가 서로 동반자 됨을 즐거워하는지 그렇지 않은지, 또는 인종이나 취향이 같은지 아닌지에 근거해서는 안 된다. "우리는 오직 예수 그리스도를 통해서만 그리고 그분 안에서만 서로에게 속해 있다."[159] 다른 사람에 대해 불평하는 것은 이를 부정하는 것이다. 동료 그리스도인이 지금 내 옆에 있음에 대한 적절한 반응은 감사다.

학생들은 이러한 내용을 몇 쪽 읽었고, 나는 그들에게 캠퍼스에서 주중에 여러 번 보게 될 사람, 가능하다면 그들이 그리 좋아하지 않는 사람을 한 명 선택하도록 했다. 그 사람을 볼 때마다 학생들은 그가 주님께 부름받은 용납된 사람임을 의식적으로 묵상하고 그들의 삶에 감사를 표현해야 했다. 일주일이 지난 후, 한 학생이 일기에 이렇게 기록했다.

> 나와 친하지 않은 학생이 한 명 있다. 우리는 싸우지는 않지만 함께 있을 때 조금 어색하고 불편하다. 지난 며칠 동안 이 학생을 위해 기도했다. 그를 위해 기도하면 할수록 그를 더 견

딜 수 있음을 알게 되었다. 이제는 캠퍼스에서 그를 보는 것이 문제가 되지 않는다. 절친한 친구는 아니지만, 난 우리 사이가 좋아졌다고 믿는다.

어떤 학생들에게는 이 초기의 작은 투자(14시간이 아니라 그저 일주일에 몇 분 정도의 의도적인 실천)가 타인을 향한 반응은 불가피하게 고정된 것이 아니라 우리가 참여하는 실천을 통해 재형성될 수 있음을 깨닫는 데 도움을 주었다.

책을 더 읽어 가면서 우리는 이상적인 공동체 비전을 추구할 때 발생할 수 있는 부정적인 효과를 다루는 본회퍼의 단호한 주장을 살펴보았다. 이상은 현실이 필연적으로 그에 미치지 못한다면 다른 사람들에 대한 실망과 비난으로 이어진다. 본회퍼는 친밀한 교제의 만족스러운 경험을 추구하는 것이 기독교 공동체의 기초가 될 수 없다고, 그렇게 된다면 다른 사람들이 죄인임이 드러날 때 그 공동체는 흔들리고 말 것이라고 하며 강력히 권고한다. "하나님은 감정주의의 하나님이 아니라 진리의 하나님이다."[160]

이는 학생들이 받아들이기 어려운 생각이었다. 그들은 공동체를 따뜻한 이상향으로 생각하는 것이 더 편해 보였다. 이번에 나는 학생들에게 거의 매일 보지만 이름을 모르는 사람 한 명을 선택하라고 했다. 그리고 그를 볼 때마다 그 사람의 안녕을 위해 기도하라고 했다. 한 학생의 일기를 보자.

모르는 사람을 위해 기도하는 것이 나를 겸손하게 하는 경험임을 배웠다. 이 거래에서 나는 아무것도 얻지 못하기에 완전히 이타적일 수밖에 없다. 이 타인, 이름 없는 타인이 나보다 더 중요하다. 그런데 내가 그렇게 자기중심적이지 않을 때 기분이 더 좋았다. 내 시선이 나 자신보다는 하나님과 그분의 큰 세상으로 더 향하게 되었다. 그러면 내 문제와 내 삶이 그다지 중요하지 않기에 자유로워졌다. 내가 그렇게 중요하지 않다면 내 실수도 그리 중요하지 않다. 그리고 내가 중심이 아닐 때 나는 덜 외롭다.

이어진 수업 토론에서 다른 학생들은 남을 위한 기도가 어떻게 이기적으로 변질될 수 있는지 예를 들었다. 부모님에게 재정적 축복이 임하도록 기도하거나 연인이 좋은 하루를 보내도록 기도할 때 우리가 마음을 쓰는 큰 부분은 그러한 일들이 우리 자신이 더 나은 하루를 보내는 데 도움이 될 것이라는 점이다. 남을 위해 기도하는 것처럼 보이지만 사실은 우리 자신을 위해 기도하는 것이다. 결과에 대한 어떤 개인적 이해관계 없이 누군가를 위해 기도하는 경험은 좋은 토론을 이끌어 냈고, 본회퍼의 주장이 일리가 있을지도 모른다는 마음을 품게 했다.

함께 보낸 하루

몇 주가 지나 우리는 시편을 순서대로 읽는 것을 포함해서 아침 묵상의 시간을 점차 추가했다. 여기서 약간의 마찰이 생겼다. 이 새로운 형태의 참여를 고수하는 것만으로도 기도에 대한 근본적인 이해가 표면으로 드러나면서 이에 대해 비판적인 검토가 필요했다. 개별적이고 표현적인 기도 방식에 익숙한 일부 학생들은 시편을 엄격히 순차적으로 읽는 것이 하나님과의 관계에 유익이 되기는커녕 도리어 방해가 되는 것 같다고 느꼈다. 오늘 읽은 시편이 내 마음속에 있는 것을 표현하지 않는다면 어떻게 해야 할까?

본회퍼는 우리가 시편을 읽고 주의를 기울인다면, 우리 자신의 기도로는 기도할 수 없는 구절에 이내 부딪히게 된다는 것을 인정한다. 어쩌면 나는 지금 모든 일이 잘 풀리고 있는데 애도의 시편을 읽어야 할 수도 있다. 어쩌면 너무 심하게 고통스러워서, 축하하며 기념하는 시편과 함께 박수하고 싶지 않을 수도 있다. 어쩌면 아무도 내 생명을 취하려 하지 않을 수도 있고, 하나님께서 누군가에게 보복을 내리시기를 내가 특별히 갈망하고 있지 않을 수도 있다.

시편은 "그리스도의 몸이 기도하고 있는 것이다. 그리고 개인으로서 나는 나의 기도가 교회 전체의 기도의 지극히 일부에 불과하다는 것을 인식한다"라고 주장하며, 본회퍼는 우리의 기분에 맞는 시편을 선택해서 읽는 개인주의적 전략을 막는다.[161] 다시 말해, 시편으로 기도하는 것은 나에 관한 것이 아니다. 누군가는 어디선가에서 고통을 겪고 있고, 누군가는 기뻐하고 있으며, 누군가는 핍박을 받고 있다. 그래서 나는 기뻐하는 사람들과 함께 기뻐하고 슬퍼하는 사람들과 함께 슬퍼하게 된다. 시편을 읽으며 기도할 때 나는 내 감정과 일치하든 그렇지 않든 상관없이 그리스도의 몸의 기도에 동참하게 된다.

　몇 주 동안 학생들의 일기에는 초반에 경험했던, 방향 감각을 잃은 것 같은 감정 표현이 담겨 있었다.

　전체 공동체가 한 몸으로 기도한다는 이 생각도 낯설다. 나는 다른 사람들과 함께 동일한 기도를 해 본 적이 별로 없다. 아마도 서로를 위해 기도하거나 우리 모두가 다 함께 반복하는 어떤 문장이 있기는 하지만, 본회퍼가 묘사한 것과 같은 기도? 그것은 완전히 새롭고, 그것에 대해 어떻게 생각해야 할지도 모르겠다.

　또한 반복적인 실천이 본회퍼의 요점을 이해할 수 있는 공간을 만들기 시작했다는 암시도 엿볼 수 있었다.

　그래서 이번 주에는 시편과 함께 5분 동안 침묵했다. 그렇게 오랫동안 침묵하는 경우가 많지 않아서 상당히 불편했다. 다른 생각을 하지 않는 것이 어려웠지만 다른 모든 것을 잊고 그 시편만 생각하는 것은 좋은 경험이었다.

　또 다른 학생은 이렇게 썼다.

　하루를 시작하면서 성경을 읽는 것이 온전한 하루를 보내도록 나를 준비시켜 주었다. 하루 전체가 하나님의 것임은 잊기 쉽다. 나는 자주 그날 해야 할 일을 생각하며 하루를 열었다. 안타깝게도 내 생각은 하나님과 하나님께서 나와 그분의 모든 자녀를 위해 하신 일에 머물러 있지 않았다. 나 외에 다른 사람들을 생각하는 것이 흥미롭고 중요하다는 것도 알게 되었다. 본회퍼는 시편이 공동체 전체를 위한 것이며, 그 공동체의 모든 염려와 고난과 찬양을 묘사하고 있다고 말한다. 시편을 통해 나는 내가 직접 그 모든 것을 경험하고 있지 않을 때조차도 그 공동체가 겪고 있는 모든 것을 기억하고 유념할 수 있다.

일기 쓰기와 수업 중 토론에서 드러난 것은 하루를 시작할 때 주의를 자아에서 다른 곳으로 돌리는 것이 유익한 프레임을 제공한다는 깨달음이었다. 여기에는 본회퍼의 통찰에 대한 솔직하고 간단한 개념적 이해가 포함되어 있었다. 본회퍼의 사상에 있어서 공동체의 중요성에 대한 이해가 없으면 그의 실천적 강조점 중 상당수가 이상하고 지나치게 부담스럽게 보일 수 있다.

하지만 본회퍼가 말하고자 하는 바에 대한 이러한 이해는 단순히 본문을 읽는 것으로부터 생겨났다기보다는 그 본문에 잠정적으로 복종해 보고 그것이 권장하는 실천을 시도하는 데서 생겨났을 것이다. 방금 인용한 것과 같은 일기 내용은 또한 본능적인 자기 지향성에 대한 깨달음과 자기 외부로 다시 집중할 수 있는 새로운 개방성을 실천을 통해 얻게 되었음을 보여 준다.

의도적인 실천을 통한 이러한 개방성의 육성은 우리를 변화시켜 다른 독자가 되게 하고, 그의 사상이 왜 타당한지 알 수 있는 경험적 조건을 만드는 데 도움을 줌으로써 우리가 본회퍼의 본문과 관계를 맺고 참여하는 기반을 달라지게 한다. 이는 궁극적인 비판적 거리를 막는 것이 아니라, 피상적인 의견 충돌이나 차이를 넘어 궁극적인 비판을 할 수 있는 참여 조건을 제공해 준다. 이 모든 것은 학생들이 독일어로 일기를 쓰고 이를 토론하며, 독일어로 본회퍼 글을 읽으며, 특정 언어 구조에 초점을 맞추고 분석하는 등 다른 목표와 함께 진행되었다.

'렉시오 콘티누아'

우리는 시편에서 본회퍼의 '렉시오 콘티누아'Lectio Continua(성경을 연속적이고 순차적으로 읽는 것)에 대한 확언을 검토하는 데로 나아갔고, 여기서도 나는 학생들이 단순히 내 설명을 듣는 것을 넘어 그 개념과 상호작용할 방법을 고민했다. 본회퍼는 짧은 성경 읽기가 '진정한 축복'이기는 하지만 그럼에도 불구하고 '짧은 구절들이 성경 전체를 읽는 것을 대신할 수 없고 대신해서도 안 된다'라고 기록한다.[162] 그는 구약 한 장, 신약 반 장을 아침과 저녁에 읽는 정도의 '렉시오 콘티누아'를 권장하지만, 처음에는 '이 정도의 대단하지 않은 분량도 대부분의 사람은 큰 부담을 느껴 저항하게 될 것'이라는 사실을 인식하고 있었다.[163]

본회퍼 책의 이 부분에 이르렀을 때 나는 구약의 역사서 중한 권과 신약의 서신서 한 권을 택하여 일주일에 5일 동안 본회퍼가 권장한 독서량을 과제로 내주기 시작했다. 이 리듬감 있는 실천을 공유된 상상력을 키우는 과제와 어떻게 연관시킬지 고민한 끝에 그것을 다음과 같은 수업 활동으로 도입했다. 먼저, 학생들은 마가복음 12:41-44의 출력본을 가지고 소그룹에서 토론했다.

> "예수께서 헌금함을 대하여 앉으사 무리가 어떻게 헌금함에 돈 넣는가를 보실새 여러 부자는 많이 넣는데 한 가난한 과부는 와서 두 렙돈 곧 한 고드란트를 넣는지라 예수께서 제자들을 불러다가 이르시되 내가 진실로 너희에게 이르노니 이 가난한 과부는 헌금함에 넣는 모든 사람보다 많이 넣었도다 그들은 다 그 풍족한 중에서 넣었거니와 이 과부는 그 가난한 중에서 자기의 모든 소유 곧 생활비 전부를 넣었느니라 하시니라"

나는 학생들에게 이 본문을 간단히 설교하고, 그 설교의 핵심 메시지의 개요를 작성하라는 요청을 받았다고 상상해 보라고 시켰다. 그들은 거의 만장일치로, 희생적 기부의 모델로서 과부에 초점을 맞추었다. 학생들은 우리가 얼마나 우리의 소유의 본질적 부분에서 드리기보다는 여유분이나 잉여에서 드리는 경향이 있고, 얼마나 자주 적게 드리며, 하나님은 왜 우리에게 더 많이 기부하게 하시는지, 그리고 가난한 사람들이 부자들보다 얼마나 더 드리고 있을지를 소리 내어 성찰했다.

익숙한 본문이었기에 학생들은 그 본문으로 무엇을 살펴야 할지 잘 알고 있는 것 같았다. 이렇게 생각하는 학생들이 본문을 잘못 해석하는 나쁜 무리에 속해 있는 것은 아니었다. 예를 들어, 벤 위더링턴 3세^{Ben Witherington III}도 교부들이 그 본문을 읽었던 방식을 되풀이하며, "분명히, 본받도록 강조하는 점은 바로 자기 희생적 기부의 태도와 행동이다"라고 선언했다.[164]

이렇게 토론한 후 학생들은 앞의 구절을 포함하여, 본문이 확장된 두 번째 출력본을 받았다.

> "예수께서 가르치실 때에 이르시되 긴 옷을 입고 다니는 것과 시장에서 문안받는 것과 회당의 높은 자리와 잔치의 윗자리를 원하는 서기관들을 삼가라 그들은 과부의 가산을 삼키며 외식으로 길게 기도하는 자니 그 받는 판결이 더욱 중하리라 하시니라"(막 12:38-40)
>
> "예수께서 헌금함을 대하여 앉으사 무리가 어떻게 헌금함에 돈 넣는가를 보실새 여러 부자는 많이 넣는데 한 가난한 과부는 와서 두 렙돈 곧 한 고드란트를 넣는지라 예수께서 제자들을 불러다가 이르시되 내가 진실로 너희에게 이르노니 이 가난한 과부는 헌금함에 넣는 모든 사람보다 많이 넣었도다 그들은 다 그 풍족한 중에서 넣었거니와 이 과부는 그 가난한 중에서 자기의 모든 소유 곧 생활비 전부를 넣었느니라 하시니라"(막 12:41-44)
>
> "예수께서 성전에서 나가실 때에 제자 중 하나가 이르되 선생

님이여 보소서 이 돌들이 어떠하며 이 건물들이 어떠하니이까 예수께서 이르시되 네가 이 큰 건물들을 보느냐 돌 하나도 돌 위에 남지 않고 다 무너뜨려지리라 하시니라"(막 13:1-2)

나는 학생들에게 이 본문을 읽고 나니, 아까 작성했던 설교문 중 다시 생각하게 된 부분이 있으냐고 물었다. 우리는 종교 지도자들이 과부들을 재정적으로 착취하는 것에 대한 경고부터, 한 과부가 성전 헌금함에 '자기의 모든 소유 곧 생활비 전부'를 바친 이야기, 그리고 그렇게 바친 헌금으로 지어진 아름다운 성전을 향한 제자들의 찬사와 그 성전이 파괴되리라는 예수님의 책망과 예언에 이르기까지 순서를 추적해 나갔다. 과부의 헌금은 신앙의 긍정적인 본보기였을까, 아니면 가난한 사람들에 대한 종교적 착취의 본보기였을까?[165] 여기서 학생들은 그들이 처음에 제안했던 권면들이 올바른 방향이었는지 확신을 잃어 갔다. 마가복음 12장에서 13장으로 넘어가는 장 구분이 이 연속되는 사건의 중간("생활비 전부를 넣었느니라"와 "예수께서 성전에서 나가실 때에")에 있어서, 우리가 이어서 계속 읽지 않았다면 이 순서대로 읽었을 가능성이 거의 없었을 것이고, 방금 제기했던 질문은 우리에게 숨겨진 채로 있었을 것이다.

이런 활동을 한 목적은 마가복음 12-13장에 대한 해석상의 이견을 해결하고자 함이 아니라, 학생들에게 '렉시오 콘티누아'와 왜 본회퍼가 그것을 옹호했는지를 단순히 알려 주고 지나가는 것 그 이상을 원했기 때문이다. 내가 목표하는 바는 학생들에게 같은 본문 구절을 읽는 두 가지 방식을 순서대로 간략히 경험하게 함으로써, 각 읽기 유형의 함의를 비판적으로 성찰할 수 있는 기회를 주는 것이었다. 나는 이 경험이 매일 부여되는 읽기 과제를 지속하고 의미 있게 할 공유된 상상력을 함양하는 데 기여할 수 있기를 바랐다.

학생들은 이 활동을 꽤 흥미로워했고, 그중 한 학생이 특히 열정적으로 반응했다. 그 학생은 꽤 격렬하게 분노를 표출했고, 다음 수업 시간에 다시 이 주제를 언급했다. "왜 아무도 성경을 이런 식으로 읽어야 한다고, 넓은 맥락으로 읽어야 한다고 가르쳐 주지 않았을까요?" 그녀는 어렸을 때부터 교회 활동에 적극적으로 참여했지만 주일학교나 청소년 수련회에 갈 때면 성경을 몇 구절만 외우라고 하거나, 가장 좋아하는 성경 구절을 묻거나, 주말 동안 묵상할 주제와 관련된 몇 구절이 제시될 뿐이었다고 설명했다. 그녀는 이런 방식이 전체를 이해하는 데 도움이 되지 않을 수 있음을 아무도 알려 준 적이 없다고 했다.

그 학생의 일기를 보자. "나는 성경을 자주 읽지 않는다. 왜냐하면 성경이 나를 주눅들게 하기 때문이다. 특히 구약성경은 더 겁이 나서 피하게 된다." 일주일 후 그녀는 이렇게 썼다. "나는 구약성경 읽는 것을 좋아하지 않는다고 말했었다. 왜냐하면 그것을 해석할 수 없기 때문이다. 그런데 구약성경의 많은 부분을 읽으니 전체적인 그림을 보는 데 정말 도움이 되었다." 학기가 끝날 무렵 그녀는 다음과 같이 성찰했다.

성경을 읽을 때는 두려워하지 말고 더 잘 받아들여야 한다. 그

말씀이 당장 나에게 의미가 없다고 해서 나쁜 의미가 아님을 신뢰해야 한다… 친구들과 함께 성경의 전체 부분들을 계속 읽어야겠다. 그것이 내가 여름과 내년에 집에서 실천할 수 있는 일이다.

이 학생은 1년이 지난 후에도 나에게 연락하여 '렉시오 콘티누아'의 가치에 대한 새로운 통찰을 어떻게 실천할지 질문하고, 또 자신에게 공유해 줄 수 있는 다른 독서 방법이 있는지 궁금해했다.

_____ 한 걸음 물러서기

모든 학생이 과제에 일관되고 깊이 있게 참여했거나 상당한 변화를 경험하지는 않았다. 이런 면에서 이 수업도 다른 수업들과 다르지 않았다. 나는 여기서는 학생들의 흥미로운 반응만 인용했고, 그렇지 않은 답변들은 인용하지 않았다. 다음 번이나 다른 학생들에게도, 또는 다른 장소에서도 같은 방식으로 동일하게 효과가 있으리라는 실증적 증거를 제시하려는 것이 아니다. 나는 그저 참여를 선택하는 방식에 관하여 질문을 제기할 뿐이다.

동일한 텍스트를 가르치면서 거리를 두고 비판적으로 읽기만을 요구할 수도 있었다. 주로 이해력(독일어로 읽고 있었기 때문에)에 중점을 두고 내용을 묻는 퀴즈와 요약 과제를 자유롭게 활용할 수도 있었다. 아니면 본회퍼를 조사하거나 전쟁 이전 시대 전체 또는 기독교 공동체와 관련된 주제를 살피면서 텍스트를 훨씬 더 빨리 읽을 수도 있었을 것이다.

에세이 과제를 내준 후, 내 강의 노트를 정확하게 적용하고 있거나 본회퍼에 대한 신선한 해석을 한 독창적인 학생에게 보상을 해 줄 수도 있었다. 수업에서 할 토론을 미리 준비하도록 독서 과제를 내주고, 어느 한쪽을 선택하라고 밀어붙일 수도 있었다. 동일한 텍스트를 읽고 있었음에도 불구하고 참여 형태에 따라 학습 경험은 달라졌을 것이고, 대다수의 동일한 개념들을 그저 인지적 측면에서 '이해'하는 것으로 끝났을 수도 있었을 것이다. 이러한 각각의 참여 형태는 서로 다른 상상력을 전달하는 데 도움이 될 것이다.

나는 본회퍼가 설명한 실천에 의도적으로 참여하는 데 초점을 맞춘 참여 형태를 실험해 보기로 했다. 이는 그리스도인의 삶을 함께 살아가는 데 의도적으로 힘을 기울이는 것이었다. 그 결과 새로운 자기 인식뿐만 아니라 본회퍼가 말한 내용을 토론하고 평가할 수 있는 새로운 근거를 얻게 되었다. 이 모든 과정이 어떻게 우리의 본능적인 이분법 곧 비판적 사고 대[vs] 제자 훈련, 지적 참여 대 헌신, 탐구 대 형성, 아카데미 대 교회 등과 같은 이분법에 반기를 드는지는 여전히 내게 흥미롭다.[166] 본회퍼의 핀켄발데에서의 작업은 그러한 이분법에 대한 페다고지적 도전으로 읽을 수 있다.

한 수업 과정을 통해 우리는 학생들의 참여를 어떻게 이끌어 낼지를 탐구해 보았다. 참여 방식을 선택한다는 것은 텍스트와의 상호 작용뿐 아니라 학습되는 모든 것, 동료 학습자들, 그리고 교실 너머의 더 넓은 세계와의 상호 작용 곧 참여를 포함한다. 여기에서는 어떤 목소리와 이야기들을 들려줄지, 지역 사회 공동체 및 더 넓은 사회와 어떻게 관계를 맺을지, 봉사 또는 정의 추구는 학습에 어떻게 통합해야 할지, 학생 그룹을 어떻게 구성할지 등 더 많은 것도 고려해야 한다. 학생들을 어떤 방식으로 참여하도록 유도할지 생각해 보는 것은 '기독교적 교수-학습'의 중요한 부분이다.

기독교 고등교육은 신앙과 사상, 교회와 대학, 자율성과 전통, 사고와 행동, 신학과 학문 간의 관계에 관한 큰 질문들과 씨름해 왔다. 이러한 질문들이 실제로 중요하다면, 우리가 분명히 표현하고자 하는 지적인 입장을 위해서도 중요할 뿐 아니라 학생들에게 과제로 무엇을 내줄지 결정하는 데서도 중요하다. 이러한 질문들은 우리가 학생들에게 학습하라고 요청하며 선택하는 참여 방식을 위해서도 중요하다. 이와 같은 참여는 특정한 상상력을 불러일으키며 그 상상력을 키우는 데도 도움이 된다. 참여에 초점을 맞추기 위해서는 결국 우리가 추구하는 그러한 참여를 지속할 수 있는 방식으로 물리적인 학습 환경을 설계하고 실천을 재구성하는 데 주의를 기울일 필요가 있다.

성찰과 토론을 위한 질문

○ 학교에서의 교육은 당신의 독서 실천과 습관에 어떠한 영향을 미쳤는가?

○ 중요한 텍스트와 어떤 방식으로 상호 작용하는 것이 인내, 겸손, 자애, 정의와 같은 기독교 덕목과 가장 가까운 방식으로 참여하는 것일까? 이러한 참여 방식은 보편적으로 설계된 과제 활동에서 권장하는 방식과 어떤 면에서 유사하거나 다른가?

◉ 과제를 단순한 정보 처리가 아니라 공유된 형성적인 실천 혹은 관행을 개발하는 데 활용하는 발상을 어떻게 생각하는가?

◉ 당신의 페다고지는 어떤 방식으로 개인의 성취나 상호 의존적인 공동체에 대한 주안점을 발전시켜 나가는가?

실천 과제

서두르지 않고 생각할 수 있는 시간과 장소를 찾으라. 자신이 가르치는 분야의 강의 텍스트나 주제를 생각해 보라. 수업 내용에 대한 상호 작용을 촉진하면서 동시에 공동체, 봉사, 정의 또는 다른 형태의 전인적 참여와 관련된 더 넓은 형성적 실천에 학생들을 참여시킬 과제 활동을 디자인해 보라.

9장

시간과 공간
디자인하기

상상력은 우리의 시선을 정렬하고 우리가 참여하는 방식을 결정한다. '실천을 재구성'하는 도전은 우리의 물리적 환경이 학습을 이끄는 방식에 주의를 집중하는 것이다. 상상력과 물질적 실천 사이의 관계에 주의를 기울이면 학습 환경의 다양한 측면이 눈에 들어온다. 가르치는 것은 단순히 말하는 것뿐 아니라 몸짓, 목소리 크기, 어조, 눈맞춤, 위치, 자세, 조명, 음향, 좌석 배치, 사람들 간의 거리, 이미지, 상징, 속도, 리듬, 침묵, 순서 등으로 구성된다. 이러한 것들은 기독교적 상상력과 신앙에 기반한 참여와 어떤 관련이 있을까? 이 장에서는 가르치는 환경의 두 가지 기본적이면서 연결된 측면, 즉 공간과 시간에 초점을 맞추고자 한다.

마음과 몸

미래의 제2 외국어 교사들을 위한 교육 수업을 진행하던 어느 날,

두 부분으로 구성된 간단한 시뮬레이션을 통해 구두 어휘 연습을 인도하는 것에 대한 주제를 소개하기로 했다. 나는 별다른 설명 없이 서툴게 가르치는 것으로 시작했다. 강의실에 늦게 들어가 눈도 마주치지 않은 채 어깨를 축 늘어뜨리고 무기력하게 걸어서 구석 쪽 강단으로 느릿느릿 올라갔다. 어디서부터 시작해야 할지 잘 모르겠다는 듯 잠시 서류를 뒤적거렸다. 그런 다음 나는 교실 앞쪽으로 이동해서 교탁에 몸을 기대고 무기력한 목소리로 구두 연습을 어떻게 진행할지 고민해 보자고 말했다.

학생들은 수업을 학습 활동 시뮬레이션으로 시작하는 것에 익숙해져 있었다. 한 학생이 내가 오늘 피곤해 보인다고 말했다. 나는 어깨를 으쓱하며 대답했다. "그러게요, 힘든 한 주였어요." 동물 사진이 담긴 플래시 카드를 보여 주며 학생들에게 각 동물의 이름을 독일어로 따라 말하게 했다. 목소리는 단조롭게, 자세는 고정된 상태로 유지하면서, 학생들이 실제로 많은 단어를 기억할 가능성을 최소화하고자 반복을 신중하게 구성했다.[167] 그 후 각 학생에게 자신의 짝에게 집에 어떤 동물이 있는지 독일어로 물어보라고 지시했다.

학생들은 단어를 잘 기억해 내지 못했고, 대답을 하려면 내가 가르쳐 주지 않은 추가 문구가 필요했기에 이 활동은 엉망이 되어 버리고 말았다. 학생들이 과제를 수행하는 데 어려움을 겪는 동안, 나는 필요한 단어를 알려 줌으로써 학생들을 '도와주면서' 교실을 이리저리 분주히 돌아다녔다. 분주하고 열정적인 교사처럼 보이게끔 행동했지만, 사실은 학습 부족을 덮기 위한 것뿐이었다.

마지막으로, 학생들을 다시 한자리에 모아 개나 고양이를 키우는지 개별적으로 독일어로 물었다. 나는 한 학생의 대답이 채 끝나기 전에 그에게서 눈을 돌리고 다음 학생에게 또 질문했다. 그렇게 함으로써 내가 학생들의 대답보다는 그 활동을 이어 가는 것에 더 관심이 있다는 인상을 주려고 했다. 그런 다음 나는 그 역할에서 벗어나 학생들에게 만일 내가 이런 식으로 가르친다면 해고되어야 하는 이유를 2분 동안 적어 보라고 말하고 교실을 나왔다.

2분 후 돌아와서 (학생들은 여전히 끄적거리고 있었다) 나는 이제 두 번째 교사가 되어 그 수업의 시퀀스를 반복하되 앞서 했던 모든 행동을 반대로 하며, 동일한 단어들을 이번에는 러시아어로 가르쳤다. 나는 더 활기차게 움직이고, 학생들에게서 거리를 두고 구부정하게 서 있는 대신 학생들을 향하여 몸을 기울이며, 눈을 마주치고, 목소리 톤을 다양하게 바꾸었으며, 학생들이 단어를 잘 외울 수 있도록 반복 연습을 효과적으로 구성했고, 짝에게 반려동물을 묻는 활동이 성공적으로 이루어지는지 지켜보았다. 그리고 각 학생에게 집에 있는 동물을 물어볼 때는 아까와는 달리 한 명 한 명에게 추가적인 질문을 던지고 충분한 시간을 쏟으며 관심을 보였다. 그 후 나는 학생들에게 이렇게 물었다. "첫 번째 가르침의 시퀀스와 두 번째 가르침의 시퀀스 사이에 중요한 차이점이 무엇이었나요?" 이 질문은 간단한 말하기 활동을 효과적으로 관리하는 데 필요한 다양한 요소를 다루는 토론으로 이어질 예정이었다.

한 학생이 "처음에는 선생님이 우리에게 관심이 없으셨어요"라고 짧게 대답했다. 이는 (통찰력 있는 많은 학생의 논평이 그렇듯이) 내 생각의 궤도를 바꾸어 놓았고 마음에 오래도록 남았다. 학생들은 거의 마지막 과정에 있는 교육 전공자들이었고, 시간, 속도, 공간, 몸짓, 동작, 목소리 등의 사용을 상세하게 논평할 수 있었다. 나는 교육 수업에서 이와 같은 논평 활동을 자주 했기 때문에, 학생들은 내가 방금 가르쳤던 방식을 자세히 평가하는 데 이미 익숙했다.[168] 나는 각 시퀀스에서의 세부적인 움직임에 대해 토론할 준비가 되어 있었고, 실제로 그 주제로 넘어갔다. 하지만 저 대답이 이 대화 속에 예기치 않게 끼어들었고, 그 파장에 내 마음이 흔들렸다.

한편으로 보면 그 학생의 논평은 사실이 아니다. 학생들이 내가 해고되어야 하는 이유를 끄적이는 2분 동안 강의실 밖에서 서 있을 때 나는 아무런 내적 변화를 겪지 않았다. 학생들을 돌보고 사랑해야 한다는 갑작스러운 깨달음이 있지도 않았다. 내 마음의 상태에 관한 한, 나는 두 번의 시퀀스 동안 동일했다. 사실, 그 활동이 이루어지는 시간 내내 내가 학생들을 진심으로 생각하고 배려했기를 바란다.

교사의 마음이나 개인적인 친절함에 초점을 맞춤으로써 신앙을 가르침과 연결하려는 시도는 어느 정도 타당성이 있다. 기독교사 자신이 예민하고, 분노가 많고, 조급하고, 군림하려 하고, 불안과 야망에 사로잡혀 있다면, '기독교적 교수-학습'의 특징이 되어야 하는, 은혜롭게 참여하는 존재감을 제공하기는 어려울 것이다.

그리스도인은 진정 학생들을 사랑하는 마음을 품고 성령의 열매를 추구해야 한다. 이 두 번의 시퀀스의 차이는 마음에서 비롯된 것이 아니었고, 오히려 내가 행했던 움직임들의 문제였다. 그러나 다른 각도에서 보면, 그 학생의 말은 전적으로 사실이다. 처음에 내가 보였던 교수 행동은 페다고지적 무능함과 학생들에게 관심과 배려를 적용하지 않는 방식을 모델링한 것이었다.

내 행동은 학생들을 인간으로 대하는 기본적인 대인 관계에 관심이 부족하고 나 자신이 무관심하다는 느낌에 몰두해 있음을 드러낸 것이다. 나는 학생들이 실제로 잘 배우고 있는지 살펴보기보다는, 수업을 얼른 마치고 싶어 하는 것처럼 행동했다. 학생들의 학습을 위해 나 자신을 기꺼이 내주려는 의지가 거의 없다는 메시지를 전달하고 있었다. 내 마음 상태와는 상관없이, 이것은 (적어도 그 시뮬레이션의 범위 내에서는) 관심과 배려의 사례는 아니었다.

내가 실제로 이런 방식으로 가르쳤다면, 내 행동은 어쩌면 내면의 무질서한 삶, 학생들의 안녕에 무관심한 마음에 뿌리를 두었을 가능성이 매우 높다.[169] 그러나 내가 단지 연기만 했을 때에도 페다고지적 행동들은 여전히 배려의 부족을 전달했다는 사실에 주목하라. 페다고지는 어떤 의미에서는 마음에 묶여 있지만, 사랑은 다른 사람들이 경험할 수 있도록 행동으로 나타내야 하고, 가르치고 배우는 맥락에서는 특정한 '페다고지적' 선택과 행동으로 실천해야 한다.

첫 번째 시퀀스에서 내가 학생들에게 관심이 있음을 나타내고자 사탕을 주었다 해도 상황이 호전되지는 않았을 것이다. 학생들을 향한 나의 입장은 내가 교실 공간(자세, 움직임, 몸짓)과 시간(속도, 순서, 선택적 주의)을 사용하는 방식에 고스란히 담겨 있다. 그러한 행동은 마음을 교실 공간으로 실어 나른다. 이를 소홀히 하면 아마도 의도에 있어서는 사랑하는 마음이었을지 몰라도, 실천에 있어서는 학습을 촉진하고 배려를 전달하는 데는 효과적이지 않을 위험이 있다. 의도와 태도 그리고 체화된 학습 과정의 물질적 세부 사항 간의 이 관계가 실천을 재구성하는 핵심이다.

_____ 가르치는 공간

자세와 물리적 공간이 무엇을 전달하고 소통할 수 있는지 더 자세히 살펴보자. 한 도시의 가톨릭 중학교에서 이루어진 민족지학적 연구에 대한 정교한 설명을 통해, 피터 맥라렌Peter McLaren은 모든 교사가 '권력의 자리'power spot 170를 가지고 있다는 추측을 하기 시작한 순간을 묘사한다. '권력의 자리'는 교실에서 교사들이 위협을 느끼거나 확신이 서지 않을 때 자주 물러나는 경향이 있는 교실의 장소다.

    이 위치는 어떤 방식으로든 교사의 권위를 나타내며 교실이 자신의 통제하에 있다는 느낌을 강화한다. 그 실제 위치는 강단 뒤, 책상 옆, 또는 교실 앞 등 교사마다 달랐지만, 모든 교사가 나름의 '권력의 자리'를 가지고 있다고 한다. 게다가, 이 자리는 그들이 가르치는 공간의 특징이 되기도 한다. 맥라렌은 교사들이 수업을 인계받을 때, 자신에게 인계한 그 담당 교사가 사용하는 권력의 자리로 이동하는 경향이 있음을 발견했다.

    어느 날, 한 교사가 다른 교실에서 프로젝터 사용을 준비하느라 분주하니 그동안 자신의 수업을 잠시 맡아 달라고 맥라렌에게 부탁했다. 맥라렌은 이후에 발생한 상황을 다음과 같이 묘사한다.

> 나는 교실을 돌아다니며 아이들이 자리에 앉아서 공부하는 모습을 지켜보았다. 내가 (그 교사의) 권력의 자리에 가까이 다가가자마자 소음이 수그러들기 시작했다. 내가 실제로 권력의 자리에 들어섰을 때, 한 아이가 손을 번쩍 들어올렸다.
> "이제부터 우리 선생님인가요?"
> "음, 꼭 그렇진 않아요." 내가 말했다.
> "그럼, 물 마시러 가도 될까요?"
> "물론, 다녀오세요."[171]

이 상황은 교사나 학생들 모두 질문이나 힌트가 없이는 무슨 일이 벌어지고 있는지 자발적으로 명확히 설명하기는 어려웠을 것이다. 그렇지만 교실 안에 "내가 선생님이다. 교실은 내 통제 아래에 있고, 이제 내 권위를 행사하려고 한다"는 의미를 지닌 물리적 위치가 있는 것 같다. 단순히 그 자리에 서는 것만으로도 소음 수준에 영향을 미쳤고, 한 학생으로 하여금 맥라렌을 선생님으로 받아들이게 했고, 심지어 맥라렌이 교사라는 사실을 부인했음에도 불구하고 맥라렌이 (물 마시러 가도록 허락해 주는 등) 교사의 역할을 하도록 만들었다. 이는 교실에서의 신체적 의식들과 그러한 의식들이 교실 공간에 대한 우리의 경험에 어떤 영향을 미치는지 보여 주는 한 예다. 페다고지적 행동의 의미는 말뿐만 아니라 위치와 자세, 일종의 신체적 기억과 익숙한 안무, 즉 페다고지적 실천의 물리적 토대에 담겨 있고 전달된다.

교수-학습의 이 측면을 진지하게 고려하면 신앙과 학습에 대한 논의에서 가장 일반적으로 추구되는 질문들과는 다른 질문을 하는 것이 가능해진다. 기도를 생각해 보라. 신앙이 어떻게 학습과 통합되어야 하는지에 대한 과거의 논의는 종종 신앙적 미사여구에 의존하는 '유사 통합'과, 학문의 근본적인 지적 전제를 다루는 진정한 통합을 구분해 왔다.[172]

기독교 고등교육의 일원이 된 이후, 나는 수업 시작 시 이루어지는 기도와 경건의 시간의 역할에 대해 다른 교수들과 많은 토론을 했다. 기도는 학습을 기독교적으로 프레임하고 하나님의 임재를 구하는 적절한 방법인가, 아니면 뒤따라오는 과정에 아무런 변화를 가져오지 못하는 또는 연구된 내용에 어떤 기독교적 지적 관점도 형성하지 못하는 값싼 수단, 보여 주기식 경건일 뿐인가? 다른 맥락에서, 특히 북미에서 학교에서의 기도는 유신론적 틀이 학교를 지배하는지 아니면 인본주의적 틀이 학교를 지배하는지에 대한 강력한 상징으로 논의되어 왔다.[173] 권력의 자리를 관찰한 맥라렌은 다른 종류의 질문을 제기한다. 만약 우리가 수업을 시작할 때 기도하기로 결정했다면, 우리는 '어디서' 기도해야 하는가? 우리의 위치와 자세는 무엇을 전달할 수 있을까?

이 답은 부분적으로는 우리의 교실과 기관의 더 넓은 문화에 따라 달라진다. 맥라렌은 자신이 연구한 가톨릭 학교에서 "교사가 모세의 지혜와 구구단 둘 다를 가르쳤을 때 교사의 간섭, 요구, 설교 및 훈계가 어떻게 더 큰 힘을 발휘했는지" 추적한다."[174] 종교적 상징과 의식은 순종과 순응을 강조하는 더 큰 학교 문화 내에서 그 의미를 찾았다. 기도와 같은 경건 실천들은 학생의 행동을 통제하기 위한 학교의 메커니즘을 강화시켰고, 어느 정도 그 메커니즘에 녹아들었다.

학생들은 교사의 커다란 철제 책상을 마주보고 일렬로 앉아 있었으며, 이는 사회적 상호 작용을 방해하는 배치다.[175] 어느 교사는 학교에서 실천되는 대로라면 "기도는 수업 시작 전에 학생들을 진정시키기 위한 기술에 불과했다"고 느꼈다.[176] 맥라렌이 강조하듯이, 몸짓과 의식의 의미는 주어진 것이 아니라, 그것들이 공동체의 실천 패턴에 어떻게 엮여져 있는지에 따라 드러난다. 우리가 교실에서 공개적으로 기도한다고 해서 그것이 반드시 또는 주요하게 하나님을 우리 가운데로 초대하도록 학생들을 이끌었다고 볼 수는 없다.[177]

한 고등학교 교감 선생님이 생각난다. 나는 그 선생님이 전교생 채플 모임에서 마지막 기도를 하는 모습을 본 적이 있다. 그는 무대 중앙에 있는 위압적인 연단에 몸을 기울이고는 눈을 뜬 채로, 줄지어 앉아 있는 학생들을 찌푸리며 훑어보면서 다소 고압적인 꾸짖는 듯한 어조로 기도했다. "주님, 오늘 우리가 학교 규칙에 순종하고 선생님들께 존경을 표할 수 있도록 도와주소서." 그 순간에 무엇이 학습되고 있었을까? 상상력은 어떻게 형성되고 있었을까? 우리가 권력의 자리에 서서 기도한다면 그것은 무엇을 의미하고, 그것이 우리 자신의 기도에 어떤 영향을 미칠까?

여기에는 더 광범위한 질문이 걸려 있다. 우리는 물리적 공간을 교실의 신앙 언어의 일부로 받아들이는가?[178] 우리는 '신앙과 학습의 통합'을 오직 아이디어와 수업 내용에 관한 것으로만 여기는가, 아니면 물리적 공간을 사용하는 방식과도 연결되어 있는 것으로 생각하는가?

_____ 시간 속에 거주하기

신앙과 공간이 연결될 수 있다면, 신앙과 시간은 어떠할까? 드웨인 휴브너 Dwayne Huebner가 교육과정의 시간성을 분석하면서 지적한 바와 같이, 모든 가르치는 행위가 이루어지는 현재는 과거를 불러일으키고 미래를 투영한다.[179] 학생들 자신과 주변 사회가 어디에서 왔으며 어디로 나아가야 하는지에 대한 비전이 내포되어 있다. 우리는 환경, 현재 능력들, 이전에 있었던 일에 대한 이야기, 그리고 우리가 기억하고 곱씹기로 선택한 과거의 요소들을 물려받으며, 이는 미래의 지평을 형성하는 데 도움을 준다. 우리는 학생들이 성장해야 할 미래의 활동과 능력을 암시하는 방식으로 목표를 설정하고 가르치며, 그렇게 함으로써 학생들이 특정한 종류의 미래를 향해 현재를 살아가도록 유도한다. 이런 의미에서 가르친다는 것은 우리가 시간 속에서 어떻게 살아가는지에 대한 이야기, 곧 우리가 누구이고, 현재 어디에 있으며, 어디로 향하고 있는지의 이야기를 들려주는 것이다.[180]

가르침은 광범위한 시간 개념 내에서 이루어지지만, 작은 움직임들도 중요하다. 수년 동안 나는 교직 후보자들이 시범 수업을 하는 모습을 강의실 뒤편에 앉아서 지켜볼 기회가 많이 있었다. 나는 종종 이것이 다소 어색한 상황이라 느끼곤 한다. 교사는 학생들을 잘 알지 못하며, 수업을 하나의 큰 이야기로 본다면 그는 갑자기 그 줄거리에 끼어든 것과 같기 때문이다. 그럼에도 불구하고 이런 도전을 어떻게 다루는지는 많은 것을 드러낼 수 있다. 특히 기억에 남는 경우가 있었다. 교수는 매우 능숙하게 수업을 이끌어 갔지만 마치 리듬을 제대로 찾지 못하는 재즈 오케스트라 리허설과 같이, 끊임없이 고군분투하는 느낌이 지배적이었다. 잘 준비해 온 그 교수는 거의 한 시간 동안 외국어 본문에 대한 창의적인 질문을 연이어 던지며 토론을 유도하고자 드러나게 애썼다. 그러나 결과는 오히려 긴장된 분위기였고, 학생들은 교수가 용감하게 밀어붙이는 동안 거의 말을 하지 않았다. 이후 이어진 면접에서 교수는 토론이 잘 이루어지지 않은 이유가 아마도 학생들이 피곤해서 본문에 대해 논의하고 싶지 않았거나 아니면 미리 읽고 오지 않아서 그러한 것이라고 추측했다. 수업을 받고 좌절감을 느낀 학생 몇 명과 대화를 나눈 후, 나는 그 두 가지 이유가 모두 사실이 아니라고 생각했다. 참여도가 낮았던 주된 이유는 다른 곳에 있었다.

  교수가 던졌던 질문의 유형도 한 가지 요인으로 작용했다. 교수의 질문 중 상당수는 수렴적 질문으로 오직 간단하고 일정한 답변만 유도하는, 토론으로 이어질 가능성이 적었던 질문이었다 ("첫 문단을 보세요, 저자가 빈정대고 있다고 생각하세요?" "네."). 하지만 더 많은 생각을 불러일으키고 성공적인 토론을 촉발할 수 있었던 좋은 발산적 질문들도 많이 있었다. 더 큰 문제는 타이밍에 있었던 것 같다. 교수는 침묵을 지키는 시간이 2~3초에 불과했고, 따라서 반복되는 사이클이 분명해졌다. 어떤 질문을 하고, 2~3초간 침묵한 후 교수는 그 질문을 표현을 바꾸어 다시 묻거나 스스로 답을 하고는 새로운 질문으로 넘어갔다. 지나친 열의 때문인지, 불안 때문인지는 잘 모르겠지만, 그 2~3초 내에 학생들은 (제2 외국어로 된) 질문을 이해하고, 질문 이면에 있는 뜻을 파악하며, 읽은 텍스트와 연관시키고, 지적인 대답을 생각하고, 그 대답을 (제2 외국어로) 명확한 표현으로 만들고, 자신의 답변을 다른 이들 앞에서 처음으로 발표할 결심까지 해야 했다.

대부분의 경우 이 과정은 너무 가파른 언덕을 빨리 올라가야 하는 것과 같아서 교사와 학생들 모두 좌절감을 느끼며 떠났다. 이 교수의 수업을 방해한 것은 내용을 숙달하지 못했거나 카리스마의 부족 혹은 존재감이나 결단력 부족이 아니었다. 시간 속에서 움직이는 방식과 학생들을 위해 시간을 구성하는 방식이 문제였다.

유대인 신학자 아브라함 조슈아 헤셸Abraham Joshua Heschel은 그의 책 《안식일》The Sabbath에서 우리가 시간을 우리와 함께 거주하는 어떤 것으로 그리고 우리가 그 안에 거주하며 깃들어 있을 때 특별한 윤곽을 띠게 되는 어떤 것으로 여기기보다는 단순한 측정 도구로 생각하는 경향이 있다고 지적한다. 그는 성경적 신앙이 시간에 거주하는 혹은 시간을 사는 더 다채로운 방식을 가리킨다고 주장한다.

유대교는 시간을 성화하는 것을 목표로 하는 시간의 종교입니다. 공간 지향적 인간에게 시간은 단조롭고 반복적이며 균질한 것으로 여겨지며, 모든 시간은 비슷하고 질적 차이가 없는 빈 껍데기에 불과한 것이지만, 이와 달리 성경은 시간의 다각화된 특성을 감지합니다. 똑같은 시간은 하나도 없습니다. 매시간은 독특하고, 그 순간에만 주어지는 유일한 시간으로, 배타적이고 한없이 소중합니다. 유대교의 의식^{ritual}은 시간 속에서 중요한 형태를 만드는 예술, 시간의 건축술로 특징지어질 수 있습니다.[181]

나는 시간의 건축술이라는 이미지가 시사하는 바가 있다고 생각한다. 이는 우리가 함께하는 삶이 공간을 배치하는 방식뿐 아니라 시간 속에서 우리의 공유된 움직임에 특징을 부여하는 리듬과 초점을 맞추는 방식에 의해 형성된다는 것을 가리킨다. 이는 아마도 근무일과 안식일, 평상시와 축제(성스러운 것과 세속적인 것 모두)의 리듬에서 가장 잘 드러나며, 그것은 특정 시간에 우리가 공동체로서 무엇을 하는지 구조화한다. 그러나 그것은 우리의 더 작은 몸짓에서도 드러난다. 가르칠 때 우리는 어떤 주제와 질문에는 '시간을 할애'하고 다른 주제와 질문에는 그렇지 않으며, 어떤 활동은 길게 늘이고 다른 활동은 서둘러 진행하기도 한다. 우리는 학생들이 수업 안팎에서 시간을 어떻게 사용하고 경험하는지에 구조를 부여하려고 시도한다. 이것은 단순한 실용적인 조치가 아니다.[182] 질문을 하는 것과 같은 간단한 일을 할 때도, 응답을 듣고자 우리가 허용하는 시간이 누가 응답할 수 있을지 없을지에 영향을 미친다. 제2 외국어를 사용하는 학생들이나 먼저 잠시 침묵하는 시간을 두지 않고 즉시 질문에 대답하는 것을 무례하다고 여기는 문화에서 자란 학생들, 또는 생각을 정리하는 데 더 많은 시간이 필요한 학생들은 더 많은 시간이 허용될 때에만 목소리를 내고 충분히 참여할 기회를 얻을 수 있다.[183]

짧은 시간의 할당은 가장 목소리가 크고 빨리 대답하는 사람들에게 유리한 경향이 있어, 언어로 반응하는 속도가 가장 빠른 사람이 지능이 더 높다고 보는 북미의 문화적 규범을 더 강화하는 경향이 있다.[184] 또한 답을 찾고자 대충 훑어보며 빠르게 읽는 습관과 신중하게 생각하기 전에 발언하는 습관을 강화할 수도 있으며, 이는 자애와 정의에 기반한 접근 방식의 특징인 일종의 세심한 주의력과는 상반되는 습관이다.[185] 상대방의 응답을 기다리는 시간이 길어지면 더 많은 학생이 참여하게 되고, 더 의미 있는 기여를 하는 결과를 가져오는 경향이 있다.[186] 질문과 답변에 할애된 이러한 시간의 윤곽, 구조는 학생들에게 특정 리듬을 부여하는 작은 방법 중 하나로, 그 결과 어떤 학생들이 다른 학생들보다 더 쉽게 참여하고 성장하고 번창하기 쉬운 학습 공동체가 형성되게 한다. 우리는 한 가지 리듬을 배워 익숙해지면 대안이 될 만한 다른 리듬에는 귀를 기울이지 않게 되기 쉽다.[187]

질문을 한 후 응답을 받기까지 얼마를 기다릴지와 같은 사소한 결정도 포용, 공동체, 그리고 정의의 문제와 연결되는 것으로 밝혀졌다. 여기서 우리는 신앙적인 문제와의 연결점을 찾을 수 있다. 이러한 주제가 시간에 대한 신학적 논의에서도 등장한다. 로버트 젠슨Robert Jenson은 이렇게 말한다. "하나님께서 선택하신다면 자신의 삶을 왜곡하시지 않고도 다른 사람을 자신의 삶 속에 수용하실 수 있습니다. 가능한 한 담대하게 표현하자면, 하나님은 넉넉하신, 넓은 분이십니다… 하나님은 자신의 삼위일체적 삶 안에 자신 외의 다른 이들을 위한 서사적 공간을 만드십니다. 이것이 창조 행위이며, 이 수용이 곧 창조된 시간입니다."[188]

타인을 위해 공간과 시간을 은혜롭게 창조하신 하나님의 넉넉함을 우리가 취한다면, 그리고 그것이 교실에서의 시간의 흐름에 대해 우리가 생각하는 방식과 연결되고, 그로 인해 누가 포용되거나 배제되는지에 대한 고려로 이어진다면 어떤 일이 벌어질까? 그리스도인들이 정의를 추구하고 자비를 사랑하며 겸손하게 하나님과 동행하도록 부름받았다면, 그 부르심이 수업 시간에 질문을 하고 대답을 기다리는 시간처럼 작고 물질적인 문제와도 연결될 수 있을까? 기독교적으로 가르친다는 것이 우리가 학생들을 우리의 공간과 시간 안에 살게 하는 방식과 관련이 있다고 상상할 수 있을까?[189]

그렇다면, 우리는 다시 한 번 교실의 물질적 실천에서 신학으로 연결되는 더 큰 질문으로 나아가는 경로를 추적할 수 있다. 우리는 시간의 흐름을 교실에서 사용하는 신앙 언어의 일부로 생각한 적이 있는가? 우리는 '신앙과 학문의 통합'을 오직 아이디어와 수업 내용에만 관련이 있다고 생각하는가? 이것은 우리의 시간의 건축술, 곧 우리가 사용하는 속도, 리듬 또는 침묵에 의해 만들어진 의미들과 어떤 관련이 있을까?

안식일과 축복

헤셸의 시간의 건축술 이미지가 암시하듯이, 한 학기나 한 해가 전개되는 방식처럼 우리가 만들어 내는 더 큰 구조들 역시 중요하다. 몇 년 전, 한 동료가 우리 모두와 마찬가지로 학생들이 하나의 활동에서 다음 활동으로 항상 급히 서둘러 움직이고 있다는 데 우려를 표한 적이 있다.[190] 이로 인해 성찰, 휴식, 예배, 안식일을 위한 여유가 거의 남아 있지 않다는 것이다. 이 교사의 입장이 되어 보자. 이 공동체에 안식일을 지키기 위한 여유가 부족함을 극복하기 위해 무엇을 할 수 있을까? 잠시 시간을 내어 몇 가지 전략을 생각해 보고 목록을 작성해 보라.

나의 상황에서 교수 개인이 상상할 수 있는 가장 쉬운 개입은 안식일을 주제로 수업 중 일련의 경건의 시간을 계획하거나 안식일의 중요성과 현대 생활의 우상 숭배에 관한 읽기 과제를 부여하는 것 정도다. 아마도 우리는 내 동료가 성경 본문들을 선택하고, 예시들과 이야기들을 수집하고, 유인물을 디자인하고, 기독교 세계관에서 안식일의 역할을 위한 신학적 주장을 검토하고, 여가 시간 활용에 대하여 수업 중 토론하려고 예리한 질문들을 써 내려가는 모습을 상상할 수 있을 것이다. 아마도 학생들에게 더 의도적으로, 더 기독교적으로 살 것을 권면하는 그의 목소리를 들을 수 있을지도 모른다. 이 모든 것은 좋은 일일 수 있다(하지만 이 중 일부는 시간적 여유가 없는 학생들에게 더 많은 할 일들을 추가하고 있음에 주목하라).

사실 내 동료는 조금 다른 접근 방식을 취했다. 그는 학생들이 주일에 과제를 할 수 없도록 강의 구조를 재설계했다. 과제는 항상 토요일 저녁까지 제출하도록 하고 늦게 제출하면 벌점을 부과했다. 다음 주에 있을 새로운 과제는 월요일 아침 전까지 발표하지 않았다. 그는 또한 왜 학기가 이런 식으로 구성되었는지 학생들과 논의할 계획을 세웠다. 시간이 어떻게 이렇게 구조화되었는지 성경의 안식일에 대한 부름과 연결시켜 구체적으로 논의하고, 또 자신이 주일을 어떻게 보냈는지 학생들과 나눌 계획이었다.

구조와 공유된 상상의 이러한 조합은 중요하다. 이는 학생들이 변화의 이면에 있는 사고에 참여하지 않으면 그 변화를 통해 의도한 바를 깨닫지 못할 수도 있기 때문만은 아니다. 학생들을 그 변화에 상응하는 공유된 상상에 명시적으로 초대하지 않으면서 실천의 사소한 부분에 집중하는 것은 행동 조작에 해당할 뿐, 의도적인 기독교적 실천에는 미치지 못한다. 반대로, 그것을 함께 살아 내는 것을 더 실현 가능하게 만드는 공동체적 실천의 구조에는 주의를 기울이지 않으면서 기독교적 신념과 규범을 이야기하는 데만 집중하는 것은, 우리 자신이 모범을 보이지 않는 기준을 학생들에게만 충족시키라고 권고하는 위선이나 자기 의에 빠질 위험이 있다. 예수님은 당대 서기관들이 사람들의 등에 무거운 짐을 지우면서도 그들을 돕기 위해 손가락 하나 까딱하지 않는다고 꾸짖으셨다.[191] 학생들에게 더 신실하게 살아야 한다고 말하는 것만으로는 부족하다. 그것보다는 수업의 시간 매개 변수를 재구조화함으로써 그 안에 원하는 결과를 향해 기울어진 내재된 성향이 있는 공유된 패턴을 만들어야 한다. 이것이 과부하된 문화적 환경에서 잘 살아가기 위한 모든 상황적 도전 과제들을 다 해결해 주지는 못하지만, 우리를 올바른 방향으로 이끌 수 있는 일종의 의도적이고 공유된 실천의 기초를 마련해 줄 수는 있다.

참여 패턴이 학기 전체에 걸쳐 지속되는 것이 중요하다. 기독교 대학에서 가르치는 또 다른 동료는 수업의 첫 주 전체를 그 수업에서 앞으로 가르칠 학문과 신학이 어떻게 관련되는지를 읽는 데 할애했음에도 불구하고, 학생들이 학기 말에 평가서를 작성할 때 기독교적 관점에 대해 낮은 점수를 주었다고 불만을 토로한 적이 있다. 그 동료는 신앙과 학습 사이의 연관성이 특정 시점에서 지적으로 파악될 수 있는 무언가로 기대하는 것 같았다. 의도적이고 명시적인 실천과 공유된 상상력을 인내심 있게 구축해 나가는 과정 속에서 시간에 걸쳐 일관되게 풀어 나가야 할 주제라기보다는, 미래에 참고할 수 있도록 이해되고 저장될 수 있는 것으로 여긴 것이다.

내 동료의 안식일 접근 방식을 숙고하다 보니, 내가 속한 기관에서 강의가 일반적으로 마무리되는 방식을 생각해 보게 되었다. 대부분의 교회 전례들이 축복과 사명 선포로 끝난다는 사실이 최근 나에게 충격을 주었다. 하나님의 평화와 은총이 우리에게 선포되고 우리는 나가서 방금 선포된 말씀에 비추어 봉사하도록 부름을 받는다. 다른 한편 대부분의 학교 학기는 평가와 해산으로 끝난다. 한 학기에 마지막으로 일어나는 일은 시험이며 그다음에는 온라인 시스템으로 성적이 원격으로 전달되고, 그 후 강의가 종료된다.

지난 2년 동안 나는 학기말을 위한 다른 패턴을 실험해 왔다. 시험과 마지막 수업의 시기를 바꿔서 수업 기간 마지막 주간에 시험을 치른 다음, 예정된 시험 시간을 마지막 수업 모임으로 사용하는 것이다. 마지막 모임에서, 나는 한 학기 동안 가장 중요한 주제가 무엇이었고 학생들이 무엇을 배웠다고 생각하는지를 논의하도록 인도한다.

또한 다음 단계에 초점을 맞춘다. 이번 학기에 배운 내용 중 어떤 것을 계속 간직하고 진척시키고 싶은가? 그러한 배움이 다음 학기 학생들의 학업에 어떤 영향을 미칠 수 있겠는가? 학습의 다음 단계에서 학생들의 희망과 두려움은 무엇인가? 그들은 어떻게 성장했고, 어떻게 계속 성장할 것이며, 지금까지 배운 내용을 통합하기 위해 어떤 전략을 사용할 것인가? 이 논의가 끝난 후 마지막에 학생들을 위해 기도하고 학기를 마무리한다. 물론 완벽하지는 않다. 때때로 (항상 그런 것은 아니지만) 수업이 다 끝났고 시험도 이미 치렀기에 마지막 수업에서는 전원 출석을 확보하기가 어려울 수 있다. 성적은 나중에 발표되지만, 나는 성적이 온라인에 게시되기 전에 각 학생에게 성적에 대한 서술적 논평을 보낸다. 이 변화가 무엇을 성취할 수 있을지는 잘 모른다. 나는 단지 한 학기가 평가와 해산 대신 축복과 사명으로 일관되게 끝난다면 학생들의 학습 경험이 어떻게 달라질지 궁금할 뿐이다. 이는 상상력과 실천이 대화하는 또 다른 사례다. 우리가 시간을 구성하는 방식에 따라 어떤 종류의 '가르치고 배우는 집'pedagogical home이 만들어지는 걸까?

_____ 광야

이 장에서는 가르침의 물리적 환경이 우리가 전달하고자 하는 이야기 속에 어떻게 녹아들고, 결과적으로 그 이야기를 전달하거나—혹은 훼손하는 데—어떤 역할을 하는지를 보여 주는 몇 가지 사례들을 살펴보았다.[192] 다른 장에서도 비슷한 다른 사례들을 살펴보았다. 우리가 살펴본 사례 중 그 어떤 것에서도 사물을 배치하는 단 하나의 '성경적인' 방법을 찾아내는 것이 목표인 적은 없다. 중요한 것은 일종의 통전성integrity이라 할 수 있다. 우리가 설교하는 내용과 우리가 실제로 취하는 물리적 행위가 서로를 뒷받침하고 지원하도록 가르치는 방식을 설계할 수 있는지, 그래서 단지 말뿐 아니라 행동으로도 증언할 수 있는지 하는 문제다.

이 장을 마무리하면서, 우리가 지금까지 탐구해 온 여러 실타래가 하나로 결합된 또 하나의 사례를 소개하고자 한다.

최근 연구 프로젝트에서 우리가 참관했던 성경 수업을 담당한 교사는 마태복음 5-7장을 가르치는 수업을 진행하고 있었다.[193] 이 학급은 이전 수업에서 어떻게 하나님의 말씀이 광야에서 세례 요한에게 임했는지를 생각해 본 적이 있었다. 학생들은 어떻게 하나님께서 종종 광야에서 말씀하시는지, 그리고 어떻게 현대 문화가 우리를 광야로 나가지 못하도록 우리 스스로를 요새화하도록 거드는 경향이 있는지 논의했다. 교사는 교회에서 그리고 이전 기독교 학교 교육에서 그 본문을 자주 접해 온 학생들이 본문을 낯설게 볼 수 있도록 이 복음서 본문과 학생들 사이에 어느 정도 거리감을 두기 위한 방법으로, 예수님이 언급될 때마다 예슈아Yeshua라는 이름을 사용했다.

또한 교사는 마태복음 5-7장과의 만남을 위해 고독과 침묵 형태로 작은 광야를 만들어 내고자 했다. 학생들은 디지털 학습 도구가 널리 사용되는 학교에서 수업을 듣고 있었지만, 이번 활동에서는 종이에 인쇄된 성경을 사용하고 손으로 직접 펜을 들어 메모를 해야 했다. 그리고 교실을 떠나 복도에 흩어져 이 본문을 혼자서 집중해서 읽었다.

학생들이 돌아왔을 때 교사는 진행 상황을 물었고, 7장까지 읽지 못한 학생들은 손을 들게 했다. 그런 다음 학생들이 얼마나 읽었는지에 따라 각기 다른 그룹으로 이동하도록 했는데, 거의 3분의

2가 7장을 다 읽지 못했다. 그가 학생들에게 "잠깐만요. 7장까지 다 못 읽었다고요?"라고 묻자, 학생들이 고개를 끄덕였다. 이에 교사는 잠시 멈춰서 10초 동안 학생들을 바라보았다. 그리고 학생들에게 본문과 진지하게 교감하며 참여해 주어서 자랑스럽다고 칭찬한 후, 속도를 늦추고 진정으로 몰입하며 참여하는 법을 배우는 것이 자신이 학생들에게 개발하기를 원하는 기술 중 하나였다고 말했다. 이후 마태복음의 구절을 다루는 토론이 이어졌다.

　이 짧은 가르침의 시퀀스는 상상력, 참여, 그리고 실천의 세부 사항이 어떻게 얽혀 있는지를 보여 준다. 학생을 향한 교사의 비전에는 천천히 읽고, 텍스트를 깊이 이해하고 교감하며, 고독을 즐기며, 하나님의 음성을 듣는 능력을 키우는 것이 포함된다. 이 비전을 가르침의 시퀀스로 전환하면서 교사는 텍스트, 과제, 대화 등을 사용하고, 가르치는 과정의 물리적 세부 사항에도 주의를 기울인다.

　학생들이 익숙한 교실 환경을 벗어나 홀로 학습할 때 공간은 중요한 역할을 한다. 시간 역시 연습에 주어진 시간뿐 아니라, 교사가 학생들에게 천천히 교감하고 몰입하는 과정을 긍정적으로 평가하기 전 10초간 침묵했던 그 멈춤의 시간도 중요한 역할을 한다(그 긍정의 말을 다른 주제를 대화하는 중에 급하게 던졌거나, 점수를 획득하는 데 중점을 둔 시간에 쫓기는 작업 직후에 했다면 어떻게 들렸을지 생각해 보라). 모든 학습 활동이 이러한 목표나 리듬을 갖는 것은 아니다. 그러나 모든 학습 활동은 시간과 공간 안에서 특정한 방식으로 살아가도록 초대하고, 특정한 이야기를 유지하도록 돕는 일련의 실천들을 가지고 있다. 가르침의 실천은 단순한 기술이 아니다. 그것은 가정을 만드는 데 사용되는 자원들과 가구들과 같다.

성찰과 토론을 위한 질문

● 당신의 평상시의 자세와 교실 배치 사용 방식은 당신과 교과 내용 그리고 학생들 사이의 어떤 관계를 암시하는가?

● 당신이 질문을 한 후 침묵과 일시 정지를 사용하는 방식은 수업에서 참여 패턴에 어떤 영향을 미치는가?

● 당신의 가르침에 대한 접근은 어떤 방식으로 학생들의 시간 경험을 구조화할 수 있을까?

- 당신이 채택한 실천과 그 실천을 통해 달성하고자 하는 목적에 대해 학생들과 소통하고 있는가?

- 만약 학생들이 평소처럼 교실에 그대로 있으면서 연습 문제지의 질문에 답하거나 발표를 들었다면 광야 활동은 어떻게 달라졌을까?

실천 과제

수업을 마친 후 가능한 한 빨리 시간을 내어 물리적 환경에 관해 적어 보라. 가구는 어떻게 배치되었는가? 당신은 어떻게 움직였으며 자세와 몸짓은 어떻게 사용했는가? 어떤 이미지를 사용했는가? 어떤 핵심 단어나 은유를 사용하여 일어나고 있었던 일을 어떤 방식으로 구성하고 해석했는가? 어떤 부분에 시간을 할애했고, 어떤 부분을 서둘러 진행했는가? 전체적인 속도와 리듬은 어떠했는가? 기록을 마무리했다면, 학습에 대한 어떠한 비전이 내포되어 있었는지를 생각해 보라. 구체적으로 어떤 점이 달라지기를 원하는가? 어떻게 하면 그렇게 될 수 있을까?

10장

페다고지와
공동체

이 책의 서두에서는 내가 탐구하고자 하는 네 가지 핵심 주장을 발표했다. 그 주장은 다음과 같다.

첫째, 신앙과 페다고지에 관한 풍성하고 흥미로우며 중요한 대화가 있다. 이는 수업 내용에 표현된 세계관이나 관점에 대한 질문을 넘어서며, 성품이나 학생들을 친절하게 대하는 것과 관련된 질문으로 축소될 수 없는 대화다.

둘째, 이러한 대화를 진행하며 진전을 이룬다는 것은 하나님이 승인하신 일련의 기술이 있어서 그 방법만 강요한다는 뜻이 아니다. 기독교적으로 가르치는 데는 간단한 공식이란 없으며, 그런 공식이 있어서도 안 되기 때문에 대화가 필요한 것이다.

셋째, 이 대화는 모든 수준(예를 들면, 학령 전, 초등, 중등, 고등)에서의 기독교 교육의 지속적인 건강과 미래 발전, 그리고 학생들의 발전에 필수적이다. 이는 우리가 일반적으로 중점을 두어 온 잘 사고하는 것에 대한 관심을 놓지 않으면서 그 맥락을 확장하는, 체현되고 구체화된 실천에 대한 특별한 종류의 관심을 포함한다.

넷째, 특히 이러한 대화는 개신교의 교육 관련 논의에서 소홀히 취급되는 경향이 있다. 우리는 현재 그 대화를 추구하는 데 그다지 숙련되어 있지 않고, '신앙과 학습의 통합'을 논의하고자 개발된 많은 지적 도구는 이 대화를 더 발전시키는 데 적합하지 않다.

이 책의 전반부에서는 처음 두 가지 주장에 주로 초점을 맞추었고, 세 번째 주장은 책의 전반에 걸쳐 다루었으며, 네 번째 주장은 다음 장이면서 마지막 장인 11장에서 더 자세히 다룰 것이다. 책의 후반부에서는 신앙과 페다고지에 대해 실천적으로 사고할 수 있는 틀을 제시하는 데 집중했다. 나는 신앙이 어떻게 교육 방식을 형성할 수 있는지 추적하려면 '교실을 새롭게 바라보고', 기독교적 상상력이 기술을 대신하도록 해야 한다고 주장해 왔다.

이는 우리가 함께 참여하는 방식과 우리가 추구하는 종류의 형성을 의도적으로 연결하는 '참여 형태를 선택하는 것'을 포함한다. 또한, 공간과 시간, 몸짓과 이미지, 사물과 소리에 주의를 기울이며 그것들이 어떤 비전을 전달하는지 물으며 '실천을 재구성'해야 한다. 나는 처방이 아닌 예시를 제공했다. 가르치는 방식이 동일하다 할지라도 다른 상황에서는 그 결과가 다르게 나타날 수 있음을 알기에, 내 목표는 우리가 가르치는 방법에 대해 신앙에 근거한 성찰을 하는 과정을 드러내고자 했다.

새롭게 보는 것, 참여 방식을 선택하는 것, 그리고 실천 혹은 관행을 재구성하는 것은 연속적인 단계들이 아니라 전체의 상호 의존적인 측면들이라 할 수 있다. 상상력은 우리가 선택하는 실천들과 참여 형태를 이끄는 역할을 한다. 물리적인 학습 환경은 우리가 상호 작용하고 참여하는 방식을 제한하고, 무슨 일이 일어나고 있는지에 대한 우리의 이야기를 유지시키거나 약화시킨다. 우리가 상호 작용하고 참여할 때 상상이 구체화되어 재연되고, 실천적 세부 사항들이 의미를 갖게 된다. 기독교적 관점을 가지는 것만으로는 충분하지 않다. 그 기독교적 관점과 일치하는 구체화된 실천과 의도적인 참여가 절대적으로 필요하다. "자녀들아, 우리가 말과 혀로만 사랑하지 말고 행함과 진실함으로 하자."[194]

독특하게 기독교적이라 할 수 있는가

지금까지 내가 설명한 내용 중 독특하게 기독교적이거나 기독교인만의 것이라고 부를 만한 것이 있을까? 나는 사람들이 흔히 하는 이 질문을 어떤 페다고지적 행동이나 접근이 고유하게 기독교적이어서 그로 인해 기독교인이 비기독교인과 구별되고, 하나님 나라와 세상 나라 사이의 경계가 어디에 있는지 알 수 있는 그러한 페다고지적 행동이나 접근이 있는지를 묻는 것으로 받아들인다. 이 질문에 대해서는 3장과 5장에서 다룬 바 있다. 그러나 이 질문은 다른 기독 교사들과 이러한 문제를 논의할 때 정기적으로 자주 등장하는 질문이기에 여기서도 아주 간략히 언급하고자 한다.

독특한 실천을 생각할 때 어려운 점 가운데 하나는 만약 어떤 실천이 유익하고 도움이 된다면 그 실천은 더 이상 독특한 채로 남아 있지 않는 경향이 있다는 것이다. 그레고리안 성가가 휴식 음악으로 사용되어 음반 판매의 호조를 보이는 것이 증거하듯이, 그 실천을 탄생시킨 신앙적 틀을 채택하지 않고도 어떤 실천의 일부 측면을 차용하는 것은 충분히 가능하다. 여기에 기독교가 서양 교육에 미친 막대한 영향력을 더하면, 기독교 학교와 세속 학교를 극명하게 구분하는 관점에서 교육적 실천에 접근하는 것이 문제가 됨을 금방 알 수 있다.

한편으로, 기독교 학교들은 기독교 신앙고백에 뿌리를 두고 있다고 보기 어려운 주변 문화와 최근 교육 역사의 관행을 반영하면서 여러 방식으로 더 넓은 사회적 상상을 적용하곤 한다. 다른 한편으로, 세속 학교들은 과거의 기독교적 성찰과 문화적 참여에서 비롯된 관행들을 실천하기도 한다. 다시 말해 실천의 경계는 흐릿하며 명확하지 않다.

실천이 정례적으로 새로운 상황에서 차용되고, 맞추어 개조되며, 재작업된다는 점을 고려할 때, 실천을 행동 수준에서 고유한 것으로 이야기할 수 있는 방식이 있다면 이는 신념과의 지속적인 상호 의존성의 맥락 안에서 그러하리라. 행동은 그 자체로는 다양한 의미를 가질 수 있다. 어떤 사람이 달걀을 깨뜨렸다고 할 때 그는 케이크를 굽고 있을 수도 있고, 저글링에 실패했거나, 상한 음식을 버리는 것이거나, 짓궂은 장난을 한 것일 수도 있다. 그것이 행동으로서 의미를 갖게 되고 더 구체적인 정체성을 갖게 되는 것은 내러티브와의 관계 속으로 들어가면서부터다.[195]

누군가가 달걀을 깨뜨렸다고 말하는 것은 오랫동안 연락이 끊겼던 친척의 생일을 맞아 마음을 전하고자 케이크를 만든다는 이야기보다 정보를 충분히 주지 못한다. 기독교인이 아닌 사람들도 떡을 떼고 포도주를 마시지만, 그리스도가 자신의 몸과 피를 주신 것을 기념하면서 하는 행동은 아니다. 행동은 이야기 속의 한순간이 될 때를 제외하고는 행동 그 자체만 따로 떼어 놓고 보면 거의 독특성, 차별성이 없다. 나는 이것이 가르치는 것은 단지 가르치는 것일 뿐 신앙과 무관하다고 하는 생각에 피상적인 타당성을 부여하는 근거 중 하나라고 생각한다. 행동을 하나하나 살펴보면, 그 행동은 우리의 시선 아래에서 관성에 젖어 별다른 이야기를 하지 않는 경향이 있다.

하지만 그렇다고 해서 실천을 형성하는 신학만이 기독교적이라는 의미는 아니다. 이야기가 온전해지기 위해서는 실천이 필요하다. 곧, 그 특별한 의식을 완성하기 위해서는 달걀은 반드시 깨져야 하고, 떡은 떼어져야 하며, 포도주는 마셔져야 하는 실천이 필요하다. 행함이 없는 믿음은 죽은 것이다. 페다고지적 실천은 고백된 기독교 신앙 가운데 세워질 때 가장 고유하게 기독교적으로 보이지만, 우리가 우리의 동기에 침묵할 때조차도 그 실천은 세상 속에서 기독교적인 자세를 표현할 수 있다.

목표는 기독교인이 저작권을 가질 수 있는 어떤 독특한 기술을 찾는 것이 아니다. 목표는 이 세상 나라가 우리 하나님과 그리스도의 나라가 될 때 모든 것이 새로워질 것이라는 이야기와 최대한 부합하는 일관된 일련의 실천을 형성하는 것이다.[196] 이러한 실천은 더 넓은 맥락에서의 표준과 다소 다르게 보일 수도 있고, 그렇지 않을 수도 있다. 그러한 실천이 어느 정도로 독특한지 하는 질문은 그 실천이 우리가 고백하고 우리 삶의 구조에서 실천해 나가고자 하는 신앙의 진정한 표현인지를 묻는 질문보다는 덜 중요해 보인다.

지탱받을 필요성(The need to be carried)

이 사실은 우리의 가르치는 기술의 독특성에서 우리의 실제 헌신의 신실함integrity으로 주요 초점을 이동시킨다. 그것은 우리가 학생들을 위해 만들어 가는 '가르치고 배우는 집'pedagogical homes의 종류와, 그리고 우리 자신의 습관과 전제를 형성해 온 집들과 이야기들을 성찰하라고 우리를 초대한다. 우리는 교사로서 어떤 사람이 되어 있는가? 교실에서 무엇이 가능하고 불가능한지를 가늠하는 우리의 가정은 어디에서 비롯되었을까? 누구의 이야기가 교수-학습이 어떻게 이루어져야 하는지에 대한 우리의 무의식적인 꿈에 생기를 불어넣는가? 우리는 이제 무엇이 될 수 있을까, 그리고 어떻게 그렇게 될 수 있을까?

나 자신이 앞서 언급한 가정이나 이야기들에 의해 형성된 존재라는 사실을 가장 생생하게 인식하게 되었던 때가 있었다. 당시

나는 도시의 한 중학교 교실의 책상 위에 서서 미친 듯이 소리를 지르고 있었고, 그러한 나를 두 명의 학부모가 열린 문으로 반신반의하며 들여다보고 있었다. 전날 밤 나는 도시 빈민층 출신의 11세 학생들을 위한 독일어 수업을 준비하고 있었는데, 이들 대부분은 영어 문해력에 상당한 어려움을 겪고 있었다. 교과 활동을 한눈에 살펴본 결과 그 활동은 이 수업에서는 효과가 없으리라는 확신이 들었다. 그래서 인체 부위를 독일어 단어로 가르칠 다른 방법이 필요했다.

수업 시간에 나는 새로운 단어를 함께 외치고, 속삭이며, 우스꽝스러운 목소리로 연호하는 등 새로운 단어를 반복해서 연습한 다음, '시몬이 가라사대 게임'$^{Simon\ Says}$을 몇 차례 진행했다. 그런 다음 책상들을 교실 한가운데로 밀어 놓고 가장자리에 공간을 만들었고, 학생들을 세 명씩 동일한 성별로 구성된 조로 나누었다. 각 조는 카드를 한 세트 받았고, 각 카드에는 두 개의 신체 부위 명칭이 독일어로 써 있었다. 한 학생은 단어를 읽고, 두 학생은 해당 카드를 지정된 두 신체 부위 사이(예를 들면, 첫 번째 학생의 팔꿈치와 두 번째 학생의 머리 사이)에 매달아 놓아야 했다. 그런 다음 다른 카드를 또 읽었다. 최대한 많은 카드를 매달아 놓는 것이 과제였다. 내 기억이 맞다면 그날 최고 기록은 13장이었다.

마지막으로, 각 그룹에게 가위와 스톱워치를 주었다. 카드를 모두 반으로 잘랐기에 이제 한 장에 한 단어만 적힌 카드가 아까보다 두 배가 되었다. 한 학생은 배를 바닥에 대고 누워 있고, 두 번째 학생은 스톱워치를 들었으며, 세 번째 학생은 시간에 쫓기며 모든 카드를 사용하여 첫 번째 친구의 각 신체 부위에 카드들을 정확하게 올려놓았다. 나는 교실 중앙의 책상 위에 서서, 학생들이 자기 조 기록을 교실 구석구석에서 외치면 그 기록을 우렁찬 소리로 따라 외쳤다.

그런데 그때, 교장 선생님이 두 학부모와 복도를 지나다가 문이 열려 있는 우리 교실 쪽으로 시선을 돌렸다. 교장 선생님과 눈이 마주치자 갑자기 내 시야가 흐려졌다. 마치 십 대 시절, 좋아하는 음악을 방에서 정신 없이 듣고 있었는데 조부모님이 방에 들어오시자 조부모님이 듣고 계신다는 사실만으로 갑자기 혼란스러운 느낌에 싸여 그렇게 좋던 음악이 더 이상 좋게 들리지 않았던 순간과 흡사했다. 그 순간 나는 내가 얼마나 대본에서 벗어난 상태였는지 깨닫게 되었다. 나는 학교 교사였다. 교사는 앞에 서서 설명을 하고 칠판에 글을 써야 하며, 통제권을 가지고 있어야 한다. 교실은 질서 있고 조용하며 차분해야 한다. 교사는 학생들이 노트에 필기를 하거나 크고 진지한 교과서를 들여다보는 것을 감독하거나 손을 든 학생들의 답변을 들어야 한다.

교사는 바닥에 독수리처럼 누워 있는 학생들에게 다른 친구들이 종잇조각을 던지고 소란스럽게 결과를 외치는 동안 교실 한가운데 책상들로 이루어진 섬 위에 서서 숫자를 외치고 있어서는 안 되었다. 나는 서른 명의 학생을 가르쳤는데, 거의 모든 학생이 학교생활에 큰 어려움을 겪고 있었다. 그런데 그 학생들이 오늘 40분 동안 독일어를 읽고 말하는 데 완전히 몰입하여 참여했고, 20개의 새로운 독일어 단어를 성공적으로 배웠다. 그럼에도 갑자기 내가 해고될 것 같은 기분이 들었다.

나는 해고되지는 않았지만(다행히 교장 선생님은 소리 없이 활짝 웃으며 발걸음을 옮겼다), 이 이야기의 요점은 훌륭하게 가르치는 길이 학생들이 바닥에 누워 있는 동안 교사는 책상 위에 올라가는 것이라고 말하는 것은 아니다. 그것이 더 나은 학습을 촉진한다고 믿을 근거가 없는 한, 미친 듯한 방식이 엄격하게 질서 잡힌 방식보다 더 낫다고 할 수는 없다. 나는 이날의 경험으로 두 가지를 깨달았다.

첫째, 사물을 다르게 상상할 수 있다는 깨달음이 확고해졌다. 가구나 나의 자세, 소리 또는 침묵, 타이밍, 상호 작용의 규칙들, 그 과정에서 나의 정확한 역할, 이 모든 것이 학습을 위해 존재하며 학습에 도움이 되는 방식으로 조정될 수 있음을 명확히 깨달았다. 그저 다르게 하기 위해서 혹은 단순히 인상적인 광경을 만들기 위해 다른 시도를 하는 것은 아무런 가치가 없다. 하지만 변화를 주어 학습 효과를 높일 수 있다면 기존 방식을 고수하기보다는 다양한 선택 사항을 고려해야 할 것이다.

둘째, 교사는 어떤 모습이어야 하는지에 대한 특정 내러티브, 내가 의식적으로 선택한 것도 아닌 내러티브에 의해 내 무의식적인 자아가 얼마나 강력하게 각본화되어 있는지를 명확하게 알 수 있었다. 내 가르침의 대부분은 무엇이 가장 최선의 학습을 이끌어 낼 것인지에 대한 명료한 평가나 하나님과 세상에 대한 나의 믿음을 신중하게 다듬은 표현보다는, 이전에 내가 해 보았던 것과 남들이 하는 것을 본 적이 있는 것, 그리고 내가 추측하기에 남들이 나에게 기대하는 바에 의해 형성된다.

이 책 전반에 걸쳐 내가 제안하고 있는 바는, 인간이 된다는 것이 무엇을 의미하는지, 다른 사람들과의 상호 작용, 세상을 향한 봉사, 그리고 미래를 상상한다는 것이 무슨 뜻인지를 기독교의 신념과 더 일관성 있게 조화를 이루는 교수-학습을 설계하는 방식을 찾고자 노력하는 것이 가능하다는 것이다. 교육 내용에 대한 철저하고 효과적인 학습에 여전히 신경을 쓰면서도 이를 실현할 수 있다. 페다고지는 결코 순수하지 않지만(가치 중립적일 수 없다는 의미에서), 항상 한 가지 이상의 방법, 곧 여러 가지 방법으로 형성될 수 있고, 한 방향 이상으로 휘어질 수 있으며, 학생들이 살아가고 성장할 수 있는 한 종류 이상의 가정 pedagogical home 을 제공할 수 있다.

하지만 이러한 깨달음이 모든 선택에 신중을 기하고 매 선택을 옳게 하기 위해서 의도적으로 노력해야 한다는 충고로만 끝나서는 안 된다. 선택의 수가 너무 많고, 어느 누구도 매일 매 순간 주의를 기울일 수는 없다. 교실은 우리가 완전히 마스터하기에는 너무 복잡하다(만약 우리가 거의 다 왔다고 스스로 상상한다면, 새로운 다른 무리의 학생들이 나타나 우리의 어리석음을 상기시켜 준다).

사람은 자기 행동의 매 순간을 의식적으로 이성적인 의도나 자발적인 열린 마음으로 접근할 수 있는 존재가 아니다. 아무도 그런 종류의 지속적인 영웅주의를 발휘할 만한 에너지나 능력을 가지고 있지 않다. 그래서 우리는 우리를 지탱해 주는 이야기, 습관, 반복적 일상, 실천의 패턴이 필요하고, 그것을 통해 생활하고 가르칠 수 있어야 한다. 우리는 신중한 계획을 세우는 데 시간을 투자해야 하고 또 투자할 것이지만, 우리는 또한 지탱받을 필요가 있다.

이 말은 우리의 부분적이고 불완전한 노력이 지속적으로 열매를 맺으려면 은혜와 성령의 역사에 의존해야 한다는 신앙적인 내용처럼 들릴 수 있다. 실제로 우리는 그렇게 해야 하지만, 나는 또한 우리가 하는 실천과 관행 속에 은혜가 표현되는 그러한 교사가 되어 가는 과정에 우리가 협력할 수 있는 방법도 있다고 생각한다. 결론적으로, 나는 그중 두 가지 방법에 특히 집중하고자 한다. '기독교적 교수-학습'은 기독교적 학문과 그리스도인의 공동체에 의해 지탱되어야 한다.

신앙 실천하기

캐롤라인 콜^{Carolyne Call}은 교제, 환대, 간증이라는 기독교적 실천에 비추어 학부 청소년 심리학 강의를 재고하는 과정과 그 대가가 무엇이었는지를 가슴 아프게 묘사하는 중에 '지금까지 가르친 학생 중 가장 독단적이고, 수업에 지장을 주며, 사회적 인식이 전혀 없었던 캐시라는 학생'과의 갈등을 다음과 같이 기술한다.[197]

> 이 학생은 수업에 집중하는 데 어려움을 겪었고, 내 강의 주제에 대한 답변으로 곁가지로 빠지는 부수적인 대화를 이어 가거나 낮은 목소리로 독백처럼 말하는 경우가 많았다. 필기는 거의 하지 않았다. 토론에는 적극적이었지만, 부적절하고 고정관념에 사로잡혔으며, 심지어 인종 차별적인 성찰이나 생각을 자주 발표했다. 그 학생은 자신이 다른 학생들에게 미치

는 영향을 전혀 인식하지 못하는 것 같았다. 그는 영적이거나 종교적인 모든 것을 거부하되 무례하게 대놓고 표현했다. 이런 현실은 감당하기 어려울 만큼 힘들었지만, 그것도 모자라 내가 본 것 중 최악에 속하는 글을 제출하기도 했다.[198]

콜은 다른 때 같았으면 '필요에 따라 캐시와 대화하고, 그의 방해를 막으려고 노력하며, 수업이 끝나면 고마워했을 것'이라고 고백한다.[199] 그러나 기독교적 실천 면에서 가르침을 의도적으로 구성하는 프로젝트를 시작했다는 사실이 단순히 스트레스를 관리하고 넘어가려는 본능적인 욕구에 반하는 부담을 만들어 냈다. 교실을 친교와 환대의 관점에서 상상하려면 '캐시'도 한 명의 구성원이자 손님으로 상상해야 했다.

이러한 상상력이 희망 사항에 불과하지 않고 그 이상이기 위해서는, 그리고 그것이 단지 꿈꾸는 방식이 아니라 삶의 방식이 되려면 '캐시'와도 한 명의 구성원, 손님으로서 관계를 맺어야 했다. 이 부담은 교실에서 일어나는 일과 자극에 순간순간 반응했던 것에서 벗어나 초기에 헌신했던 구체적인 실천과 그와 관련된 미덕이 제공하는 더 안정적인 의도들로 옮겨졌다. 그럼에도 불구하고 그 헌신은 시험대에 올랐다. 상황이 정점에 이르렀던 순간을 콜이 기록한 내용은 전체를 다 읽어 볼 가치가 있다.

이 상황은 어느 월요일 저녁, 저녁 수업을 준비하며 서 있을 때 정점에 이르렀다. 캐시와 두 명의 친구는 교실에 일찍 들어

와서는 한 교수를 향한 경멸감을 드러내 놓고 이야기했다. 캐시는 "그 교수는 그냥 얼간이같이 서 있어. 너무 지루해"라고 말했다. 학생들이 우리 모두에 대해 아무렇지 않게 공유하는 그 걸러지지 않은 발언들을 상상하니, 몸살을 앓는 것처럼 힘들었다. 그들이 수강했던 여러 수업에서 그 교수가 보였던 행동을 흉내 내며 그들은 끊임없이 웃었다. 수업이 시작될 무렵 나는 그들의 무례함에 소리를 지르고 싶다는 생각과 절망에 빠져 도망쳐 숨고 싶다는 생각 사이에서 왔다 갔다 하고 있었다. 그 대신 나는 심호흡을 하고 침묵으로 기도했다. '저는 이 사람들을 사랑합니다. 저는 이 사람들을 사랑합니다. 하나님, 부디 제가 이들을 사랑할 수 있도록 도와주세요.' 이것은 기도 후 내가 그들을 향한 따뜻하고 포근한 사랑의 감정을 느끼게 되었다는 의미가 아니다. 그보다는 나의 개인적인 나침반을 점검한 것이다. 의무와 짜증이 아니라 사랑과 환대로 학생들을 가르치기로 결심했음을 나 자신에게 상기시켰다.

이것이 내가 경험한 가장 어려운 변화 중 하나였음을 분명히 밝히고 싶다. 내가 이 학생들을 사랑으로 대하는 데 요구되었던 정신적·정서적 에너지는 엄청나게 컸다. 하지만 그 순간 나는 이전에는 경험하지 못했던 방식으로 기독교인으로서 가르친다는 것이 무엇을 의미하는지 깨닫게 되었다. 이는 학기 초부터 내가 학생들을 바라보는 방식과 모든 면에서 관련이 있었다.

그리스도께서 그들을 보셨다면 그러하셨을 방식으로 그들을 바라보려는 노력으로 나의 인식은 물들여져야 했다. 물론 여러 면에서 흠이 있음에도 불구하고 사랑과 존경, 관심과 주목을 받을 만한 가치가 있는 존재로 그들을 바라보는 것이다. 이는 학생들의 무례한 행동을 무시한다는 의미는 절대 아니었고(결국 가르침에 대한 토론에 참여하게 함으로써 나는 그들이 했던 비판에 응답했다), 내가 학생들을 사랑하겠다는 헌신과 그것을 적절하게 실현하는 방법에 대해 지속적으로 나를 모니터링하는 과정에 참여했다는 뜻이다. 그러나 학생들을 위해 기도하고, 음식을 준비하며, 그들의 개인적인 이야기를 듣는 등 내가 참여했던 다른 실천이 없었다면 그 학급을 향한 나의 환대(특히 캐시에 대한 환대)는 불가능했을 것이다.[200]

콜은 여기서 상상력과 실천 사이의 구체적인 상호 작용을 다룬다. 실천은 상상력에서 비롯된다. 실천은 우리의 헌신이 우리를 부르는 선, 다시 말해서 우리가 헌신한 그 선을 향한 소망을 계속 품고 나아가게 하는 형성적인 생활 방식이다. 실천은 협력적인 행위이며, 은혜가 우리를 설득해 온 비전을 우리 삶에서 구체화하고 그 비전에 형태를 부여하도록 하는 암묵적 초대다. 실천은 또한 상상력을 '방향 지어 준다.' 환대를 실천하겠다는 헌신은 학생을 상상하는 특정한 방식, 교실을 바라보는 특정한 방식, 상황이 어떤 대응을 요구할 때 선택할 수 있는 특정한 선택들을 내포한다. 실천은 상상력을 키우고 지탱하고, 그 상상력은 다시 더 많은 실천을 이어 나가는 데 도움이 될 수 있다. 학생을 향한 자신의 반응을 훈련하고 올바른 방향으로 인도할 의도적인 실천의 패턴이 선행적으로 확립되지 않았더라면 자신이 그런 방식으로 반응할 수 없었을 것이라는 콜의 고백은 가르침을 단순한 도구적 테크닉으로 보는 설명에 반하는 것이다. 이는 또한 가르침이 교사의 마음을 기반으로 한다는 설명, 곧 학생들에 대한 내적 애정의 따뜻함으로부터 기독교적 가르침을 만들어 낼 수 있는 능력이 나온다는 암시에도 반하는 것이다.[201] 우리에게는 기술과 친절함뿐 아니라 실천과 훈련이 필요하다.

나는 신앙이 페다고지적 선택에 활기를 불어넣는 과정은 예배, 기도, 성경 읽기, 신앙 공동체 내에서 사는 법 배우기, 기부, 자비와 정의의 행동에 참여하기 등 신앙을 형성하고 자아를 올바른 방향으로 정렬하게 하는 일상적인 실천과 함께 시작된다고 생각한다. 이 책에서 페다고지는 일련의 고유한 독자적인 구조를 가지고 있으며 단지 우리의 사상과 감정의 연장이 아니라는 점을 강조해 왔음에도 불구하고, 나는 또한 기독교적 자아의 형성이 기독교적 페다고지의 필수 요소라고 생각한다.

그러나 이것만으로는 충분하지 않다. 콜은 기본적인 기독교적 실천을 자신의 가르침 영역으로 의도적으로 확장함으로써 한 걸음 더 나아간다. 그녀는 학생들을 위해 기도하고, 학생들과 음식을 나누며, 학생들의 말을 주의 깊게 듣는 연습을 하고, 학생들이 미성숙함을 보일 때 자신의 감정과 상관없이 사랑에 대한 헌신으로 반응하기로 선택하고자 노력했다고 서술한다. 내가 이 책 전체에서 보여주려고 시도했듯이, 그리고 콜이 자신의 논문의 다른 부분에서 설명한 것처럼, 교육 환경에서 기독교적 실천을 추구하는 것은 기도와 은혜롭게 반응하는 것에 대한 개인적인 헌신을 넘어서 결국 페다고지 자체가 어떻게 구체화되고 형성되는지에 대한 재고로 이어진다.

    기독교적 페다고지를 위한 빠른 레시피와 같은 것은 없으며, 그것은 두렵고 떨림으로 이루어 가야 할, 옛것을 벗고 새것을 입는, 그리고 하나님 나라에 공명하는 방식으로 말하고 행동하며, 공유된 활동을 형성하는 방법을 찾는 그야말로 긴 과정이다. 그것은 기도와 연구, 학생들의 말에 귀를 기울이고, 수업에서 일어나는 일에 주의를 기울이는 후천적 훈련, 그리고 다른 사람으로부터 우리의 최선의 노력이 우리가 생각하는 바를 온전히 이루지 못하고 있다는, 우리가 생각하는 것과는 다른 결과를 낳고 있는 것 같다는 말을 기꺼이 들을 수 있는 겸손함에서 비롯된다.

공동체 추구하기

캐롤라인 콜의 이야기는 '항상 열심히 생각하는 것'을 넘어 "어떤 실천이 기독교적으로 반응하는 우리의 능력을 형성할 수 있을까?"를 살펴보도록 촉구한다. 그러나 이러한 말로 마무리하는 것조차도 '기독교적 교수-학습' 프로젝트가 우리의 개인적인 성화의 에너지를 투자하여 페다고지적 가능성의 정점에 도달해야 하는 일종의 개인적인 영적 산행과 같이 들리게 할 위험이 있다. 그것도 여전히 옳지 않은 것 같다. 나 자신도 종종 영적 훈련을 지속적으로 유지하는 데 서툴며, 가르치는 데도 그렇게 능숙하지 않은 것 같아 보이는 날이 많다. 내가 생각하기에 '기독교적 교수-학습'을 지탱하는 가장 중요한 기독교 실천 가운데 하나는 의도적인 공동체, 즉 다른 사람들과 함께 그리고 다른 사람들로부터 그리스도의 몸으로서 우리의 소명을 살아가는 방법을 지속적으로 배우는 것이다.

교직 생활을 하면서 은혜로우며 비판적이지 않은 동료들을 만나는 복을 받았다. 그들과는 내 교실에서 실제로 무슨 일이 일어나고 있는지 자유롭게 토론할 수 있었다. 내가 교사로서 성장하는데 매우 중요한 순간 가운데 하나는 수업이 끝나고 동료의 사무실로 달려가서 다음과 같이 외쳤을 때였다. "방금 제 수업에서 정말 좋은 일이 있었는데, 그 이유를 정확히 잘 모르겠어요. 제가 이야기해 드릴 테니 선생님 생각을 들어 볼 수 있을까요?" 또는 "방금 저는 교육 역사상 최악의 수업을 한 것 같아요. 내가 내 학생 중 한 명이 아니어서 정말 다행이에요. 만약 내 학생이었다면 정말 죽었을 것 같아요. 선생님이라면 이 수업을 어떻게 가르쳤을 것 같아요?" 또는 "우리가 항상 …하는 것을 의식하신 적 있으세요?" 또는 "만약 우리가 …한다면 어떨까요?"

이러한 갑작스러운 감정의 분출에 기꺼이 따뜻함과 관심으로 반응할 수 있는 동료들은 찾아볼 만한 가치가 있는 보물이며, 다른 사람에게 그러한 동료가 될 수 있는 역량을 기르는 것은 가치가 있는 일이다. 페다고지의 전반적인 질은 개인의 은사와 헌신에 달린 것뿐 아니라 교수-학습에 대한 지속적이고 개방적이며 적극적인 대화, 즉 우리의 가르침을 새롭게 하는 방법을 모색하는 데 진정으로 투자하는 대화를 얼마나 촉진할 수 있는지에 달려 있다. 나는 이러한 대화를 정기적으로 장려하는 방법을 찾는 것이 기독교 학교, 전문대학, 대학의 중요한 업무의 일부라고 생각한다.

　　기독교적 페다고지에 관한 좋은 글은 실제 동료들과 함께하는 것과 동일하게 우리를 성장시키는 사귐을 어느 정도 제공해 줄 수 있다. 내가 하려는 이 말을 캐롤라인 콜의 논문은 다년간의 팀 연구 프로젝트에서 나온 출판물이라는 단순한 사실을 통해 암시적으로 드러내고 있다. 이는 개인의 영적 성장을 기록한 일기가 아니라 동료의 유익을 위해 자신의 배움을 공유한 것으로, 공유된 학습을 대표한다. 가르치는 것에 대한 학습은 남들에게서 배우는 것을 포함한다. 학생에게 배우고, 직장 동료에게 배우며, 온몸의 유익을 위해 은사가 분배된 더 넓은 기독교 교육자들의 공동체로부터 배운다. 마지막 장에서 언급하겠지만, 현재 이용 가능한 자원은 원하는 만큼 그다지 풍부하지 않으나, 다른 기독교 교육자들과 보람 있는 가상 대화를 나눌 수 있는 좋은 자료가 있다.

　　페다고지에 대한 우리의 대화가 우리만의 공간과 시간에 국한될 필요는 없다. 페다고지에 대한 구름과 같이 허다한 증인들이 있다. 하나님 나라를 맛볼 수 있는 방식으로 가르친다는 것이 무엇을 의미할지 모색하는 데 참여하는 공동체가 있다. 이것이 바로 이 책을 집필하며 염두에 두었던 공동체다. 이 책이 당신의 가르침의 작은 부분을 밝히는 데 도움이 되었기를 바란다. 그리고 당신이 페다고지를 설계하며 때때로 은혜의 흐름을 감지하는 기쁨을 알게 되기를 바란다.

성찰과 토론을 위한 질문

● 어떤 훈련을 채택하면 학생들과 교실에서 기독교적인 상호 작용과 참여를 지속하는 데 도움이 될 수 있을까?

● 그러한 참여를 저해하는 주요 압력은 무엇인가?

● 당신이 속한 기관이나 인근 기관의 동료 중에 당신의 교수-학습 접근 방식을 함께 이야기할 수 있는 가장 좋은 상대는 누구인가?

11장

기독교 학문의 현주소

이 마지막 몇 페이지는 주로 고등교육에 종사하는 사람들을 대상으로 작성되었지만, 학문의 근황이나 기독교적 페다고지가 충분히 연구되지 못한 이유에 관심이 있는 다른 사람들에게도 도움이 될 수 있다. 여기서는 교수-학습이라는 주제를 기독교적으로 접근한 연구가 다른 분야에 비해 현저하게 부족하다고 한 내 주장을 더 자세히 살펴보고자 한다. 이것은 예를 들어, 기독교 고등교육이 필요로 하는 것을 요약한 목록을 작성할 때 확연히 드러나는 격차다. 최근 '기독교 대학에 관한 생각'을 다룬 한 책은 "시장(정확히 누가 기독교 대학을 원하는지), 다원주의(종교적 다양성과 어떻게 관계를 맺을지), 내용(기독교 대학은 다른 이념으로 설립된 대학과 정확히 무엇이 다른지)의 문제를 심사숙고할 필요가 있다"고 주장한다.[202]

나는 우리가 기독교 대학을 이야기하든 혹은 다른 종류의 기독교 학교를 이야기하든지 간에, 그러한 목록에 추가되어야 할 중요한 항목이 있다고 주장해 왔다. 페다고지는 학습 환경에서 일어나는 일의 주요 변수다. 페다고지는 학습되는 내용과 그 학습 경험에서 얻는 의미를 형성하는 데 도움이 된다. 만일 페다고지와 관련된 질문에 관심을 기울이지 않는다면 기독교 교육에 대한 논의는 항상 미완이며 부족할 수밖에 없다.

그러나 기독교 학자들이 신앙과 고등교육에 관해 글을 쓸 때 페다고지가 그들의 머릿속에 그리 빨리 떠오르는 주제가 아니라는 것이 지금까지 관찰된 일반적인 경향이다. 첫 장에서도 언급했지만, 이 마지막 장에서 다시 그 문제를 더 자세히 논의하고자 한다. 나는 개신교 기독교 학자들이 페다고지라는 변수를 지나치게 소홀히 여겼고, 이 주제를 우발적 혹은 무계획적으로 다루어 왔다고 생각한다. 다음 글에서는 이러한 주장을 명확히 하고 근거를 제시하며, 상황이 왜 이렇게 되었는지 몇 가지 이유를 설명하고, 다음 단계로 무엇이 필요한지 제안하고자 한다.

기독교적 학문의 전경

지난 반세기 동안 '신앙과 학문의 통합'을 시도하는 상당한 분량의 문헌이 개신교 기독교 고등교육의 맥락에서 등장했다. 다양한 종류의 기독교적 학문을 위한 플랫폼으로 학술 저널이 창간되었다. 그 기간 동안 이 학술 저널을 통해 출판된 논문들은, 신학 범주의 논문들을 제외하고, 동료들의 검토를 거친 논문들만 헤아려도 1만여 편에 이른다. 이 논문들은 광범위한 주제와 넓은 학문적 영역을 다룬다.[203] 연구 논문과 함께, 기독교 신앙과 밀접하게 연결된 고등교육과 지성을 활용하는 삶에 대한 접근 방식을 옹호하고, 논의하며, 정교화한 다수의 책들이 널리 유포되었다.²⁰⁴ 기독교인으로서 사고를 잘 할 수 있는 방법을 알려 주는 자료가 상당히 많이 공급되었고, 기독교인들이 충분히 생각하지 않는다거나 혹은 잘못된 생각을 한다는 탄식도 계속 있어 왔다. 적어도 북미에서는 많은 기독 교단과 대학과 종합대학, 신학대학원에서 이러한 질문에 초점을 맞춘 콘퍼런스, 워크숍, 세미나, 독서 토론 그룹이 정기적으로 개최되고 있다. 이 기관들은 일반적으로 연구보다는 '교수-학습'에 중점을 두며 이를 사명으로 여긴다. 하지만 이 대화에 있어서도 신앙이 교수-학습 과정을 어떻게 형성하고 그 과정에 어떻게 영향을 미치는지를 구체적으로 다루는 데 있어서는 여전히 상당한 격차가 존재한다. 기독교 학자들은 한 종류의 질문을 다른 종류의 질문보다 더 잘 추구해 왔다고 할 수 있다.

내가 염두에 두고 있는 차이점을 정확히 파악하는 데 도움이 될 만한 예가 하나 있다. 몇 년 전, 나는 내가 속한 캠퍼스에서 교수들로 구성된 두 개의 토의 그룹을 이끌며, 폴 그리피스 Paul Griffiths가 쓴 짧은 책,《호기심이라는 악덕》The Vice of Curiosity을 읽고 토론한 적이 있었다.²⁰⁵ 이 책에서 그리피스는 지식을 향한 다양한 종류의 욕망에 대한 아우구스티누스의 설명을 제시한다. 섹스와 관련해서 건강한 성욕과 정욕, 음식과 관련해서 굶주림과 폭식이 있듯이, 학습에 대한 욕구에도 건강한 형태와 왜곡된 형태가 있다. 한편으로는 배움에 대한 건강한 욕망인 '스튜디오시타스'studiositas가 있고, 다른 한편으로는 죄로 뒤틀린 위조품인 '큐리오시타스'curiositas가 있다(이 단어는 '학구적'이나 '호기심'으로 느슨하게 번역될 수 있지만, 오늘날 우리는 현대적 단어 '호기심'을 좀 더 긍정적인 의미로 사용하기 때문에 주의해서 번역해야 한다). 간단히 말해, 스튜디오시타스는 배움의 대상에 수긍하고 순종하는 태도로 주의를 기울이고, 공동체 안에서 그리고 공동체를 위해서 앎을 추구하고, 지식을 감사히 받아들이고 자유롭게 나누는 선물로 여긴다. 반면에 큐리오시타스는 알려진 바에 대한 자기 중심적인 소유권과 통제를 추구하며, 거만하게 수다를 떨고 뽐내며, 남들이 모르는 것을 나만 안다는 식의 공적 지위를 즐긴다. 이러한 서로 다른 욕망은 무작위로 발생하는 것이 아니다. 우리는 함께 참여하는 실천을 통해 우리의 욕망들을 훈련할 수 있다.

그리피스는 근대 대학의 전형적인 지적이고 페다고지적인 실천의 결과로 만들어지는 자아의 특정한 형태는 스튜디오시타스의 육성보다는 학습자 안에 큐리오시타스를 만들어 내는 데 더 적합하다고 주장한다. 학습에 대한 기독교적 실천이 그것이 헌신하고 있는 기독교적 신념과 일치하면서 건강한 성장을 촉진할 수 있으려면 이러한 이교적 실천 체제에 주의를 기울이고 대안을 모색해야 한다.

그리피스의 설명은 '기독교적 교수-학습'에 관하여 몇 가지 중요하고 기본적인 질문들을 제기한다. 그의 책은 생각을 자극하고, 손쉽게 토론을 불러일으켜 소그룹 토론에 이상적이다. 내가 이끌었던 두 독서 그룹 모두 다양한 분야의 교수진으로 구성되었고, 리더도 같았으며, 동일한 책을 읽고 토론했지만, 두 그룹의 대화는 상당히 다르게 전개되었다.

한 그룹은 지적인 주장에 관한 질문에 가장 쉽게 끌렸다. "그리피스의 플라톤주의적 틀은 논리적으로 방어 가능한가? 지적 욕구에 대한 그의 설명이 이 틀에서 분리된다 해도 여전히 유효할까? 그는 아우구스티누스를 제대로 이해했는가? '큐리오시타스'의 부정적인 결과들에 대한 그의 주장은 실증적으로 검증 가능한가? 그것들은 정확한가? 건강한 앎과 건강하지 못한 앎에 대한 그의 기술은 자연과학에 대항하여 편향되어 있는가?" 참가자들은 자주 그리피스의 개념과 주장의 일관성과 타당성을 시험해 보기를 원했고, 지적 입장을 명료화하기 위한 도구로서 그의 책을 사용했다.

다른 그룹은 페다고지적인 관행에 더 초점을 맞추어 질문했다. "학생들의 학습 욕구를 키우려고 할 때 우리는 실제로 어떤 종류의 욕망을 키우고 있는가? 어떤 수업 방식, 교실의 어떤 움직임이 어떤 종류의 학습 욕망을 부추기는가? 학생들은 공부를 시작할 때 어떤 종류의 학습 욕망을 가지고 오는가? 그 욕망은 어떻게 형성되었으며, 우리가 그 욕망에 대항할 수 있는 가능성은 얼마나 될까? 이를 변화시킬 수 있는 교수법이 있을까? 우리 교실의 어떤 실천들이 지식을 경쟁력 있는 개인의 소유물로 인식하게 하는가? 우리의 실천들 중 어느 것이 '스튜디오시타스'에 내재된 공동체적 책임감을 키울 수 있는가?" 이 그룹은 그리피스의 통찰이 우리가 학생들과 함께 작업하는 방식을 재고하는 데 어떤 도움이 될 수 있는지 알아내는 데 더 많은 시간을 투자했다. 그들은 그리피스의 책을 그들의 교육적 관행들을 반성하는 도구로 사용했다.

두 부류의 질문 모두 실질적이고 중요해 보인다. 둘 다 그리피스의 글을 대하는 타당한 방식이며, 어느 쪽도 다른 쪽을 상쇄하지 않는다. 사실, 내 생각에는 둘 다 서로를 필요로 하는 것 같다. 두 가지 접근 모두 활발한 토론을 이끌어 냈고 더 깊은 연구의 가능성을 열어 주었다. 두 종류의 질문 모두 지적으로 참여하고, 아이디어를 시험해 보며, 신중히 성찰할 것을 요구했다. 두 가지 종류의 대화는 그리피스의 책뿐 아니라 광범위한 학문 분야에 걸친 다양한 생각과 자료, 연구 결과에 대한 반응으로도 일어날 수 있다. 하지만 이 둘은 동등하지 않다는 중요한 의미가 있다.

이 두 종류의 질문들 사이의 차이는 내가 보여 주기를 원하는 격차의 틀을 구성한다. 지적 입장에 초점을 맞춘 첫 번째 종류의 질문은 일반적으로 고등교육 전반에서 더 많은 비중을 차지한다. 그리고 지난 수십 년 동안 기독교 학계는 첫 번째 종류의 질문에 집착하는 동시에 두 번째 종류의 질문에는 적절한 관심을 기울이거나 대응하는 데 대개 실패한 모습을 보여 왔다.

_____ 차이를 그려 내다

이 주장은 부분적으로 경험에 근거한 것이다. 콘퍼런스에서 교육자들을 자주 만나게 되는데 그들은 기독교 세계관이 필요하다는 강연을 많이 들어 왔지만, 일단 자신의 학문 분야에서 논란이 되는 몇 가지 쟁점을 토론하고 나면, 결국 기독교 세계관이 그들의 매일의 가르침의 일상에 어떻게 영향을 미치는지 살펴보는 데는 그다지 더 나아가지 못하는 것 같다. 또한 고등교육 맥락에서 대화를 하게 되면, 여러 전제와 관점의 인식론적 뉘앙스에 대해 정확하고 정교하게 토론할 수 있는 사람들인데도 대화의 주제가 페다고지로 옮겨 가면 강의법 대 그룹 활동과 같은 단순한 이분법에 빠지거나 아예 전문성을 부정하는 사람들도 있다. 그러나 이러한 일화를 넘어서는 우려의 근거가 있으니 이제 몇 가지 자료를 살펴보도록 하겠다.

조약돌이 가득 담긴 양동이가 있다고 상상해 보라. 각 조약돌은 '신앙과 학문의 통합', 기독교적 학문, 신앙에 기반한 학문 혹은 우리가 신앙과 학문의 분리에 저항하는 이 사업을 위해 선택한 어떤 다른 이름이든지 간에 그 광범위한 기치 아래에서 신학 저널 외에 다른 동료 심사 저널에서 출판된 학술 논문들을 대표한다. 1970년부터 2010년 사이 신학 저널 외에 명백히 기독교적 학문 저널이라 할 수 있는 학술지에 게재된 논문만으로 한정하더라도 다양한 학문과 주제를 다루는 9천여 편 이상의 논문 각각에 대한 조약돌이 필요하니 꽤 큰 양동이가 필요할 것이다. 아마도 양동이 여러 개가 필요할 수도 있다. 아니면 큰 수레 한두 개가 필요할 수도 있다.

이제 당신에게 조약돌을 두 더미로 분류하는 과제가 주어졌다고 가정해 보자. 오른쪽 더미에는 교수-학습에 대한 문제를 어떤 식으로든 직접적으로 다루는 논문을 대표하는 조약돌을 던져야 한다. 단순히 교실에서 가르칠 수 있는 아이디어들 곧 개념이나 사상들을 다루는 것만으로는 충분하지 않다. 그렇게 되면 지금까지 작성된 모든 글이 가르침에 관한 글이 될 뿐만 아니라(왜냐하면 우리는 무엇에 대해서든 가르칠 수 있으므로), 그러한 아이디어를 '어떻게' 가르쳐야 하는지 정확히 짚어 내지 못하기 때문이다. 가르치는 데는 분명 내용이 필요하지만, 잠재적인 내용 목록만으로는 아직 교수-학습이 아니다. 따라서 첫 번째 더미에는 최소한 페다고지, 교수법, 수업 혹은 학생에 대한 언급이 있어야 한다. 가능한 한 관대하게 하려고 하므로 만약 어떤 논문이 가르침, 페다고지, 형성, 학생 또는 그에 상응하는 개념을 언급하는 내용을 한 문단이라도 포함하고 있다면, 그 논문을 교수-학습에 관한 논문이라고 부를 것이다. 우리는 이를 페다고지 더미라고 부르겠다.

    왼쪽 더미에는 그 밖의 모든 것을 넣어야 한다. 눈부시게 다양하고 흥미로운 학문적, 학제 간 아이디어와 텍스트 및 논쟁을 다루고 있지만, 교사와 학생이 어떻게 그것들 주변에서 상호 작용할지, 그것들이 어떻게 학습 또는 형성 과정의 일부가 될지 그 성찰은 다루지 않는 다른 모든 글을 이 더미에 넣을 수 있다. 이 자료들도 물론, 가르칠 참된 것들이 필요한 교사에게 최소한의 가치가 아니라 큰 잠재적인 가치가 있는 자료다. 단지 '교수, 곧 가르치는 것에 대한' 논문이 아닐 뿐이다. 한 문단조차도 말이다. 우리는 이것을 학문 더미라고 부르겠다.

    당신은 분류 작업을 시작한다. 경제학 수업을 듣는 학생들의 가치 체계가 경제학 교육과정에 어떻게 영향을 받는지를 다루는 논문이 페다고지 더미로 던져지자, 물리학 프로그램이 학생들의 신앙과 과학에 대한 성찰을 발전시키기 위해 어떻게 설계되었는지를 다루는 논문과 부딪혀 딱 소리를 낸다. 학문 더미는 찰스 테일러의 세속화에 대한 견해에 관한 글로 시작하여 마케팅의 신학을 논의하는 논문과 역사학자를 위한 인식론 논문이 뒤따른다. 이 작업을 모든 조약돌이 각 더미에 배정될 때까지 계속한다. 두 개의 더미를 상상해 보라. 각각이 얼마나 클 것으로 예상하는가?

당신이 알아차리게 될 사실 중 하나는 페다고지를 다루는 논문들 대부분이 교육 저널에 실린다는 것이다.[206] 이 사실은 전혀 놀라운 일이 아니지만, 그중 대부분이 초등 및 중등교육에 초점을 맞추고 있고, 교육학과 교수진만 읽을 것이기에, 철학자, 역사가, 신학자, 문학가들이 주도하는 경향이 있는 더 넓은 기독교 학문적 대화의 일부가 될 가능성은 적다. 이러한 저널들을 제외하면 교수-학습을 언급하는 논문은 4.6퍼센트에 불과하다.[207] 기독교적 학문의 본질에 대한 논쟁의 최전선에 있어 온 일부 학문 분야에서 발견되는 교수-학습 관련 논문의 수는 놀랍도록 빈약하다.[208] 1970년부터 2010년까지, 철학 분야에서 학생이나 페다고지를 언급한 논문은 총 3편에 불과했고, 이는 해당 학문에서 발행된 1,075편의 논문 중 0.28퍼센트에 해당한다. 영문학에서는 1,492편 중 18편(1.21퍼센트)이 그러했다.[209] 간단히 말해, 지난 반세기 동안 기독교 고등교육에서 생성되었고 기독교 고등교육의 성격을 명확히 하고자 노력해 온 학문적 대화 대부분은 교수-학습에 대해 이야기할 필요성을 거의 느끼지 못했던 것이다. 거기에 아무것도 없다고 말하는 것은 아니다. 페다고지를 실제로 다루는 논문을 제외하고도 교육학적인 질문에 다양한 각도로 초점을 맞춘 유용한 책들이 많이 있었다.[210] 그러나 그 기여들은 누적되고 연결된 대화라기보다는 간헐적이고 흩어진 경향을 보였다.

문제를 더욱 복잡하게 만드는 것은 기독교적 맥락에서 교수^{teaching}를 다루기 위해 시작한 글조차도 실제 작업에 착수하면서부터는 초점이 바뀌는 경우가 드물지 않다는 것이다. 교수-학습을 다루겠다고 약속하며 시작한 책과 논문이 대부분 인식론, 사상사, 종교 철학 또는 포스트모더니즘에 대한 저자의 견해를 밝히는 것으로 끝나는 경우가 많이 있다. 철학적 논쟁이 교수-학습에 대한 실제적 관심을 대체하는 경향이 반복적으로 나타난다.[211] 이러한 글 중에는 실제로 교실의 맛을 느낄 수 있는 사례가 거의 없다.

신앙과 학습에 초점을 둔 글에서 교수^{teaching}를 '실제로' 다루는 경우, 그 제언은 종종 매우 일반적인 성격을 띠거나 (설명뿐만 아니라 모델링을 사용하고, 그룹 활동을 시도하며, 머리와 마음과 손을 모두 동원시키라는 등의 권고들과 같이), 주제가 교수-학습으로 바뀌면 보다 철학적인 논의를 구성하는 신중하게 개발된 신학적이고 개념적인 틀을 포기하곤 한다.

교육의 목표, 사상의 역사, 옹호해야 할 지적 관점에 대한 글들은 그와 관련된 논문의 양뿐만 아니라 정교한 차이를 분별해 내는 뉘앙스와 정확성에 있어서도 탁월해서, 교수-학습의 실제적 실천과 과정에 대해 그와 동등한 수준으로 엄격히 학문적으로 훈련되거나 신앙에 근거한 지속적인 주의를 기울여 온 연구들을 찾기는 어렵다. 신학적이고 철학적인 거대 사상과 구체적인 실천을 모두 붙잡는 것은 어려운 일인 것 같다. 그 결과로 초래된, 대화를 위한 풍부하고 공유된 틀^{framework}의 부재는 기독교 기관이 조작적 기법과 환원주의적인 평가 방식, 얇고 표준화된 학습 결과에 대한 문화적 압력에 너무 쉽게 휘둘리게 만든다.

기독교 고등교육 기관에 탁월한 교육이 많이 없다거나, 방금 설명한 패턴에 중요한 예외가 없다고 시사하고 싶은 생각은 전혀 없다. 많은 기독교 교육자들이 학생들과 사회에 큰 유익을 주며 깊이 있는 기독교적 방식으로 가르치고 있다. 또한 기독 학자들의 교수-학습에 대한 우수한 개별 연구가 꾸준히 이루어져 왔고, 교육 실천에 관한 더 넓은 학술 문헌에도 특히 기독교 교육 기관에 도움이 될 만한 연구들이 많이 있다. 그러나 그러한 개별적인 연구나 실천 결과의 대부분은 사적인 것으로 남아 있고, 주변의 학습자 그룹에게만 알려지며, 기독교 페다고지에 대한 출판물 대부분은 단편적이다.

이에 반해 기독교 신학과 철학은 계속해서 활기차고 복잡한 논쟁을 불러일으키고 있다. 기독교 고등교육의 기관적·제도적 역사는 단순히 지도로 그려질 뿐 아니라 논쟁되고 정제된다. 그러나 신앙에 기반한 페다고지에 관한 한 그와 비슷하게 광범위하고, 잘 발전된, 원칙에 입각한, 공동의 논의는 한층 더디게 발전해 왔다. 이러한 결여로 인해 기독 교사 개인은 신앙에 근거한 방식으로 가르친다는 것이 무엇을 의미하는지를 명확히 하는 데 있어 각자의 생각과 능력대로 알아서 해야 했다.

교수진에게 미치는 영향

최근 48개 기독교 대학의 2,309명의 교수진을 대상으로 실시한 설문 조사 데이터에서도 이러한 소홀함을 발견할 수 있다.[212] 네이선

알레만[Nathan Alleman], 페리 글랜저[Perry Glanzer], 데이비드 거스리[David Guthrie]는 신학 전통이 강의실에 미치는 영향을 연구했다. 설문 조사에서는 교수진에게 다음과 같이 물었다. "당신의 신학적 전통이 가르침의 다음 영역들에 영향을 미칩니까?" 표는 교수들의 응답을 백분율로 나타낸 것이다.[213]

가르침의 영역	그렇다(%)	모르겠다(%)	아니다(%)
수업 목표	48	9	43
수업을 안내하는 토대, 세계관 혹은 이야기	79	5	16
수업에 대한 동기나 태도	78	6	16
윤리적 접근	84	4	12
교수 방법	40	20	40

한편으로 78-84퍼센트의 교수진이 자신의 신학적 전통이 강의 윤리와 동기 및 세계관에 영향을 미친다고 답했다. 이는 신앙과 지적인 삶, 학문적 활동을 연결하는 프로젝트가 이들 교수진에게 널리 수용되고 있음을 알려 준다. 그러나 다른 한편으로는, 실천하는 교수법과 관련된 질문에 가까워질수록 긍정적인 응답이 낮아졌다. 48퍼센트만이 수업 목표에 영향을 미친다고 답했으며, 40퍼센트만이 자신의 신앙 전통이 가르치는 방식에 영향을 미친다고 느꼈다. 아마도 가장 강력하게 눈에 띄는 것은 교수 방법(이 용어에 대한 우려는 1장을 참조하라)에 대한 질문에 '모르겠다'고 답한 20퍼센트의 비율로, 다른 영역에서 드러난 불확실함의 비율의 두 배가 넘고, 그 주변으로 '그렇다'와 '아니다'라는 응답이 고르게 분포되어 있다.

또한 페다고지에 확신이 없는 것 같은 교수진이라도 세계관과 관점의 틀에 관련된 질문에는 확신을 가지고 있다는 사실에 주목하라. 이는 페다고지 분야의 약점을 기독교 고등교육에 대한 기존의 대화에 참여하지 않은 탓으로 해석하지 않아야 함을 시사한다. 관점의 지향성에 대한 대화의 강조점을 대부분 흡수한 바로 그 교수진이 신앙이 페다고지에 어떤 영향을 미칠 수 있는지에 대해서는 거의 명확하게 대답하지 못한 것이다.

이는 기독교 학문을 발전시키려는 기존의 노력에도 불구하고 생겨난 것이 아니라, 오히려 그 노력의 실제적인 윤곽 때문에 생긴 것이라고 나는 제안하는 바다. 문제는 신앙과 학문에 관한 문헌을 읽지 않고 그것과의 상호 작용이나 활용에 실패해서 일어난 것이 아니라 페다고지와 관련하여 그 문헌이 그렇게 많은 도움을 제공하지 못하기 때문에 발생한 것이다. 지성을 사용하는 삶, 학문적인 생각을 기독교적 방식으로 접근해야 한다는 견해에는 강력하게 투자를 하면서도 페다고지에는 재구성되지 않은 접근을 하는 것이 전적으로 가능하다는 것이 밝혀졌다. 신앙을 학습에 연결하려는 경주에서 학습의 '과정'에 관한 논의는 대부분 뒤처져 있다.

가르침(teaching)을 무시하는 이유

이러한 격차를 어떻게 설명할 수 있을까? 간단히 말하자면 논의할 것이 그리 많지 않다. 어쩌면 가르친다는 것은 그저 기술일 뿐이며,

기독교적으로 말할 만한 것이 없다고 생각할 수도 있다. 이 책 전체는 이러한 설명이 그야말로 잘못되었음을 보여 주는 누적된 사례를 제시하고자 의도되었으며, 이 시점에서 나는 내 변론을 마칠 수 있다. 앞선 여러 장에서의 논의가 가치를 지닌다면, 그런 종류의 설명은 이제 통하지 않을 것이다.

고등교육에서의 교수-학습 연구에 대한 관심이 전반적으로 높아지는 최근 동향에서 다른 종류의 설명이 등장했다. 이 움직임은 어니스트 보이어Ernest Boyer의 업적에서 비롯되었다.[214] 이 문헌은 교수-학습에 대한 학문적 참여를 억제하는 데 기여한 다양한 요인이 있으며 이 다양한 요인이 상호 강화하면서 그러한 결과를 초래했다고 기록한다.[215] 여기에는 보상, 훈련, 마음의 습관, 고독, 의사소통과 관련된 요인들이 포함된다. 나는 이 목록에 기독교적 학문의 특수한 상황에 대한 고려를 추가하겠다.

▶ 보상

다른 형태의 학문적 성찰에 비해 고등교육에서 가르침에 대한 성찰이 부족한 것은 가르침을 체계적으로 향상시키려고 노력하기보다 특정 형태의 학문적 연구에 더 많은 보상을 주는 경향이 있는 보상 시스템과 경력 발전 패턴 때문이다. 입문 수준의 강의는 종종 임금이 낮고 제도적으로 한계가 있는 기간제 강사와 대학원생에게 떠넘겨져서 그보다 지위가 높은 직급자들은 연구에 집중할 수 있도록 해 왔다. 연구 분야에서 성공하면 가르치는 일에서 벗어나거나 일부 학생만을 가르치게 되곤 한다. 모범이 될 만한 수업을 포상함으로써 보상의 균형을 다시 맞추려는 시도가 있지만 이는 때때로 의심스러운 위로금처럼 인식되기도 한다. 왜냐하면 연구물을 출판하는 데 성공하면 학계에서 더 높은 지위를 부여하기 때문이다. 성공적인 페다고지가 개발되면 다른 교사들이 채택하지만 보통은 원저자의 이름을 붙이지 않은 채로 사용된다. 교실의 수업 활동에 각주가 따라오지는 않으니 말이다. 따라서 페다고지의 혁신을 통해 얻을 수 있는 학문적 명성이 줄어든다. 보다 즉각적이고 실존적인 차원에서 보면, 페다고지적 업무는 부서 내에서 존중을 덜 받고, 승진이나 지속적인 고용을 보장받는 데 있어서 더 적게 영향을 끼친다. 가르치는 일에 대한 고민에 너무 많은 시간을 할애하는 것은 결국 그리 좋지 않은 경력의 행보로 보일 수 있다.

▶ 훈련

여기에 더해, 대학원생에 대한 페다고지 관련 훈련은, 일부 기관에서는 다른 기관에 비해 더 나은 편이지만, 역사적으로 무계획적으로 되는 대로 이루어졌고 전반적으로 많이 부족했다. 대학원 교육의 주된 초점은 관련 문헌의 숙달과 연구 결과물 생산에 맞추어져 있었다. 최근까지 미래 교수진에 대한 페다고지적 훈련을 진지하고 체계적으로 접근하거나, 후보자들에게 수업과 교실이 어떻게 작동하는지 깊이 있게 사고할 수 있는 틀을 제공하는 대학원 프로그램은 거의 없었다. 실제로 탁월한 교사가 된 고등교육 기관의 많은 교수진은 이러한 훈련이 그들의 준비 과정의 주요한 일부였기 때문이라기보다는, 자신의 주도적 노력으로 그렇게 된 경우가 더 많다.

▶ **마음의 습관**

세 번째 요인은 교수^{teaching}에 대해 생각하는 방식과 관련이 있다. 후버^{Huber}와 허칭스^{Hutchings}가 간결하게 요약했듯이, 일반적인 신화들은 다음과 같은 내용을 포함한다. "쉬운 일이다. '길거리'의 아무나 할 수 있다. 마법이다. 배워서 할 수 있는 무언가가 아니라 네가 지닌 재능이다. 기술과 비결이지 지적인 실체가 아니다."[216] 이러한 견해의 공통점은 교수-학습을 지속적인 탐구를 할 만한 가치와 보람 있는 초점으로서 생각하지 않는다는 것이다. 로드니 배스$^{Rodney Bass}$가 지적하듯이, 학문 분야 연구에서 문제란 좋은 것이며, 학자들은 수년간 노력하여 해당 분야의 특히 흥미로운 문제에 대해 깊이 있고 예리한 논문을 연이어 발표한다.[217] 가르침^{teaching}에 있어서, 문제는 크리스마스 전에 해결해야 좋을 불편함이나 학생들의 결점 탓으로 간주된다. 이는 가르치는 일을 깊은 참여와 성찰을 위한 풍부한 장으로 생각하지 않는 우리의 경향을 드러낸다. 한 분야의 저명한 선배가 나를 안심시켜 주려는 의도로 페다고지에 대한 나의 관심이 실제로 어느 정도 가치가 있다고 생각한다며 다음과 같이 말했다. "나는 방법론$^{how-to}$에 반대하지는 않아." 이 말은 가르친다는 것은 마치 엔진 기름을 갈거나 정기적으로 치실을 사용하는 것처럼 중요하고 필수적이지만, 대단히 몰입하게 만드는 것은 아닌 것 같다는 느낌을 간결하고 설득력 있게 표현했다. 가르침은 주로 잘 작동하지 않아 개선 조치가 필요할 때 비로소 관심의 대상이 되는 경향이 있고, 그러할 때 관심의 목표는 통찰에 도달하는 것보다는 문제를 해결하고 고치는 것이다. 이는 부끄러운 일이다. 왜냐하면 가르치는 일은 풍부하고 복잡하며 어렵고 매혹적인 일이기에 빠른 기술적 해결책을 추구하는 체제 아래에서는 시들거나 죽는 성향이 있기 때문이다.

▶ **고독**

가르치는 실제 상황이 '페다고지적 고독'을 조장하는 경향이 있어서 이러한 현 상황은 해결되지 못하고 있다.[218] 연구는 발표와 출판, 동료와의 교류에 기울어져 있는 반면, 가르침은 대개 사적인 활동이었다. 개별 교수진이 수업을 가르치며, 자신의 강의를 동료에게 보여 주거나 동료와 의미 있게 공유하는 경우는 거의 없다. 심지어 같은 학과 내에서도 교수들이 서로의 수업에서 어떤 일이 일어나는지 거의 알지 못하는 경우가 흔하다. 교실에서 얻는 지식과 경험의 유형은 상황과 깊은 관련이 있고 연구 논문 작성의 여러 표준 형식을 통해 공유하기가 어렵다. 가르침에 대한 반성의 역사를 공유하기란 실현하기 힘든 일이다.

▶ **소통**

마지막으로, 가르치는 것에 관해 학문적인 글을 쓴다는 것은 새로운 학술지를 찾아 출판하는 것을 의미할 수 있다. 그리고 새로운 학술지는 그들이 일반적으로 출판하려는 학문 분야 학술지보다 덜 권위 있고, 널리 읽히지 않으며, 학자의 연구를 검토할 학과 동료들에게 덜 친숙하거나 덜 존경받는 학술지다. 교수-학습에 관한 작업은 새로운 문헌과 새로운 기술을 활용하고 동료들이 각 학문 분야에서 사용하는 방법에 비해 '부드러운 것'으로 인식하는 연구 방법을 사용하는 것을 의미할 수 있다.

페다고지 관련 업무에 대한 대화는 소속 부서 및 분야 외부에서 비슷한 관심사를 가진 사람들로 구성된 느슨한 네트워크를 통해 이루어질 수 있다. 학문 분야를 중심으로 한 학과는 오랫동안 대부분의 교수진에게 정체성의 주요 원천이자 승진의 통로가 되어 왔다. 그리고 그러한 학문 분야와 학과들이 학문적 질문보다는 가르치는 것과 관련된 사안에 초점을 맞춘 업무를 기꺼이 존중하려는 의향이 있는가 하는 문제는 다양한 태도를 가지고 있다.

▶컨텍스트

개신교 고등교육의 맥락에서 우리는 또 다른 요인을 추가할 수 있다. 기독교인의 학문적 참여의 원동력 중 하나는 한편으로는 신앙을 동기 부여나 가치의 원천으로 인정하지만 진정한 지적 기여를 하는 것으로 보지 않는 지적 관점에 대한 저항, 다른 한편으로는 기독교의 반지성주의 사례에 대한 저항이었다.[219] 분명히 기독교적 학문은 신앙의 가치, 정확하게는 지적 탐구에 영향을 미칠 수 있는 진리 주장과 관련된 신앙의 가치를 되찾기 위한 투쟁을 부분적으로 대변해 왔다. 아마도 앞에서 설명한 요인들과 함께, 이는 교수-학습에 초점을 맞추는 대신 이론과 학문적 탐구에 대한 초점을 강화하는 데 힘을 보탰을 것이다. 기독교적 학문이 진지한 학문으로서 충분히 존중받을 수 있음을 보여 주고자 하는 열망이 결국 기존 학계에서 가장 쉽게 존중받는 학문의 형태에 집중하도록 만들었을 가능성이 높다.

이러한 요소는 특정 부서나 기관에 따라 더 강하거나 약할 수 있다. 그러나 이 모든 요소를 종합해 보면, 진지한 학문적 에너지를 교수-학습에 관한 질문에 투자한다는 생각은 이미 과중한 일정 속에서 보상은 거의 또는 전혀 없이 지적 주변부에 해당하는 주제에 대해 개발되지 않은 기술을 투입하는 것처럼 보일 수 있다. 그 결과, 페다고지는 학문적 대화의 본질적인 주제라기보다는 사사화된 배경적 실천에 불과한 경우가 대부분이다. 대부분의 기독교 대학이 독특성을 추구하고 교육에 중점을 두지만, 앞에서 설명한 기독교 학술 출판의 패턴은 교수-학습의 학문적 측면에서는 기독교 학교가 일반 학교와 크게 다르지 않을 수 있음을 시사한다. 심지어 뒤처져 있을지도 모른다. 물론 최고의 교수진은 학생들의 학습에 엄청난 양의 시간과 에너지, 자상한 인내심을 투자하고, 새로운 접근법을 개발하며, 결과가 실망스러울 때 고뇌한다. 다시 말하지만, 문제는 좋은 가르침의 부재가 아니라 신앙에 기반한 방식으로 가르침을 개선할 수 있게 하는 훈련된 공적 대화를 지속할 수 있는 역량이다.

기독교 고등교육에서의 이러한 결핍은 초등학교와 중고등학교의 기독교적 교수-학습에 영향을 미친다. 앞에서 나는 기독교적 교육 관련 학술 저널에는 교수-학습을 언급하는 논문이 더 높은 비율로 포함되어 있으며, 거기에서 채굴할 수 있는 좋은 자료가 있다고 언급했다. 그러나 여기에서도 기독교 교육에 대한 연구는 종종 개별적이고 단편적이며 일관성이 부족했다. 엘리자베스 그린^{Elizabeth} ^{Green}은 기독교적 풍토나 정신을 가진 학교들에 대해 출판된 실증 연구를 광범위하게 검토한 결과, 이 분야는 여전히 '저개발된 연구 분야'라고 결론지었다.[220] 그린은 다음과 같이 지적한다.

> 기독교 정신을 가진 학교가 무엇을 의미하는지에 대한 명확성이 연구자의 편에서도 학교 편에서도 모두 부족하다는 사실이 이러한 학교들의 영향에 대한 결론을 내리기 어렵게 만들어 왔다. 마찬가지로, '영향'^{impact}이라는 용어가 의미하는 바의 명확성의 결핍은 서로 다른 연구 보고서마다 근본적으로 서로 다른 내용을 보고할 수 있기에 결론의 도출을 어렵게 만든다. 연구 대상 학교들과 사용된 연구 패러다임의 다양성으로 인해 확실한 결론에 도달하기가 어려웠다.[221]

이러한 학교의 교사들이 기독교 사상가들에게 기독교적 교육을 형성하는 방법에 대한 지침을 구할 때, 그들이 자주 받는 의견은 그들이 견지하고 장려해야 할 신학적·철학적 입장에 관한 것이다. 이는 중등학교 및 초등학교 수준에서 어떤 교사가 기독 교사인 순간은 오직 경건의 시간을 제공하거나 수업 중 교과 주제에 대하여 논란의 여지가 있는 기독교적 관점에 대해 논의하고 있을 때라는 생각을 되풀이하게 하는 결과를 가져올 수 있다. 이는 채점 관행이나 과제 학습지 디자인이나 교육 테크놀로지의 변화가 학생들의 신앙 형성에 어떤 영향을 미칠 수 있는지와 같은 문제를 학교에서 진지하게 성찰할 수 있는 토대를 마련하는 데 실패하게 한다. 교수-학습에 대한 기독교적 학문의 빈약함은 고등교육에서 가르치는 사람들과 초·중등 학교에서 가르치는 사람들 사이에 실현 가능한 기독교 교육에 관련된 대화의 종류를 축소하고 어그러진 모양으로 만든다.

앞으로의 전망

이 책은 '기독교적 교수-학습'에 대한 보다 신중하고 상세한 대화를 가능하게 할 수 있는 몇 가지 방법을 보여 준다. 그러한 대화가 성장하려면 기독교 학자들의 우선순위에 대한 재평가가 어느 정도 필요하다. 그리고 기관과 학과의 지도자들은 교수-학습의 학술 활동의 참여를 가로막는 제도적·전문적 장벽을 변화시키려는 조치가 필요하다. 그러한 참여를 학문 분야에 관한 연구보다 덜 중요하다고 폄하하지 않는 단순한 행동에서부터 기독교적 페다고지에 관련 질문들에 대한 학문적 상호 작용과 참여를 장려하고 보상하는 캠퍼스 풍토와 구조를 조성하려는 보다 체계적인 시도에 이르기까지 변화의 가능성은 다양하다.

    개별 학자에게는 다양한 형태의 학문적 참여를 위한 여지가 상당히 있다. 기독교적 맥락에서 교수-학습에 대한 경험적 연구는 질적, 양적 연구 모두 특정한 교수 발상, 사건, 실천에 대한 현상학적 분석과 행복하게 공존할 수 있다. (7장 말미와 8장에서 암시한 바와 같이),

우리의 더 일반적인 관심사의 레파토리보다는 페다고지적 질문에 초점을 맞추어 역사적·신학적·문학적 자료들과 다시 상호 작용할 수 있는 여지가 충분하다.

신앙에 기반한 지적 관점의 변화들이 프로그램과 수업 디자인을 구체적으로 어떻게 재구성할 수 있는지 탐구할 수 있는 많은 여지가 있다. 특정 상황과 실천에 상세한 통찰력을 제공하고, 단순한 일화로 끝나는 일이 없도록 관련이 있는 이론적 틀과 관계를 유지하면서 통찰력 있는 내러티브를 제공할 수 있는 학술적 글쓰기의 형태를 개발하고 실천해야 할 특별한 필요성이 있다고 나는 믿는다. 그래서 나는 그러한 사례를 제공하려고 노력했고, 다른 이들이 더 잘할 수 있기를 바란다.

이 책에서는 교실 수업에 초점을 맞추었지만, 비슷한 질문을 염두에 두고 검토할 수 있는 다른 학습 상황들, 예를 들면, 교외 학습, 학문적 서비스 러닝, 온라인 가르침과 같은 상황들도 있다. 다양한 장르의 학술적 글쓰기와 다양한 학문 분야의 글을 수용하는 *Christian Scholarly Review, Christian Higher Education, International Journal of Christianity and Education*과 같은 저널들이 있다. 이러한 기회에 참여하기 위한 실질적인 첫걸음은 학문 분야가 무엇이든 교수, 학습 및 형성에 관한 질문에 관심이 있는 동료를 찾아 대화와 협업을 시작하는 것이다.

간헐적으로 발견되는 보석들은 제쳐 두고, 기독교적 페다고지에 관심이 있는 사람들을 위해 출판된 연구에서 얻은 과거의 수확은 미미했다. 나는 학생들의 번영뿐 아니라 모든 수준에서 이루어지는 기독교 교육의 미래 건강을 위해서도 우리의 교수-학습에 대한 기독교적 학문의 참여가 더 왕성해지고, 더 확장되며, 더 많이 연대하고 협력하는 것이 중요하다고 제안하는 바다. 최근 몇 년간 몇몇 책과 콘퍼런스에서 신앙과 페다고지에 대한 관심이 증가하면서 몇 가지 고무적인 징후들이 나타나고 있다.[222] 우리가 기독 교사/학자의 소명에 뿌리를 둔 페다고지를 실천하고 명확히 표현하는 법을 함께 배워 감에 따라 이러한 진보가 계속되고 심화되기를 소원한다.

성찰과 토론을 위한 질문

● 어떤 종류의 학술적 글쓰기가 당신의 페다고지적 실천에 영향을 미칠 가능성이 가장 클까?

● 당신이 자신의 학문 분야에서 발견한 신앙에 입각한 방식으로 페다고지적 질문을 다루는 학술적 글쓰기는 어떤 것이었는가? 어떻게 확장할 수 있을까?

○ 페다고지 관련 주제를 연구하는 데 가장 대화하기 좋은, 당신이 속한 또는 인근 기관의 동료는 누구인가?

○ 당신의 작업에 글쓰기와 출판이 포함된다면, 당신이 신앙과 페다고지에 관한 더 넓은 대화에 기여할 수 있는 방법은 무엇일까?

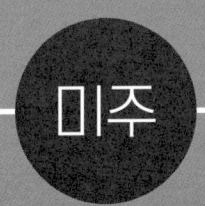

미주

1 '신앙과 배움의 통합'(Integration of faith and learning)은 개신교계에서 지식에 대한 의도적인 기독교적 접근을 설명하는 데 가장 널리 사용되는 단일 문구이자 여러 비판의 대상이기도 하다. 그러나 이 논쟁은 이 책의 주제를 크게 벗어난 것이므로, 의도적인 기독교적 학문과 학습을 추구하는 프로젝트의 기존 논의를 명명하기 위해 '통합'과 관련된 언어를 사용하기로 한다. 물론 통합이라는 언어가 그 프로젝트를 개념화하는 가장 좋은 방법은 아니지만 말이다.
2 Bruce Cockburn, "Southland of the Heart", from the album *Dart to the Heart*(Sony Music Entertainment, 1994).
3 Duane Litfin, *Conceiving the Christian College*(Grand Rapids: Eerdmans, 2004), 19.
4 Joel Carpenter, Perry L. Glanzer, Nicholas S. Lantinga, *Christian Higher Education: A Global Reconnaissance*(Grand Rapids: Eerdmans, 2014)를 참고하라.
5 다음을 참고하라. Gerald R. Grace, "Educational Studies and Faith-Based Schooling: Moving from Prejudice to Evidence-Based Argument", *Educational Studies* 51, no. 2(2003): 149-67.
6 이 주장에 대한 근거를 11장에서 다룰 것이다.
7 다음 논문을 참고하라. David I. Smith, Joonyong Um, Claudia D. Beversluis, "The Scholarship of Teaching and Learning in a Christian Context", *Christian Higher Education* 13, no. 1(2014): 74-87. 기존 연구 문헌 현황에 대한 자세한 논의는 이 책의 11장을 참고하라.
8 이러한 맥락에서 다음 내용을 참고하라. Jenell Paris, *Teach from the Heart: Pedagogy as Spiritual Practice*(Eugene: Cascade, 2016); Parker J. Palmer, *The Courage to Teach: Exploring the Inner Landscape of a Teacher's Life*(San Francisco: Jossey-Bass, 1998).
9 최근 아들에게 이 이야기를 공유해도 되는지 의견을 묻자, 이는 고등학생에게 다소 까다로워 보이는 질문일 수 있다고 부드럽게 말했다. 그랬을 수도 있다.
10 Daniel McWhirt의 개인적인 허락을 받아 인용했다.
11 뇌 과학은 교육 연구에 중요한 추가 요소이지만, 현재의 문화적 풍토에서는 보통 단순화된 환원적 방식으로 보고되는 경향이 있다. 뇌 과학의 공헌을 좀 더 세심하게 정리한 안내서인, John G. Geake의 책 *The Brain at School*은 다음과 같은 문장으로 시작된다. "젊은 두뇌는 배우기 위해 학교에 오고, 나이 든 두뇌는

그들을 가르치기 위해 학교에 온다." 마치 일상적인 교육과정에 관여하는 것이 사람이 아니라 뇌인 것처럼 말이다. 이 책의 다른 부분은 훨씬 더 신중하고 현재의 뇌 과학이 어떤 기여를 할 수 있는지 유용한 설명을 제공하고 있지만, 이러한 시작은 뇌에 대한 이야기를 둘러싼 환원주의적인 문화적 분위기를 반영하고 있다. John G. Geake, *The Brain at School: Educational Neuroscience in the Classroom*(Maidenhead: McGraw Hill/Open University Press, 2009), ix.

12 이 이미지는 다음 잡지에서 사용한 것이다. David C. Noe, "Is There Such a Thing as Christian Education?" *Ordained Servant Online*(April 2012), http://www.opc.org/os.html?article_id=302& issue_id=74. Accessed February 14, 2017.

13 교수법 처방의 몇 가지 문제점을 논의하려면 다음 책을 참고하라. Andrew Davis, "Prescribing Teaching Methods", *Journal of Philosophy of Education* 33, no. 3(1999): 387-401.

14 Walter J. Ong, *Ramus, Method and the Decay of Dialogue*(Cambridge, MA.: Harvard University Press, 1958), 225.

15 Rainer Christoph Schwinges, "Student Education, Student Life", in *A History of the University in Europe, volume 1: Universities in the Middle Ages*, ed. Hilde De Ridder-Symoens(Cambridge: Cambridge University Press, 1992), 195-243, 218.

16 다음 책을 참고하라. Walter Brueggemann, *The Creative Word: Canon as a Model for Biblical Education*, 2nd ed.(Minneapolis: Fortress Press, 2015), 27. "양육과 사회화의 공동체는 단순히 종교적 실천을 사회화하지 않는다. 그보다는 오히려 세계를 건설하고, 가치와 상징 체계와 당위와 허용, 요구와 승인, 권력 구성을 형성하는 데 관여한다."

17 William Blake, "Auguries of Innocence", in *The Complete Poetry and Prose of William Blake*, rev. ed., ed. David V. Erdman(Berkeley/Los Angeles: University of California Press, 1982), 490.

18 이 장의 이전 버전은 David I. Smith의 "Patterns of Practice and Webs of Belief in the Language Classroom"이라는 제목으로 *Journal of Christianity and World Languages* 17(2016): 7-24에 실렸다.

19 (비록 시간이 지나면서 내가 페어 잇고 수정한 원 출처들을 기억하지 못하지만) 나는 이 활동이 내 아이디어가 아니라고 확신한다. 그리고 이런 일은 많은 교실에서 일어난다고 본다.

20 다음 책 내용을 참고하라. Xiaoqiu Xu, Amado M. Padilla, "Using Meaningful Interpretation and Chunking to Enhance Memory: The Case of Chinese Character *Learning*", *Foreign Language Annals* 46, no. 3(2013): 402-22;

YouJin Kim, Nicole Tracy-Ventura, "The Role of Task Repetition in L2 Performance Development: What Needs to Be Repeated During Task-based Interaction?" *System* 41, no. 3(2013): 829-40; Masoud Saeedi, Shirin Rahimi Kazerooni, "The Influence of Task Repetition and Task Structure on EFL Learners' Oral Narrative Retellings", *Innovation in Language Learning and Teaching* 8, no. 2(2014): 116-31; George Stuart, Charles Hulme, "The Effects of Word Co-Occurrence on Short-Term Memory: Associative Links in Long-Term Memory Affect Short-Term Memory Performance", *Journal of Experimental Psychology:Learning, Memory, and Cognition* 26, no. 3(2000): 796-802.

21 관련된 연구의 일부에 관해 내가 이해한 바에 기반하고 있지만, 이러한 신념 중 일부는 연구나 그 연구에 관한 내 이해가 발전해 나감에 따라 오류로 판명될 수도 있다.

22 다음 책 내용의 예를 참고하라. Pierre Barrouillet, Sophie Bernardin, Sophie Portrat, Evie Vergauwe, Valérie Camos, "Time and Cognitive Load in Working Memory", *Journal of Experimental Psychology: Learning, Memory, and Cognition* 33, no. 3(2007): 570-85; Sven L. Mattys, Lukas Wiget, "Effects of Cognitive Load on Speech Recognition", *Journal of Memory and Language* 65, no. 2(2011): 145-60.

23 시간과 스트레스가 언어 처리 및 습득 과정에 미치는 영향은 여전히 연구 주제로 남아 있다. 예를 들어 다음 연구 내용을 참고하라. M. M. K. Rai, L. C. Loschky, R. J. Harris, N. R. Peck, L. G. Cook, "Effects of Stress and Working Memory Capacity on Foreign Language Readers' Inferential Processing During Comprehension", Language Learning 61(2011): 187-218; Lanlan Li, Jiliang Chen, Lan Sun, "The Effects of Different Lengths of Pretask Planning Time on L2 Learners' Oral Test Performance", *TESOL Quarterly* 49, no. 1(2015): 38-66; Mohamed Ridha Ben Maad, "Time Pressure and Within-Task Variation in EFL Oral Performance", *e-FLT: Electronic Journal of Foreign Language Teaching* 5, no. 1(2008): 5-12; Chau Thai, Frank Boers, "Repeating a Monologue Under Increasing Time Pressure: Effects on Fluency, Complexity, and Accuracy", *TESOL Quarterly* 50, no. 2(2016): 369-93.

24 물론, 학생들이 둘씩 짝을 지어 이야기할 때도 이러한 일이 발생할 수 있다. 듣기에 대해서는 아래에서 더 다루고 있다.

25 다음을 참고하라. Larry Cuban, "Anxious dreams about teaching again and again"(March 25, 2015), https://larrycuban.wordpress.com/2012/09/11/

anxious-dreams-about-teaching-again-and-again/. Accessed February 14, 2017.
26 학생들의 이름을 외우는 것과 교실의 분위기, 존중, 환대와의 관계에 대한 더 깊은 내용은 다음 자료를 참고하라. Jacob Stratman, "What's in a Name: The Place of Recognition in a Hospitable Classroom", *International Journal of Christianity and Education* 19, no. 1(2015): 26-36.
27 다음 예를 참고하라. Jonathan F. Miller, "Spatial Clustering during Memory Search", *Journal of Experimental Psychology: Learning, Memory, and Cognition* 39, no. 3(2013): 773-81.
28 이 실천법은 내 동료이자 협력자(공동 작업자)인 Barbara Carvil에게 배웠다. 시간에 쫓겨 첫 주에 이러한 만남을 실행하지 않았을 때는 학기를 보내면서 계속 후회했다.
29 일부 연구에 따르면, 높은 사회적 불안을 경험하는 사람들은 비위협적인 단서보다 사회적인 환경에서 위협적인 단서에 더 민감할 수 있다. Daniel T. Mullins, Marshall P. Duke, "Effects of Social Anxiety on Nonverbal Accuracy and Response Time I: Facial Expressions", *Journal of Nonverbal Behavior* 28, no. 1(2004): 3-33. 높은 사회적 불안을 겪는 학생들은 교실 환경을 더 부정적으로 해석할 수 있다.
30 Carolyne M. Call, "Defining Intellectual Safety in the College Classroom", *Journal on Excellence in College Teaching* 18, no. 3 (2007): 19-37.
31 다음을 참고하라. Jason D. Whitt, "Teaching Attentiveness in the Classroom and Learning to Attend to Persons with Disabilities", *International Journal of Christianity and Education* 19, no. 3(2015): 215-28.
32 Stephanie Buchert, Eric L. Laws, Jennifer M. Apperson, Norman J. Bregman, "First impressions and professor reputation: influence on student evaluations of instruction", *Social Psychology of Education* 11(2008): 397-408. 이 논문을 알려 준 동료 Michael Stob에게 고마움을 전한다.
33 어떻게 레퍼토리가 발전되고 미래 행동을 안내하는 '책임 체제'를 형성하는지에 대한 설명은 다음 글을 참고하라. Etienne Wenger, *Communities of Practice: Learning Meaning, and Identity*(Cambridge: Cambridge University Press, 1999).
34 기독교 고등교육 기관 내에서 일하는 교수들이 교육에서 신앙의 역할에 대해 가지는 다양한 견해는 Todd C. Ream, Michael Beaty, Larry Lion의 논문 "Faith and Learning: Toward a Typology of Faculty Views at Religious Research Universities", *Christian Higher Education* 3, no. 4 (2009): 349-72를 참고하라. '기독교적'인 것과 "같음" 및 "다름"의 관계(예를 들면, 기독교적인 가르침은 전

제와 출발점이 다르기에 그렇지 않은 가르침과 차이가 있을 수밖에 없다거나 일반 은총으로 인해 다르지 않을 수 있다거나)와 관련된 몇 가지 기존의 문제를 다루는 유익한 최근 논의로는 Robert Sweetman의 저서 *Tracing the Lines: Spiritual Exercise and the Gesture of Christian Scholarship*(Eugene, OR: Wipf and Stock, 2016)을 참조할 수 있다.

35 다음을 참고하라. M. M. Bakhtin, *Speech Genres and Other Late Essays*, trans. V. W. McGee(Austin: University of Texas Press, 1986).

36 고등교육의 과학 학습 맥락에서 이에 대한 흥미로운 예는 다음 책을 보라. Sheila Tobias, They're Not Dumb, *They're Different: Stalking the Second Tier*(Tucson: Research Corporation, 1990).

37 다음 예를 참고하라. Jonathan Leather와 Jet van Dam 편집, *The Ecology of Language Acquisition*(Dordrecht: Kluwer, 2003).

38 Jet Van Dam, "Ritual, face, and play in a first English lesson: Bootstrapping a classroom culture", in *Language Acquisition and Language Socialization: Ecological Perspectives*, ed. Claire Kramsch(New York: Continuum, 2002), 237-65, 237.

39 이것이 Stanley Fish가 그의 저서 *Save the World on Your Own Time*(Oxford University Press, 2008)에서 주장한 진실의 핵심이다. 가르침의 예술에 적절한 주의를 기울이기보다 '원대한 목표와 야망을 선호하는' 사람들은 중요한 핵심을 놓치고 있다고 했을 때 나는 그가 옳다고 생각하지만(53쪽), Stanley Fish가 수사학적으로 암시하는 것과는 달리 그 두 가지가 반드시 상반되는 대안은 아니라고 생각한다. 그의 주장의 많은 부분은 가르침의 자리에서 정치적 주장을 하는 것(교실을 정치적인 대의를 위해 사람들을 모집할 때 사용)과 학문에 관한 단순한 가르침(가르치는 것을 명백히 중립적인 기술로 상상하는) 사이의 단순화된 이분법에 근거한다. 여기서 내가 주장하는 바는 이 그림이 틀렸다는 것이다. 정치적 모집을 위해 가르침을 포기하는 것을 옹호해서가 아니라, 그가 가르침의 본질을 잘못 이해하고 있기 때문이다.

40 Wayne Au는 커리큘럼을 물리적 재료, 언어, 기호 시스템, 행동, 시간, 창의력, 사회적 정책을 포함하는 '복잡한 환경의 설계'에 관한 문제로 개념화한다. 그의 다음 책을 참고하라. *Critical Curriculum Studies: Education, Consciousness and the Politics of Knowing*(New York: Routledge, 2012), 33-39.

41 다음을 참고하라. Doug Blomberg, *Wisdom and Curriculum: Christian Schooling After Postmodernity*(Sioux Center, IA: Dordt College Press, 2007).

42 2장에서는 특정 교실을 이해하고 설계하려는 노력과 관련된 연구와의 관계를 보여 주고자 경험적 연구를 다루는 참고 문헌을 의도적으로 더 많이 포함했다. 이

러한 연구는 우리에게 정확히 어떻게 가르쳐야 하는지를 말해 주지 않으면서도, 정보를 제공한다.

43   David Bridges, *Fiction Written Under Oath? Essays in Philosophy and Educational Research*(Dordrecht: Kluwer, 2003), 1.

44   다시 말해서, 나는 정체성을 인정하면서 편견을 용인하게 되는 것과 비인격적인 객관성을 통해 지위의 차이에 저항하는 것 사이에서 선택해야 한다고 보지 않는다. 학습과 타인을 환대하는 것은 세 번째 선택지이면서, 사람에 관한 기독교적 관점에 더 분명하게 뿌리를 두었기에 내가 취한 선택이다.

45   다음을 살펴보라. David I. Smith, Barbara Carvill, *The Gift of the Stranger: Faith, Hospitality, and Foreign Language Learning*(Grand Rapids: Eerdmans, 2000); David I. Smith, *Learning from the Stranger: Christian Faith and Cultural Diversity*(Grand Rapids: Eerdmans, 2009); David I. Smith, Pennylyn Dykstra-Pruim, *Christians and Cultural Difference*(Grand Rapids: Calvin College Press, 2016).

46   이 주석은 Walter Brueggemann의 예레미야 주석으로, 원래는 두 권으로 발행되었으나 최근에 *A Commentary on Jeremiah: Exile and Homecoming*(Grand Rapids: Eerdmans, 1998)으로 재출간되었다. 경청과 자율성은 반복되는 주제다. Brueggemann은 이렇게 기록하고 있다. "들음의 대안은 자율성이다. 이스라엘은 자기 자신에게 봉사하고 자아 충족을 위해 그들의 삶을 조직했고, 그럼으로써 주권자이신 하나님과 언약을 맺은 백성으로서의 성격을 부인하게 된다"(82쪽). 유다의 "궁극적인 죄는 자율성과 자아 충족성으로, 이는 경청하지 않는 데서 드러난다"(153쪽). 경청과 자율성의 이 대립에서, "'경청한다'는 것은 상대의 말에 귀를 기울이며, 남들에게 삶이 선물로 주어진다는 것을 아는 것을 의미한다"(110쪽). 이러한 언급은 대부분 하나님의 말씀을 듣는 데 초점을 맞추고 있다. 하나님을 대항한 자기 주장적 자율성의 위험에 대한 우려를 그대로 다른 사람에 대한 우리의 자율성에 단순히 전이시키는 것은 위험할 수 있다. 그럼에도 불구하고, 나는 하나님의 백성이라는 소리를 듣고자 자신의 우위성이나 지배권을 내려놓을 수 있는 사람이라는 생각이 우리가 다른 사람에게 어떻게 접근해야 하는지 숙고하는 데 관련이 있다고 생각한다.

47   Jerome Bruner, *The Culture of Education*(Cambridge, MA/London: Harvard University Press, 1996), 63.

48   Jerome Bruner, *The Culture of Education*(Cambridge, MA/London: Harvard University Press, 1996), 13.

49   나의 성찰은 뒤늦은 후회로 가득 차 있음을 고백한다. 당시에는 무슨 일이 일어나고 있는지를 지금과 같은 방식으로 생각하지 못했다. 이것이 내가 계속 배우고 있다는 것을 의미했으면 좋겠다.

50 David Bridges, "Philosophising about Education: Reflections on a Reflective Log." 이 논문은 Philosophy of Education Society of Great Britain Conference, Oxford, 1998에서 발표되었다.
51 현재의 분위기는 가르침(teaching)을 개선하는 첫 번째 단계가 경험적 증거를 확보하는 것이다. 그래서 가르침이 '데이터를 기반'으로 이루어져야 함을 시사한다. 데이터 수집은 결국 중요한 단계임에는 틀림없지만, 우리가 무엇을 물어보아야 하고 왜 물어보아야 하는지를 명확히 하기 전에는 큰 도움이 되지 않는다.
52 Lee Palmer Wandel, "Zwingli and Reformed Practice", in *Educating People of Faith: Exploring the History of Jewish and Christian Communities*, ed. John Van Engen(Grand Rapids: Eerdmans, 2004), 270-93, 286.
53 물론 이것이 교육과 어떤 관련이 있는지 더 깊이 생각해 보아야 하지만, 자기 사랑과 타인 존중의 의미를 정확히 아는 것은 중요하다. 다음을 참고하라. Jeff Astley, "Christian Teaching, Learning and Love: Education as Christian Ministry and Spiritual Discipline", in *The Idea of a Christian University: Essays on Theology and Higher Education*, ed. Jeff Astley, Leslie Francis, John Sullivan, Andrew Walker(Milton Keynes: Paternoster Press, 2004), 132-46; Laurie R. Mathias, "Altruism and the Flourishing Teacher: Exploring a Christian Theology of Love", *International Journal of Christianity and Education* 20, no. 2(2016): 106-18; Chris Higgins, "The Hunger Artist: Pedagogy and the Paradox of Self-Interest", *Journal of Philosophy of Education* 44, no. 2-3(2010): 337-69.
54 Wandel, "Zwingli and Reformed Practice", 285.
55 이 무렵 나는 기독교 교육 콘퍼런스에서 외국어 교수 전략 워크숍에 참석했다. 추천된 활동 중 하나는 하와이에서의 휴가 비용을 추측하는 게임이었다.
56 Guy Cook은 "언어를 가르치는 교재에서 '실제' 사례의 출처로 검증된 자료를 사용하는 것이 어떻게 검열의 대상이 되며, 언어 사용에 대한 왜곡된 이미지가 어떻게 선택의 조작과 제작을 통해 만들어지는지"를 언급했다. 그는 이렇게 말한다. "의미 중심의 언어(예를 들어, 일상적으로 나누는 상거래 언어), 특히 업무와 관련된 언어를 선호하는 경향이 있다. 중요한 주제와 개인적으로 중요한 관계를 다루는 형식 중심의 장르는, 그것이 업무용 편지나 회의만큼이나 실제적이라 할지라도 거의 사용되지 않는다." 다음 책을 참고하라. *Language Play, Language Learning*(Oxford: Oxford University Press, 2000), 169. 그는 페다고직 언어 예시에서 드러나는 이러한 편견이 관행과 출판사의 명시적 검열에 의해 어떻게 주도되고 있는지 자세히 기록한다(156-70쪽).
57 Christian Smith, *Moral, Believing Animals: Human Personhood and Culture*(Oxford: Oxford University Press), 22-23.

58 Alex Ross는 *The Rest Is Noise: Listening to the Twentieth Century*(New York: Picador, 2007)에서 현대 음악에 어떻게 '음악적 도덕성이 도입되는지 설명한다. 한편에는 익숙한 것의 쉬운 매력, 다른 한편에는 새로운 것의 어려운 진실'이다(59쪽).
59 Smith, *Moral, Believing Animals*, 16.
60 다음을 참고하라. David I. Smith, "Spiritual Development in the Language Classroom: Interpreting the National Curriculum", *Language Learning Journal* 26(2002): 36-42.
61 Ernesto Macaro, *Target Language, Collaborative Learning and Autonomy*(Clevedon, UK: Multilingual Matters, 1997), 49.
62 Lee Palmer Wandel, "Zwingli and Reformed Practice", in *Educating People of Faith: Exploring the History of Jewish and Christian Communities*, ed. John Van Engen(Grand Rapids: Eerdmans, 2004), 270-93, 286.
63 기독교적 실천으로서 낯선 사람을 환대하는 내용은 다음 글을 참고하라. Christine D. Pohl, *Making Room: Recovering Hospitality as a Christian Tradition*(Grand Rapids: Eerdmans, 1999); Amy Oden, ed. *And You Welcomed Me: A Sourcebook on Hospitality in Early Christianity*(Nashville: Abingdon, 2001); Luke Bretherton, *Hospitality as Holiness: Christian Witness amid Moral Diversity*(Aldershot, UK: Ashgate, 2006); Amos Young, *Hospitality and the Other: Pentecost, Christian Practices, and the Neighbor*(Maryknoll: Orbis, 2008).
64 이 부분은 다음 논문에서 인용했다. David I. Smith, "Hospitality, Language Pedagogy, and Communities of Practice", *Journal of Christianity and Foreign Languages* 12(2011): 29-44.
65 Guy Cook, *Language Play, Language Learning*(Oxford: Oxford University Press, 2000), 157.
66 Christian Smith, *Moral, Believing Animals: Human Personhood and Culture*(Oxford: Oxford University Press), 151. Smith는 이렇게 말한다. "내러티브는 인간의 가장 근본적인 의사 소통과 의미 형성을 위한 장르이면서, 실재의 질서와 목적을 구성하는 본질적인 방식이다. 추상적이고 이성적이며 분석적인 담론의 대부분의 다른 형태는 항상 내러티브에 뿌리를 두고 있으며, 내러티브에 의해 맥락화되고, 우리 삶을 이야기하는 그 근원적인 내러티브 때문에 의미가 있다."
67 다음을 참고하라. James K. A. Smith, *Desiring the Kingdom: Worship, Worldview, and Cultural Formation*(Grand Rapids: Baker Academic, 2009).

68 언어 페다고지가 그 자체로 모든 일을 해내고 도덕적 변화를 가져올 수 있다고 가정하지 않아도, 언어 페다고지가 도덕적 성장을 촉진하는 데 나름의 방식으로 기여해야 함을 긍정하는 것은 전적으로 가능하다.
69 이 예시에 대한 더 자세한 논의는 다음을 참고하라. David I. Smith, "Teaching (and Learning from) the White Rose", in *Critical Essays on Resistance in Education*, ed. David M. Moss, Terry A. Osborn(New York: Peter Lang, 2010), 67-82; "Moral Agency, Spirituality and the Language Classroom", in *Spirituality, Social Justice and Language Learning*, ed. David I. Smith, Terry A. Osborn(Greenwich, CT: Information Age Publishing, 2007), 33-50.
70 사진은 다음 웹 사이트에서 볼 수 있다. http://www.jewishvirtuallibrary.org/jsource/images/scholl.jpg. Accessed February 2, 2017.
71 다음 예를 참고하라. Annette Dumbach, Jud Newborn, *Sophie Scholl and the White Rose*(Oxford: Oneworld, 2006)..
72 *Sophie Scholl: Die letzten Tage*(Zeitgeist Films, 2006); Fred Breinersdorfer, ed., *Sophie Scholl: Die letzten Tage*(Frankfurt am Main: Fischer, 2006).
73 페다고지의 역사를 형성해 온 영향력 있고 주목할 만한 은유들은 놀라울 정도로 많다. 백지, 빈 그릇, 깔때기, 근육으로서의 정신, 컴퓨터로서의 뇌 등. 그러나 근본적으로 학습자를 사람으로 상상하지는 못한다.
74 Dietrich Bonhoeffer, *Life Together and Prayerbook of the Bible*. Dietrich Bonhoeffer Works, volume 5, trans. D. W. Bloesch, J. H. Burtness(Minneapolis: Fortress Press, 1996), 95.
75 Craig Dykstra, *Growing in the Life of Faith: Education and Christian Practices*, 2nd ed.(Louisville: Westminster John Knox, 2005), 64.
76 George Lakoff, *Women, Fire, and Dangerous Things: What Categories Reveal about the Mind*(Chicago: University of Chicago Press, 1987), 104-9.
77 기독교적 학문의 역동성에 대한 상세하고 유용한 논의와 여기서 설명하는 유형의 유연한 신실성에 대한 또 다른 설명은 다음을 참고하라. Robert Sweetman, *Tracing the Lines: Spiritual Exercise and the Gesture of Christian Scholarship*(Eugene, OR: Wipf and Stock, 2016).
78 이러한 분류사의 사용은 일반적으로 영어의 특징은 아니지만, 비슷한 구조의 예로 '소 다섯 마리'라는 문구를 들 수 있다. 이 문구에서는 명사가 가축 범주에 속하는 경우에만 '마리'를 추가한다. 우리는 '다섯 마리의 아이들'이라고 말하지 않지만, 예를 들어, '맥'(중남미와 서남아시아에 사는, 코가 뾰족한 돼지 비슷하게 생긴 동물) 농장이 갑자기 인기를 끈다면 '맥 다섯 마리'라는 새로운 문구를 만들어 그 범위를 확장시켜 나갈 수 있다.

79 여기에는 Wittgenstein의 유명한 가족 유사성에 관한 논의와 명백한 연관성이 있다. 다음을 참고하라. Lakoff, *Women, Fire*, 16-17; Ludwig Wittgenstein, *Philosophical Investigations*, 2nd ed. (Oxford: Blackwell, 1958), 1:66-71, 31-34.
80 N. T. Wright, *The New Testament and the People of God* (Minneapolis: Fortress Press, 1992), 140. 또한 다음을 참고하라. Samuel Wells, *Improvisation: The Drama of Christian Ethics* (Grand Rapids: Brazos, 2004).
81 최근 논의로 다음 예를 참고하라. David I. Smith, Terry A. Osborn, eds., *Spirituality, social Justice and Language Learning* (Greenwich, CT: Information Age Publishing, 2007); Mary Shepard Wong, Suresh Canagarajah, *Christian and Critical Language Educators in Dialogue: Pedagogical and Ethical Dilemmas* (New York: Routledge, 2009); Mary Shepard Wong, Carolyn Kristjánsson, Zoltán Dörnyei, *Christian Faith and English Language Teaching and Learning: Research on the Interrelationship of Religion and ELT* (New York: Routledge, 2013); Mary Shepard Wong, Ahmar Mahboob, *Spirituality & English Language Teaching: Religious Explorations of Teacher Identity, Pedagogy, and Context* (Clevedon, UK: Multilingual Matters, 2018).
82 Wandel, "Zwingli and Reformed Practice", 286.
83 골로새서 3:23 NIV, 개역개정.
84 Nathan F. Alleman, Perry L. Glazer, David S. Guthrie, "The Integration of Christian Theological Traditions into the Classroom: A Survey of CCCU Faculty", *Christian Scholars Review* 45, no. 2(2016): 103-24.
85 Craig Hovey, *Bearing True Witness: Truthfulness in Christian Practice* (Grand Rapids: Eerdmans, 2011), 12.
86 초기 팀은 나를 포함하여 Trevor Cooling, Margaret Cooling, Elizabeth Green, Alison Farnell, Alison Wheldon으로 구성되었다. 더 알고 싶다면 다음을 참고하라. Trevor Cooling, Margaret Cooling, *Distinctively Christian Learning* (Cambridge: Grove Books, 2013).
87 배경 문헌은 Pierre Bourdieu, Dorothy Bass, Craig Dykstra, Alasdair MacIntyre, Etienne Wenger와 같은 이들의 중요한 저작을 포함하여 매우 방대하다. 이 프로젝트에 가장 큰 영향을 준 부분 중 일부분은 다음 글에서 발췌했다. "Introduction: Practices, Faith, and Pedagogy", in *Teaching and Christian Practices: Reshaping Faith and Learning*, ed. David I. Smith, James K. A. Smith (Grand Rapids: Eerdmans, 2011), 1-23.
88 이 모델을 사용하여 지금까지 개발된 주요 자료는 다음 주소의 'What If Learn-

ing' 프로젝트(http://www.whatiflearning.com, http://www.whatiflearning.co.uk)와 FAST 프로젝트(http://www.teachfastly.com)다. 아래에서 관련 연구를 참고하겠다.

89 나는 교육에서 기독교적 상상력의 역할을 오랫동안 탐구하여, 동료들과 다음 책에 기록했다. David I. Smith, Susan M. Felch, Barbara M. Carvill, Kurt C. Schafer, Timothy H. Steele, John D. Witvliet, *Teaching and Christian Imagination*(Grand Rapids: Eerdmans, 2016).

90 다음 예들을 참고하라. http://teachfastly.com/activity-map/homework for examples.

91 이런 맥락에서 다음의 예를 비교해 보라. Mark R. Schwehn, "Liberal Learning and Christian Practical Wisdom", in *Christian Faith and University Life: Stewards of the Academy*, ed. T. Laine Scales, Jennifer L. Howell(Cham, CH: Palgrave Macmillan, 2018), 73-89; Steven H. VanderLeest, "Teaching Justice by Emphasizing the Non-neutrality of Technology", *Journal of Education and Christian Belief* 10, no. 2(2006): 111-28.

92 다음 책을 참고하라. James K. A. Smith, *Imagining the Kingdom: How Worship Works*(Grand Rapids: Baker Academic, 2013).

93 다음 글을 참고하라. David I. Smith, "Recruiting Students' Imaginations: Prospects and Pitfalls of Practices", in *Teaching and Christian Practices: Reshaping Faith and Learning*, ed. David I. Smith, James K. A. Smith(Grand Rapids: Eerdmans, 2011), 211-23.

94 Miroslav Volf는 "실천은, 세상에 대한 하나님의 참여를 공명하는 한에서만 기독교적이다"라고 말한다. "Theology for a Way of Life", in *Practicing Theology: Beliefs and Practices in Christian Life*, ed. Miroslav Volf and Dorothy C. Bass(Grand Rapids: Eerdmans, 2002), 245-63, 260.

95 David Purpel은 교육의 위기에 직면한 근대의 학교 교육에 대해 다음과 같이 말했다. "그것에 응답할 잘 발달된 도덕적이고 영적인 언어가 부족하다. 근대 학교 교육의 주된 언어는 통제, 업무, 공학의 기술적이고 관료적인 언어다." Purpel은 비전과 의미에 대한 기본적인 질문을 다루는 데 필요한 도구들은 '도덕적이고 종교적인 언어 계열에 속하는데, 그 이유는 교육의 본질적인 차원, 곧 의미의 언어를 제공하는 것이 도덕적이고 종교적인 언어의 기능이기 때문'이라고 주장한다. David Purpel, William M. McLaurin, Jr., *Reflections on the Moral & Spiritual Crisis in Education*(Bern: Peter Lang, 2004), 39, 41.

96 다음 예를 참고하라. Paul Griffiths, *Religious Reading: The Place of Reading in the Practice of Religion*(New York: Oxford University Press, 1999); Alan Jacobs, *A Theology of Reading: The Hermeneutics of Love*(Boulder:

Westview Press, 2001); David I. Smith, "Reading Practices and Christian Pedagogy: Enacting Charity with Texts", in *Teaching and Christian Practices: Reshaping Faith and Learning*, ed. David I. Smith, James K. A. Smith(Grand Rapids: Eerdmans, 2011), 43-60.

97 Trevor Cooling, Beth Green, Andrew Morris, Lynn Revell, *Christian Faith in English Church Schools: Research Conversations with Classroom Teachers*(Bern: Peter Lang, 2016), 56.
98 Cooling 외 연구진, Christian Faith, 58.
99 Cooling 외 연구진, Christian Faith, 58.
100 Cooling 외 연구진, Christian Faith, 57.
101 Trevor Cooling, Elizabeth H. Green, "Competing Imaginations for Teaching and Learning: The Findings of Research into a Christian Approach to Teaching and Learning Called What If Learning", *International Journal of Christianity and Education* 19, no. 2(2015): 96-107, 103.
102 Cooling 외 연구진, Christian Faith, 57.
103 Cooling, Green, "Competing Imaginations", 103.
104 5장에서 언급했듯이, 옹호하는 특정 가치와 관찰된 행동이 원칙적으로 다른 신념 체계를 통해서도 도출될 수 있다는 사실은, 그것이 기독교 신앙에 영향을 받은 페다고지의 한 사례라는 사실이나 이것을 통해 일반적인 실천 방식이 개선될 수 있음을 폄하하지 못한다.
105 Cooling, Green, "Competing Imaginations", 104.
106 Cooling, Green, "Competing Imaginations", 104.
107 Cooling, Green, "Competing Imaginations", 105.
108 Michael Breen의 주요 논문을 참고하라. "The Social Context for Language Learning: A Neglected Situation?" *Studies in Second Language Acquisition* 7(1985): 135-58.
109 Sheila Tobias, *They're Not Dumb, They're Different: Stalking the Second Tier*(Tucson: Research Corporation, 1990), 58.
110 Tobias, *They're Not Dumb*, 41.
111 인용했던 첫 번째 학생이 인문학 및 사회과학 수업에서 "왜?"라는 질문을 중요하게 여기는 법을 배웠다는 점을 주목하라.
112 Etienne Wenger, *Communities of Practice: Learning, Meaning, and Identity*(Cambridge: Cambridge University Press, 1999), 56, 238.
113 이 사례를 다음의 책에서 묘사한 바 있다. David I. Smith, Susan M. Felch, Barbara M. Carvill, Kurt C. Schafer, Timothy H. Steele, John D. Witvliet, *Teaching and Christian Imagination*(Grand Rapids: Eerdmans, 2016),

126-27.
114 이 이미지는 다음 책에서 가져왔다. Etienne Wenger, *Communities of Practice: Learning, Meaning, and Identity*(Cambridge: Cambridge University Press, 1999), 176.
115 그 뒤를 잇는 많은 아이디어는 칼빈 대학교의 카이어스 기독교적 교수-학습 연구소와 골로새 포럼(Collosian Forum)이 개발한 학습 자료에 교육학적으로 정교하게 설명되어 있다(http://www.teachfastly.com). 다음 책들도 참고하라. Ruth Bancewicz, *God in the Lab: How Science Enhances Faith*(Grand Rapids: Monarch, 2015); Elaine Howard Ecklund, *Science vs. Religion: What Scientists Really Think*(Oxford: Oxford University Press, 2010).
116 Charles Taylor, *Modern Social Imaginaries*(Durham: Duke University Press, 2004).
117 예를 들어, 다음 책 내용을 참고하라. Albert M. Wolter 외 지음, *Creation Regained: Biblical Basics for a Reformational Worldview*, 2nd ed.(Grand Rapids: Eerdmans, 1985).
118 Taylor, *Modern Social Imaginaries*, 23.
119 Taylor, *Modern Social Imaginaries*, 25.
120 이 자료는 다음 웹 사이트에서 확인할 수 있다. https://calvin.edu/centers-institutes/kuyers-institute/files/lesson7.pdf. Accessed February 22, 2017.
121 다음을 참고하라. https://calvin.edu/centers-institutes/kuyers-institute/education-resources/kuyers-math-curriculum/. Accessed February 22, 2017.
122 이 점에 관해서 다양한 과목의 교과서 예시를 살펴보는 것은 매우 유익하다. 대학원 수업에서 커리큘럼 이론을 가르칠 때 나는 학생들에게 17세기 중반부터 대략 100년 간격으로 출판된 네 권의 제2 외국어 교과서의 내용을 검토하게 한다. 가장 오래된 교과서에는 축산업, 영혼, 도덕 철학, 공성전, 심판의 날 등 다양한 주제가 포함되어 있다. 가장 최근 교과서는 '소유와 쾌락', '돈과 일'과 같은 주제에 초점을 맞추고 있다. 교과서의 '정상적인' 콘텐츠는 사회적 정황에 따라 달라진다.
123 정원, 건물, 순례의 핵심 은유를 중심으로 한 예들은 다음 책에서 다양한 각도에서 살펴볼 수 있다. Smith 외 연구진, *Teaching and Christian Imagination*.
124 Bernard of Clairvaux, *On the Song of Songs 1*, trans. Kilian Walsh(Spencer, MA: Cistercian Publications, 1971), 1. 고린도전서 2:13을 참고하라.
125 Bernard, *On the Song*, 2-3.
126 Bernard, *On the Song*, 3.
127 Bernard, *On the Song*, 3.

128 Bernard, *On the Song*, 4.
129 D. Robertson, "The Experience of Reading: Bernard of Clairvaux: *Sermons on the Song of Songs*, I", *Religion and Literature* 19, no. 1(1987): 1-20, 3. 또한 다음을 참고하라. Jean Leclercq, *The Love of Learning and the Desire for God: A Study of Monastic Culture*(New York: Fordham University Press, 1982).
130 나는 다음 논문에서 이 부분을 더 자세히 논했다. David I. Smith, "Teaching Is Breaking Bread: Biblical Metaphor, Educational Vision, and Bernard's Evocation of Learning", *Journal of Christian Education* 55, no. 1(2012/2013): 29-36.
131 다음 예를 참고하라. David W. Anderson, "Hospitable Classrooms: Biblical Hospitality and Inclusive Education", *Journal of Education and Christian Belief* 15, no. 1(2011): 13-27; Rebecca Burwell, Mackenzi Huyser, "Practicing Hospitality in the Classroom", *Journal of Education and Christian Belief* 17, no. 1(2013): 9-24; Carolyne Call, "The Rough Trail to Authentic Pedagogy: Incorporating Hospitality, Fellowship, and Testimony into the Classroom", in *Teaching and Christian Practices: Reshaping Faith and Learning*, ed. David I. Smith, James K. A. Smith(Grand Rapids: Eerdmans, 2011), 60-79; Carolyn M. Jones, "*Hospes:* The Wabash Center as a Site of Transformative Hospitality", *Teaching Theology and Religion* 10, no. 3(2007): 150-55; Elizabeth Newman, "Hospitality and Christian Higher Education", *Christian Scholar's Review* 33, no. 1(2003): 75-94; David I. Smith, Barbara Carvill, *The Gift of the Stranger: Faith, Hospitality, and Foreign Language Learning*(Grand Rapids: Eerdmans, 2000); Jake Stratman, "Toward a Pedagogy of Hospitality: Empathy, Literature, and Community Engagement", *Journal of Education and Christian Belief* 17, no. 1(2013): 25-59; Julie A. P. Walton, Matthew Walter 외 지음, "Eat This Class: Breaking Bread in the Undergraduate Classroom", in *Teaching and Christian Practices: Reshaping Faith and Learning*, ed. David I. Smith, James K. A. Smith(Grand Rapids: Eerdmans, 2011), 80-101.
132 다음 책 내용의 예시를 참고하라. Alan Jacobs, *A Theology of Reading: The Hermeneutics of Love*(Boulder, CO: Westview Press, 2001); C. S. Lewis, *An Experiment in Criticism*(Cambridge University Press, 1961); Paul Griffiths, *Religious Reading: The Place of Reading in the Practice of Religion*(New York: Oxford University Press, 1999); Eugene H. Peterson, *Eat*

This Book: A Conversation in the Art of Spiritual Reading(Grand Rapids: Eerdmans, 2006).

133 이 장의 자료는 다음의 내 논문에 실린 내용을 승인받고 보완하여 재사용했다. David I. Smith, "Teaching Bonhoeffer: Pedagogy and Peripheral Practices", *International Journal of Christianity and Education* 21, no. 2(2017): 146-59

134 최근 Bonhoeffer의 청소년 사역의 접근 방식이 주목받고 있다. 다음 예를 참고하라. Andrew Root, *Bonhoeffer as Youth Worker: A Theological Vision for Discipleship and Life Together*(Grand Rapids: Baker Academic, 2014); 또 양성 기관으로서의 수도원 전통과 그의 관계는 다음을 참고하라. Greg Peters, *Reforming the Monastery: Protestant Theologies of the Religious Life*(Eugene, OR: Cascade, 2014), James Lawson, "Theological Formation in the Church of 'the Last Men and Women'", *Ecclesiology* 9(2013): 335-46. Bonhoeffer를 기독교 고등교육과 연관시키려는 노력도 산발적으로 이루어졌다. Dan Caldwell, "Bonhoeffer's *Life Together* and the Christian University", *Faculty Dialog* 17(1992): 27-38, Keith L. Johnson, "Bonhoeffer and the End of the Christian Academy", in *Bonhoeffer, Christ and Culture*, ed. Keith L. Johnson, Timothy Larson(Downers Grove, IL: IVP Academic, 2013), 153-74, Kevin D. Miller, "Reframing the Faith-Learning Relationship: Bonhoeffer and an Incarnational Alternative to the Integration Model", *Christian Scholar's Review* 43, no. 2(2014): 131-38. Bonhoeffer를 초등교육과 연관시키려는 비슷한 노력도 있었다. Neil Holm, "Classroom Formation & Spiritual Awareness Pedagogy Based on Bonhoeffer's *Life Together*", *Journal of Education & Christian Belief* 12, no. 2(2008): 159-75. 회중 교육과 목회적 돌봄에 대한 관심도 있다. Lisa E. Dahill, "Readings from the Underside of Selfhood: Dietrich Bonhoeffer and Spiritual Formation", *Spiritus: A Journal of Christian Spirituality* 1, no. 2(2001): 186-203; Nigel W. Oakley, "A Summary Grammar for Christian Prepolitical Education", *Journal of Education and Christian Belief* 7, no. 2(2003): 143-55. 어쩌면 위의 연구들(Neil Holm의 에세이는 예외)은 Bonhoeffer의 실천에서 페다고지적 함의를 탐구하기보다는 그의 신학에서 교육과 관련된 원리를 추출하는 데 집중한다고 볼 수 있다.

135 Dietrich Bonhoeffer, *London, 1933–1935*, Dietrich Bonhoeffer Works, volume 13, trans. Isabel Best(Minneapolis: Fortress Press, 2007), 217.

136 Dietrich Bonhoeffer, *Berlin: 1922–1933*, Dietrich Bonhoeffer Works, volume 12, trans. Isabel Best and David Higgins(Minneapolis: Fortress

Press, 2009).
137 Bonhoeffer, *London, 1933–1935*, 217.
138 Bonhoeffer, *London, 1933–1935*, 158-60; Gabriel Hebert, *Liturgy and Society*(London: Faber and Faber, 1935); Julius Rieger, *Bonhoeffer in England*(Berlin: Lettner, 1966).
139 Bonhoeffer, *London, 1933–1935*, 285.
140 Dietrich Bonhoeffer, *Discipleship*, Dietrich Bonhoeffer Works, volume 4, trans. Barbara Green and Reinhard Krauss(Minneapolis: Fortress Press, 2001); Joseph McGarry, "Formed while Following: Dietrich Bonhoeffer's Asymmetrical View of Agency in Christian Formation", *Theology Today* 71, no. 1(2014): 106-20.
141 Dietrich Bonhoeffer, *Ethics*, Dietrich Bonhoeffer Works, volume 6, trans. Reinhard Krauss, Charles C. West, and Douglas W. Stott(Minneapolis: Fortress Press, 2005), 93.
142 Dietrich Bonhoeffer, *Discipleship*, 120.
143 Peters, *Reforming the Monastery*, 115.
144 Bonhoeffer, *Theological Education*, 26.
145 Bonhoeffer, *London, 1933–1935*, 166 n. 5.
146 Ferdinand Schlingensiepen, *Dietrich Bonhoeffer 1906–1945: Martyr, Thinker, Man of Resistance*(London: T&T Clark, 2010), 181.
147 Jennifer M. McBride, "Christ Existing as Concrete Community Today", *Theology Today* 71, no. 1(2014): 92-105. Karl Barth는 Bonhoeffer의 프로젝트에서 '수도원의 에로스와 파토스의 냄새'를 맡으며 괴로워했다. Dietrich Bonhoeffer, *Theological Education at Finkenwalde: 1935–1937*, Dietrich Bonhoeffer Works, volume 14, trans. Douglas W. Stott(Minneapolis: Fortress Press, 2013), 268.
148 Bonhoeffer, *Discipleship*; Dietrich Bonhoeffer, *Life Together and Prayerbook of the Bible*, Dietrich Bonhoeffer Works, volume 5, trans. James H. Burtness and Daniel W. Bloesch(Minneapolis: Fortress Press, 1996).
149 Jim Belcher, "The Secret of Finkenwalde", in *Bonhoeffer, Christ and Culture*, ed. Johnson and Larson, 191-210.
150 Jim Belcher, "The Secret of Finkenwalde", 201.
151 Jim Belcher, "The Secret of Finkenwalde", 201.
152 Geffrey B. Kelly, *Reading Bonhoeffer: A Guide to His Spiritual Classics and Selected Writings on Peace*(Eugene, OR: Cascade Books, 2009), xxv.
153 Kelly, *Reading Bonhoeffer*, xxviii.

154 Stanley Hauerwas, *Performing the Faith: Bonhoeffer and the Practice of Non-Violence*(Grand Rapids: Brazos Press, 2004).
155 Jean Lave, Etienne Wenger, *Situated Learning: Legitimate Peripheral Participation*(Cambridge: Cambridge University Press, 1991).
156 물론 학생들은 강의가 요구하는 범위를 벗어나 더 넓은 커뮤니티에서 자유롭게 더 깊이 참여할 수 있었다.
157 Dietrich Bonhoeffer, *Gemeinsames Leben*(Gütersloh: Gütersloher Verlagshaus, 1987); Renate Wind, *Dem Rad in die Speichen fallen: Die Lebensgeschichte des Dietrich Bonhoeffer*(Weinheim: Beltz, 1990).
158 학생들의 인용문은 2012년부터 2014년 사이에 독일어 381 과정에 등록한 학생들의 저널에서 발췌했다.
159 Bonhoeffer, *Life Together*, 31.
160 Bonhoeffer, *Life Together*, 35.
161 Bonhoeffer, *Life Together*, 57.
162 Bonhoeffer, *Life Together*, 58-59.
163 Bonhoeffer, *Life Together*, 60.
164 Ben Witherington III, *The Gospel of Mark: A Socio-Rhetorical Commentary*(Grand Rapids: Eerdmans, 2001), 335.
165 Ched Myers, *Binding the Strong Man: A Political Reading of Mark's Story of Jesus*(Maryknoll, NY: Orbis Books, 1988).
166 다음을 참고하라. Michael G. Cartwright, "Moving Beyond Muddled Missions and Misleading Metaphors: The Formation and Vocation of Students within an Ecclesially Based University", in *Conflicting Allegiances: The Church-Based University in a Liberal Democratic Society*, ed. Michael L. Budde, John Wesley Wright(Grand Rapids: Brazos, 2004), 185-216.
167 각 단어를 조금씩만 반복한 후 새로운 단어를 알려 주되 이전 단어를 다시 반복하지 않음으로써, 아까 반복한 단어가 장기 기억에 저장되기도 전에 새로운 단어를 입력시켜, 단어 암기를 최대한 하지 못하도록 하였다. 이렇게 실제 학습이 많이 일어나지 않도록 하면서 오랜 시간 동안 어휘를 연습하는 방법도 있다.
168 내가 시뮬레이션과 같은 수업을 하고 학생들로 하여금 자세한 논평을 하게 하는 접근을 사용하는 데는 몇 가지 이유가 있다. 이는 내 수업 개선에 도움이 된다. 바라기는 그러한 접근이 교수자가 다른 사람들에게 수업하는 방법을 가르치는 수업에 빠르게 스며들 수 있는 위선을 감소시키는 데 도움이 되기를 바란다. 또 다른 이유는 수업 내용에만 집중하고 필기를 하는 데 집중하는 학생들의 후천적 경향을 차단하여 교실에서 일어나는 과정에 주의를 기울이도록 유도하는 것이

다. 더 나아가서 이 접근은 모델링을 통해, 가르치는 경력이 얼마나 오래되었는지에 상관없이 자신의 수업을 비평하는 것이 당연하다는 분위기가 수업 내에 서서히 형성되도록 한다. 이렇게 함으로써 나 자신의 교육적 실천을 통해서는 학생들에게 현 상황에서 일이 처리되는 방식을 그저 수동적으로 받아들여야 한다고 가르치면서, 앞으로 교직에 종사하게 되면 그들이 일하게 될 기관의 교육적 관행에 대해서는 비판적으로 생각해야 할 필요가 있다고 말로만 가르치게 되는 우려를 덜어 준다.

169 3장에서 살펴본 것처럼, 학습 활동의 큰 시퀀스는 그것이 의미하는 바에 영향을 미친다. 첫 번째 시퀀스에 이어 두 번째 시퀀스와 토론이 이어지면서, 학생들의 학습을 세심하게 배려하는 사례가 되었다. 이는 페다고지적 실천의 세부 사항의 중요성을 보여 주는 또 다른 사례이며, 페다고지의 의미는 오직 더 큰 패턴 속에서만 명확해진다는 점을 분명히 알려 준다.

170 Peter McLaren, *Schooling as a Ritual Performance: Toward a Political Economy of Educational Symbols and Gestures*, 3rd ed. (Latham, MD: Rowman & Littlefield, 1999), 112.

171 McLaren, *Schooling*, 112-13.

172 다음을 참고하라. Harold Heie와 David L. Wolfe 편집, *The Reality of Christian Learning: Strategies for Faith-Discipline Integration*(Grand Rapids: Eerdmans, 1987). 특히 다음 논문을 참고하라. David L. Wolfe, "The Line of Demarcation Between Integration and Pseudointegration", 3-11.

173 예를 들어 다음 책을 참고하라. William H. Jeynes, *A Call for Character Education and Prayer in the Schools*(Santa Barbara: ABC-CLIO, 2009).

174 McLaren, *Schooling*, 190.

175 McLaren, *Schooling*, 197.

176 McLaren, *Schooling*, 231.

177 다음을 참고하라. Ondrej Kascak, Slavomira Gajnakova, "'Ora et labora': The Use of Prayer in Schooling", *Pedagogy, Culture and Society* 20, no. 3(2012): 377-92.

178 해당 호의 다른 논문과 함께 다음 논문을 참고하라. Debra Paxton-Buursma, Jo-Ann Van Reeuwyk, "Sacred Space Pedagogy", *Christian Educators Journal* 56, no. 1(2016): 4-6.

179 Dwayne E. Huebner, "Curriculum as Concern for Man's Temporality", in *The Lure of the Transcendent: Collected Essays by Dwayne E. Huebner*, ed. Vikki Hillis(Mahwah, NJ: Lawrence Erlbaum Associates, 1999), 131-42. Huebner는 "교육은 개인의 전기와 그가 속한 사회의 역사가 맞물리는, 역사적 과정의 표현이다"(139쪽)라고 기술한다. 또한 다음 글을 참고하라.

Clarence W. Joldersma, "The Temporal Transcendence of the Teacher as Other", *Educational Philosophy and Theory* 48, no. 4(2016): 393-404.
180 Huebner는 다음과 같이 말한다(Huebner, "Curriculum as Concern", 140). "학교의 목적에 대한 논쟁은 단순히 학문적 논쟁이 아니다. 교육 환경을 결정짓는, 따라서 개인과 사회의 연속성과 변화의 속도 혹은 리듬에 영향을 미치는, 가치들을 바꾸려는 노력이다." 다시 말해, 학습 목표 논쟁은 또한 우리가 어떤 시대에 살고 있고 어디로 향해야 하는지의 논쟁이기도 하다.
181 Abraham Joshua Heschel, *The Sabbath: Its Meaning for Modern Man*(New York: Farrar, Strauss & Company, 1951), 8.
182 다음을 참고하라. Scott Bader-Saye, "Figuring Time: Providence and Politics", in *Liturgy, Time, and the Politics of Redemption*, ed. Randi Rashkover and C. C. Pecknold(Grand Rapids: Eerdmans, 2006), 90-111.
183 예를 들어 다음 자료를 참고하라. Muriel Saville-Troika, "Cultural Maintenance and 'Vanishing' Languages", in *Text and Context: Cross-Disciplinary Perspectives on Language Study*, ed. Claire Kramsch and Sally McConnell-Genet(Lexington, MA: D. C. Heath & Co., 1992), 148-55.
184 다음을 참고하라. Ron Ritchhart, *Intellectual Character: What It Is, Why It Matters, and How to Get It*(San Francisco: Jossey Bass, 2004).
185 다음을 참고하라. David I. Smith, "Reading Practice and Christian Pedagogy: Enacting Charity with Texts", in *Teaching and Christian Practices: Reshaping Faith and Learning*, ed. David I. Smith and James K. A. Smith(Grand Rapids: Eerdmans, 2011), 43-60.
186 Mary Budd Rowe, "Relation of Wait-Time and Rewards to the Development of Language, Logic, and Fate Control: Part II: Rewards", *Journal of Research in Science Teaching* 11, no. 4(1974): 291-308; Mary Budd Rowe, "Wait Time: Slowing Down May Be a Way of Speeding Up!" *Journal of Teacher Education* 37(1986): 43-50. 이 기사들을 알려 준 동료 Herbert Fynewever에게 감사한다.
187 Erin E. Hannon, Sandra E. Trehub, "Tuning in to Musical Rhythms: Infants Learn More Readily than Adults", *Proceedings of the National Academy of Sciences* 102, no. 35(2005): 12639-43.
188 다음 책에서 인용했다. Jonathan Tran, *The Vietnam War and Theologies of Memory*(Chichester: Wiley-Blackwell, 2010), 81. Tran is citing from Robert Jenson, *Systematic Theology, vol. 1: The Triune God*(Oxford: Oxford University Press, 1997), 236, and *Systematic Theology*, vol. 2: *The Works of God*(Oxford: Oxford University Press, 2001), 34. 나는 문화 간 갈등과 관련

된 시간의 신학에 관한 트란의 논의가 어떻게 시간을 가르치는 것이 신앙과 윤리와 관련되는지 생각하는 데 시사하는 바가 있다고 생각한다.

189 다음을 참고하라. Susan Handelman, "'Stopping the Heart': The Spiritual Search of Students and the Challenge to a Professor in an Undergraduate Literature Class", in *Religion, Scholarship, & Higher Education: Perspectives, Models, and Future Prospects*, ed. Andrea Sterk(Notre Dame: University of Notre Dame Press, 2002), 202-29.

190 이 예시는 Kurt Schaef에게 도움을 받았다.

191 마태복음 23:4.

192 더 많은 예는 다음에서 확인할 수 있다. http://www.whatiflearning.com/the-approach/strategies-for-reshaping-practice.

193 여기서는 동료인 Kara Sevensa가 작성한 연구 관찰 노트를 바탕으로 작성했다.

194 요한일서 3:18 TNIV, 개역개정.

195 Alasdair C. MacIntyre, *After Virtue: A Study in Moral Theory*, 3rd ed.(Notre Dame, IN: University of Notre Dame Press, 2007), 216.

196 다음을 참고하라. Amy Plantinga Pauw, "Attending to the Gaps between Beliefs and Practices", in *Practicing Theology: Beliefs and Practices in Christian Life*, ed. Miroslav Volf and Dorothy Bass(Grand Rapids: Eerdmans, 2002), 33-48.

197 Carolyne Call, "The Rough Trail to Authentic Pedagogy: Incorporating Hospitality, Fellowship, and Testimony into the Classroom", in *Teaching and Christian Practices: Reshaping Faith and Learning*, ed. David I. Smith and James K. A. Smith(Grand Rapids: Eerdmans, 2011), 60-79, 76.

198 Call, "The Rough Trail", 76-77.

199 Call, "The Rough Trail", 77.

200 Call, "The Rough Trail", 77-78.

201 물론 '마음'이라는 언어를 Call이 설명하듯이 자아의 형성과 지향과 같은 것으로 해석하는 것도 가능하다.

202 Ian S. Markham, "The Idea of a Christian University", in *The Idea of a Christian University: Essays on Theology and Higher Education*, ed. Jeff Astley, Leslie Francis, John Sullivan, and Andrew Walker(Milton Keynes: Paternoster Press, 2004), 3-13.

203 다음을 참고하라. David I. Smith, Joonyong Um, Claudia D. Beversluis, "The Scholarship of Teaching and Learning in a Christian Context", *Christian Higher Education* 13, no. 1(2014): 74-87.

204 가장 널리 논의된 책들은 다음과 같다. Douglas Jacobsen, Rhonda Hustedt

Jacobsen, *Scholarship and Christian Faith: Enlarging the Conversation*(Oxford: Oxford University Press, 2004); George M. Marsden, *The Outrageous Idea of Christian Scholarship*(Oxford: Oxford University Press, 1997); Mark A. Noll, *The Scandal of the Evangelical Mind*(Grand Rapids: Eerdmans, 1994); Nicholas Wolterstorff, *Reason within the Bounds of Religion,* 2nd ed.(Grand Rapids: Eerdmans, 1988); Nicholas Wolterstorff, *Educating for Shalom,* ed. Clarence W. Joldersma and Gloria Goris Stronks(Grand Rapids: Eerdmans, 2004).

205 Paul J. Griffiths, *The Vice of Curiosity: An Essay on Intellectual Appetite*(Winnipeg: Canadian Mennonite University Press, 2006).

206 Allan Harkness는 기독교와 교육 사이의 접점을 직접 다루는 유용한 학술지 안내 책자를 제공한다. Allan G. Harkness, "Exploring the Interface between Christian Faith and Education: An Annotated List of Current Journals", *Journal of Education and Christian Belief* 17, no. 1(2013): 99-114. 이 목록이 출판된 이후, *Journal of Christian Education*과 *journal of Education and Christian Beliefs*는 *Journal of Christianity and Education*이 되었다.

207 다음 논문에서 파생된 합산 수치다. Smith, Beversluis, Um, "The Scholarship of Teaching and Learning", 82.

208 학문 분야에 따른 차이가 교수진이 교수 및 학습에 관한 학술 연구에 참여하는 방식과 관련하여 중요한 역할을 한다. 예를 들어 다음 논문을 참고하라. George R. Lueddeke, "Professionalising Teaching Practice in Higher Education: A Study of Disciplinary Variation and 'Teaching-Scholarship,'" *Studies in Higher Education* 28, no. 2(2003): 213-28.

209 Smith, Beversluis, Um, "The Scholarship of Teaching and Learning", 83.

210 해당 기간 동안 출판된 논문들에 다음 글들이 포함되어 있다. Chris Anderson, *Teaching As Believing: Faith in the University*(Waco: Baylor University Press, 2004); Stephen R. Haynes, *Professing in the Postmodern Academy: Faculty and the Future of Church-Related Colleges*(Waco: Baylor University Press, 2002); Mary E. Hess and Stephen D. Brookfield, eds., *Teaching Reflectively in Theological Contexts: Promises and Contradictions*(Malabar: Krieger, 2008); Arlin C. Migliazzo, *Teaching as an Act of Faith: Theory and Practice in Church Related Higher Education*(New York: Fordham University Press, 2002); Parker J. Palmer, *To Know as We Are Known: A Spirituality of Education*(San Francisco: Harper & Row, 1983); Andrea Sterk, ed., *Religion, Scholarship, & Higher Education: Perspectives, Models, and Future Prospects*(Notre Dame: University of

Notre Dame Press, 2002); Nicholas Wolterstorff, *Educating for Responsible Action*(Grand Rapids: Eerdmans, 1980). 또한 신앙과 학습의 대화를 신앙 형성의 질문으로 전환을 추구한 글들이 특히 적합하다. 예를 들면 다음 글이다. James K. A. Smith, *Desiring the Kingdom: Worship, Worldview, and Cultural Formation*(Grand Rapids: Baker Academic, 2009).

211 많은 사례 중 한 가지 예를 들겠다. Harry Lee Poe, *Christianity in the Academy: Teaching at the Intersection of Faith and Learning*(Grand Rapids: Baker Academic, 2004). 이 책의 부제는 가르침의 초점을 암시하고, 고등교육을 단순히 지식을 나누어 주는 것으로 취급하는 접근 방식을 비판한다(56쪽). 그러나 교육학은 사상의 역사와 학문적 경계에 집중하기 전, 스쳐 지나가는 정도로만 다룰 뿐이다(예: 55-56쪽).

212 Nathan F. Alleman, Perry L. Glanzer, David S. Guthrie, "The Integration of Christian Theological Traditions into the Classroom: A Survey of CCCU Faculty", *Christian Scholars Review* 45, no. 2(2016): 103-24; Perry L. Glanzer, Nathan F. Alleman, David S. Guthrie, "How Christian Faith Can Animate Teaching: A Taxonomy of Diverse Approaches", in *Christian Faith and University Life: Stewards of the Academy*, ed. T. Laine Scales and Jennifer L. Howell(Cham, CH: Palgrave Macmillan, 2018), 165-92.

213 Alleman, "Integration", 108에서 재인용했다.

214 Ernest L. Boyer, *Scholarship Reconsidered: Priorities of the Professoriate*(Princeton, NJ: The Carnegie Foundation for the Advancement of Teaching, 1990).

215 다음은 Mary Taylor Huber의 유용한 설문 조사에서 발췌한 내용이다. Mary Taylor Huber, Pat Hutchings, *The Advancement of Learning: Building the Teaching Commons*(San Francisco: Jossey Bass, 2005).

216 Huber, Hutchings, *The Advancement of Learning*, 18. 교수들은 학생들이 배우고 있는지 그렇지 않은지에 대해 그다지 책임이 없으며, 학생들이 스스로 지혜의 산을 오름으로써 자기의 패기와 기개를 보여 주는 것은 학생의 몫이라는 생각을 나는 덧붙이고 싶다.

217 Rodney Bass, "The Scholarship of Teaching: What's the Problem?" *Inventio* 1, no. 1(1999), https://my.vanderbilt.edu/sotl/files/2013/08/Bass-Problem1.pdf. Accessed February 27, 2017.

218 Lee S. Shulman, "Teaching as Community Property: Putting an End to Pedagogical Solitude", *Change* 25, no. 6(1993): 6-7.

219 Mark A. Noll, *The Scandal of the Evangelical Mind*(Grand Rapids: Eerdmans, 1994).

220 Elizabeth Green, *Mapping the Field: A Review of the Current Research Evidence on the Impact of Schools with a Christian Ethos*(London: Theos, 2009), 82.
221 Green, *Mapping the Field*, 83. 기독교 학교의 성과에 대한 연구에 기반한 이해를 제공하기 위한 보다 최근의 체계적인 노력은 다음 웹 사이트를 참고하라. https://www.cardus.ca/research/education/. Accessed February 25, 2017.
222 예를 들어 다음을 참고하라. Karen E. Eifler, Thomas M. Landy 편집, *Becoming Beholders: Cultivating Sacramental Imagination and Actions in College Classrooms*(Collegeville, MN: Liturgical Press, 2014); Scales, Howell 편집, *Christian Faith and University Life*. 신앙과 교육학에 관해 2년마다 열리는 콘퍼런스는 Kuyers Institute for Christian Teaching and Learning at Calvin College에서 주최한다. https://www.pedagogy.net.

memo

memo